基于跨文化适应性的
对外汉语教学研究

胡晓晏 ◎ 著

吉林人民出版社

图书在版编目(CIP)数据

基于跨文化适应性的对外汉语教学研究 / 胡晓晏著. -- 长春：吉林人民出版社，2020.10
ISBN 978-7-206-17638-8

Ⅰ.①基… Ⅱ.①胡… Ⅲ.①汉语 - 对外汉语教学 - 教学研究 Ⅳ.① H195.3

中国版本图书馆 CIP 数据核字 (2020) 第 203940 号

基于跨文化适应性的对外汉语教学研究
JIYU KUAWENHUA SHIYINGXING DE DUIWAI HANYU JIAOXUE YANJIU

著　　者：胡晓晏	
责任编辑：金　鑫	封面设计：金　莹
吉林人民出版社出版 发行（长春市人民大街7548号）	邮政编码：130022
印　　刷：定州启航印刷有限公司	
开　　本：710mm×1000mm	1/16
印　　张：11.75	字　　数：210千字
标准书号：ISBN 978-7-206-17638-8	
版　　次：2020年10月第1版	印　　次：2020年10月第1次印刷
定　　价：49.00元	

如发现印装质量问题，影响阅读，请与印刷厂联系调换。

前　言

　　社会适应是社会化研究的一个角度，跨文化传播旨在研究来自不同文化背景的人们是如何进行交流以及提高跨文化交流技巧、克服跨文化交流障碍的，目的在于提高不同文化背景群体的社会适应水平。跨文化适应就是两个文化体之间互动的持续过程，它是指对立的两端通过言语和非言语的相互交流而形成的一种平衡、共生的和谐状态。衡量跨文化适应效果的标准有三个：身体功能的健全、心理的健康以及跨文化身份的出现。根据跨文化适应研究先驱约翰·贝利的观点，文化适应的过程实际上对发生相互接触的两个不同文化都会产生影响，但是，由于影响程度大不相同，对主流文化群体影响很小，对新到这个文化环境的群体的影响相对而言就大得多，这一过程甚至可以影响到他们工作生活的方方面面。与此相对应，已有的文化适应研究将焦点放在文化适应过程对这些新到群体或者非主流文化族群的影响上。

　　在中国，在华留学生是跨文化传播的重要参与者，他们既是传播者又是传播的对象。留学生对中国的跨文化适应伴随他们在中国的学习与生活而不断变化，并且影响他们对中国语言、文化和社会的认知、理解，以及融入中国社会的程度。因此，了解在华留学生的跨文化适应现状，分析、探讨他们在适应过程中存在的问题及问题产生的原因、对其造成的影响，是作为跨文化传播者的我们应该展开的有价值的研究。笔者认为，只有清楚地了解在华留学生在这一传播中的适应现状及问题，才能有的放矢地进行中国语言与文化的传播，并且最优化跨文化传播的效果。

　　跨文化适应能力与对外汉语教学密不可分。对外汉语教学不仅要传授语言知识，更重要的是要培养留学生应用汉语进行有效跨文化交流的能力。语言是文化的产物，具有深刻的文化内涵，与文化背景密切相关。教师在对外汉语教学中要充分考虑外国留学生和中国人的文化差异，一方面要充分尊重留学生的文化背景，采用适合留学生的教学管理和教学方式；另一方面要从中国文化特点出发，提升留学生的跨文化适应能力，这样才能帮助留学生真正地学好汉语，传播好中国文化。

目 录

第一章　对外汉语教学的理论探讨 / 1

　　第一节　对外汉语的学科理论研究 / 1

　　第二节　对外汉语的学科理论基础 / 4

　　第三节　对外汉语的学科理论体系 / 16

　　第四节　对外汉语的学科基本理论 / 23

第二章　跨文化适应理论 / 39

　　第一节　跨文化适应的概念界定及相关研究 / 39

　　第二节　跨文化适应研究的发展历程 / 44

　　第三节　跨文化传播（交际）研究 / 45

第三章　对外汉语教学概述 / 48

　　第一节　早期汉语学习与汉语研究 / 48

　　第二节　汉语作为第二语言教学与习得研究情况 / 52

　　第三节　汉语基本要素与语言教学问题研究 / 68

　　第四节　汉语要素教学的基本点与基本意识 / 77

第四章　基于跨文化适应性的对外汉语教学过程 / 88

　　第一节　文化视域下的教学目的 / 88

　　第二节　文化视域下的教学内容 / 91

　　第三节　文化视域下的教学实施 / 96

　　第四节　文化视域下的教学案例 / 100

第五章　基于跨文化适应性的对外汉语文化教学 / 104

第一节　跨文化适应性与跨文化交际 / 104
第二节　价值观与文化 / 113
第三节　汉语教学中的文化教学 / 115
第四节　中国文化精神内涵 / 119

第六章　基于跨文化适应性的对外汉语词汇教学与口语教学 / 123

第一节　对外汉语词汇教学中的教学策略 / 123
第二节　对外汉语口语教学中的教学策略 / 127
第三节　对外汉语口语教学中的会话研究 / 144

第七章　留学生跨文化适应性研究 / 146

第一节　来华留学生跨文化适应问题 / 146
第二节　南亚留学生来华跨文化适应问题 / 157
第三节　非洲留学生来华跨文化适应问题 / 163
第四节　优化来华留学生跨文化适应的策略 / 173

参考文献 / 180

第一章 对外汉语教学的理论探讨

对外汉语教学经过21世纪初的发展和建设,在各方面都取得了令人瞩目的成就。特别是中介语理论的引入、汉语水平测试研究、中高级汉语教学研究、教材编写研究、语言教学中文化问题的讨论、"结构—功能—文化"相结合教学法原则的提出和探讨、语言学习理论研究、语言教育问题的提出和讨论等,不仅活跃了理论研究,而且对学科建设和教学实践的深入都起到了很好的促进作用,成为学科发展和繁荣的重要标志。

第一节 对外汉语的学科理论研究

一、学科理论基础研究概述

第二语言教学是一门跨学科的学科,其学科理论基础对其发展有着重要的影响,因此,对第二语言教学学科理论基础的研究,一直是第二语言教学理论研究的重点。汉语作为第二语言教学的重要学科同样十分重视对学科理论基础的研究。下面我们首先回顾一下20世纪80年代初以来,对外汉语教学界有关这一问题的一些基本认识。

吕必松在《关于语言教学法问题》中指出,"语言教学法实际上是语言规律、语言学习规律和语言教授规律的总和",探索和阐明这些规律"必须依靠语言学、心理学(心理语言学)和哲学的理论指导",所以"语言学、心理学(心理语言学)和哲学是语言教学法的理论基础"。黎天睦在《现代外语教学法——理论与实践》中着重介绍和分析了现代外语教学法的心理学基础和语言学基础,以及外语教学中的社会与文化因素。

盛炎在《对外汉语教学理论研究中几个热门问题的思考》中认为,汉语教学理论体系的理论基础"应该是多学科性的,其中哲学、语言学、心理学和教育学是必不可少的";其在《语言教学原理》中又进一步指出,哲学是语言教学理论体系最深厚的理论基础,现代语言学是汉语教学理论体系的最直接的理论基础,心理学也是语言教学理论体系的重要理论基础,教育学与语言教学的关系最为直接、最为密切。

张亚军在《对外汉语教法学》中认为,语言学理论基础和教育学理论基础是中国对外汉语教学体系的理论基础。也就是说,对外汉语教学的理论基础"是以现代语言学理论和传统语法为语言学理论基础,以中国传统的教育学理论中的合理因素作为教育学基础,同时也借鉴了其他外语教学法理论的研究成果"。

刘珣在《对外汉语教育学引论》一书中指出:"作为一门交叉学科,对外汉语教学受到多种学科的启示和影响。其中,语言学、教育学、心理学和文化学已成为对外汉语教学最直接、最重要的理论基础。"

综上可以看出,人们对对外汉语教学的学科理论基础的认识基本是一致的,并且跟教学性质相同的我国外语教学界的看法也大致相同。例如,章兼中在《国外外语教学法主要流派》中认为,"外语教学法是一门综合性的科学。它与哲学、教育学、语言学、心理学、社会学等邻近学科有着紧密的联系"。应云天在《外语教学法》(新本)第二章"外语教学法和相邻学科"中,同样谈到了外语教学法的理论基础是哲学、教育学、心理学和语言学。实际上国外同行也持类似看法,例如坎贝尔认为,语言学、心理学、社会学和人类学理论是外语教学理论的源泉。斯顿认为外语教学的理论基础包括语言教学史、语言学、社会学、社会语言学、人类学、心理学、心理语言学、教育学等研究成果。

应该指出的是,上面引文中所说的"外语教学法"或"语言教学法"都是广义的,指的是教授语言和学习语言的科学,即揭示和探讨第二语言教学规律、教学原理的科学。因此,所谓语言教学法或外语教学法的理论基础(或称相关学科、邻近学科等),就是这里说的第二语言教学或外语教学的学科理论基础。

总的来看,人们提到的第二语言教学或外语教学的学科理论基础,主要的不外乎哲学、语言学、教育学、心理学、文化学这五个主要学科,所提到的其他学科或理论有不少可以看作是这几门学科的分支学科或可以归到这几门学科中。比如,与第二语言教学相关的社会学,主要是指社会语言学,而社会语言学是语言学的一个分支。同样,与第二语言教学相关的人类学,主要指的是文化人类学,这部分内容实际上包括在所谓的文化学里。在这五个学科中,哲学无疑是第二语言教学的学科理论基础，因为哲学为任何一门具体学科提供了认识论和方法论的指导。另外，语言学、教育学和心理学几乎是国内外第二语言教学界公认的第二语言或外语教学的学科理论基础。第二语言或外语教学实际上是一种跨文化的语言教学（这正是它区别于母语教学的一个重要特征），这种教学无法不涉及与目的语相关的文化现象和文化因素，因此文化学中的跨文化交际理论以及文化对比研究的成果，自然就成为第二语言教学的理论基础之一。这样大致可以说，哲学、语言学、教育学、心理学和文化学是对外汉语教学最重要的理论基础。

二、学科理论研究中的交叉性和出发点问题

由于对外汉语教学的学科理论具有综合性和跨学科性，所以我们在研究具体问题时必然要面临这样一种情况，即研究的内容普遍存在着交叉性。例如，语言理论、文化理论、语言学习理论和一般教育理论这四种基础理论之间存在着交叉性。再如，在讨论语言学习理论问题时，不可能不涉及语言理论、文化理论和一般教育理论方面的问题；在讨论文化理论和一般教育理论时，如果结合语言教学，也不可能不涉及语言理论和语言学习理论。结合语言教学讨论任何一个领域的问题都离不开语言理论，所以语言理论是这四种基础理论的交叉点，其独立性和支配力也最大。

基础理论和教学理论之间存在着交叉性。由于基础理论是教学理论的理论依据，教学理论是对基础理论的综合应用，所以在讨论教学理论问题时，不可能不涉及各项基础理论；在讨论有关的基础理论问题时，只要结合语言教学，就必然要涉及教学理论方面的问题。

教学理论和教学法之间存在着交叉性。由于教学理论是教学法的理论依据，教学法必须受教学理论的指导，所以在讨论教学法问题时，不可能不涉及教学理论；研究教学理论的目的是揭示教学的客观规律、指导教学原则的制订以及教学方法和教学技巧的选择和创造，所以在讨论教学理论问题时也必然要涉及教学法问题。

各个领域内部的各项内容和命题之间存在着交叉性。比如，在教学法内部，教学原则、教学方法和教学技巧有交叉，在讨论教学技巧问题时，不可能不涉及教学原则和教学方法。在讨论教学方法问题时，也不可能不涉及教学原则方面的问题。又如，教学方法内部各项内容和命题之间也有交叉，在讨论言语技能和言语交际技能训练方法问题时，不可能不涉及语言要素的教学和有关课程的教学。言语技能和言语交际技能的训练是语言教学最基本的手段，在讨论语言要素的教

学和有关课程的教学问题时，如果不涉及言语技能和言语交际技能的训练，就有可能离开问题的实质。

不同的研究内容之间存在着交叉性，这是综合学科和边缘学科的理论研究中普遍存在的现象；语言、语言学习和语言教学的复杂性决定了语言教学的理论研究中的交叉现象更为突出。因为存在着这样的交叉现象，所以我们在从事研究工作和进行写作时，就需要首先确定研究的出发点。以课程研究和技能训练研究为例：课程研究的任务之一是研究某一门课的教学，探讨或揭示这门课的特点和规律，提出这门课的教学内容、教学原则和教学方法以及教材编写和其他有关的问题；技能训练研究的任务之一是探讨某项言语技能的训练方法，包括体现在教材中的方法和课堂教学方法以及提供什么样的语言环境等。这两类研究都要涉及教材和课堂教学以及体现在教材和课堂教学中的教学方法问题，这就是交叉性。但是这两类研究的出发点和目标都不相同，我们在开展研究和进行写作时，首先要分清研究的出发点和要达到的目标，否则就抓不住研究的中心，写出的文章也会不得要领。再以教学内容和教学方法问题的研究为例：讨论教学内容和教学方法问题的文章不少，但是有些文章在论述教学内容问题时，往往不区分讲的是教学的全部内容，还是某一门课或某几门课的教学内容。比如，讲文化内容的教学，往往不区分讲的是文化因素教学在对外汉语教学中的地位，还是专门开设的文化课中的文化内容，或者是语言课中的文化因素，而这几个方面的问题属于不同的命题，虽然都是文化内容，其性质和范围却有很大的区别，如果不加以区分和界定，读者就会一头雾水。有些文章在论述教学方法问题时，往往不区分讲的是体现在教材中的教学方法，还是课堂上的教学方法，或者是传授语言要素或训练某一项言语技能的方法，而这几个不同方面的教学方法所包括的范围是不一样的，如果不严格界定，读者就会不知所云。确定研究项目的出发点和目标，是对研究工作最起码的要求，只有这样，才能使研究工作走上科学的轨道。

第二节 对外汉语的学科理论基础

一、基础理论

语言教学跟其他事物一样，也有自己的规律，只有按照语言教学的规律进行语言教学，才能取得应有的教学效果。实践证明，语言教学规律是由语言规律、文化规律、语言学习规律和一般教育所共同决定的，是这几种规律的综合体现。因此，我们研究语言教学问题时，必须把研究这些规律的理论，即语言理论、有关的文化理论、语言学习理论和一般教育理论作为自己的理论依据，也就是说，上述四种理论都是对外汉语教学的基础理论。

（一）语言理论

对外汉语教学教的是汉语，目的是培养学生的汉语能力和用汉语进行交际的能力。为此，必须有计划地进行汉语的语音、语法、词汇等语言要素的教学，必须有计划地进行听、说、读、写等言语技能和相应的言语交际技能的训练。要有计划地进行语言要素的教学和言语技能、言语交际技能的训练，就必须应用语言理论。这里所说的语言理论，既包括普通语言学理论，特别是其中关于语言的本质和特点的论述，也包括所谓"特殊语言学"理论，即汉语理论和其他有关语言的理论等，尤其是其中关于汉语和其他有关语言的特点的论述以及对汉语和其他有关语言的语言事实的描写。对语言事实的描写，实际上是对语言规律的描写，是具体揭示语言规律的，所以我们也把它归入理论范畴。作为语言教学的基础理论之一的语言理论还包括语言学的其他分支学科，如社会语言学、对比语言学、比较语言学、语用学、方言学、语言发展史等，因为语言学的这些分支学科从不同的侧面揭示了语言的特点和规律。语言理论总是从宏观和微观两个方面对语言教学发挥指导作用。对于语言的本质和特点的论述，是语言教学理论和语言教学法研究所不可缺少的理论依据，任何一种语言教学理论和语言教学法流派都要以一定的语言理论作为自己的理论背景。没有结构主义语言学和行为主义心理学，就不会有听说法的理论、原则和方法的产生；没有社会语言学和心理语言学，就不会有功能法的理论、原则和方法的产生。这就是语言理论对语言教学的宏观指导作用。对语言事实的描写，包括对语音、词汇、语法、修辞、语用规律和规则的描写，关于话语和篇章规律和规则的描写以及有关的定性、定量研究等，对语言教学的总体设计、教材编写、课堂教学和测试等具体教学活动有直接的指导作用，是这些具体教学活动所不可缺少的理论依据。任何一部语言教材都包含着编者对所教语言的语言规律和规则的认识以及或详或略的描写。可以说，没有对语言的规律和规则的描写，语言教学就寸步难行。这就是语言理论对语言教学的微观指导作用。

（二）有关的文化理论

语言是文化的载体，不同民族之间的文化差异有许多就表现在语言和交际中，而人们在学习第二语言的过程中，必然会遇到大量不熟悉或难以理解的文化现象，这些文化现象常常成为理解和使用目的语的障碍，因此在开展第二语言教学时必须同时进行跟语言理解和语言使用有关的文化因素的教学。要有计划地进行文化因素的教学以消除第二语言学习和使用中的文化障碍，就必须应用有关的文化理论。影响语言理解和语言使用的文化因素多半是隐含在语言的词汇系统、语法系统和语用系统中的反映一个民族的心理状态、价值观念、生活方式、思维方式、道德标准和是非标准以及风俗习惯、审美情趣等的一种特殊的文化因素，这类文化因素对语言和交际有规约作用，但是本民族人往往不容易觉察，只有通过对不同民族的语言和交际的对比研究才能揭示出来。因为这类文化因素跟语言和交际（包括语言交际和非语言交际）密切相关，所以可以称为交际文化，研究这种交际文化的理论可以称作交际文化理论；因为这类文化因素只有通过语言和交际的对比研究才能揭示出来，所以研究这种文化的理论也可以称作比较文化理论。这类文化理论也总是从宏观和微观两个方面指导语言教学。作为一种理论系统及其所包含的理论观点，这类文化理论是语言教学的教学理论和教学法研究不可缺少的理论依据，这是宏观方面的指导作用；对文化差异事实的具体描写是总体设计、教材编写、课堂教学和测试等教学活动所不可缺少的理论依据，这是微观方面的指导作用。

（三）语言学习理论

语言学习和获得有特殊的心理过程。学习和获得语言的心理过程跟学习和获得其他科学文化知识的心理过程不完全一样，学习和获得第二语言的心理过程跟学习和获得第一语言的心理过程也不完全一样。语言学习理论主要是研究语言学习和获得的心理过程、揭示语言学习和获得的客观规律，目前属于心理学和心理语言学研究的范围。语言学习理论的研究对语言教学至关重要，因为如果不掌握语言学习和获得的规律，语言教学就会陷入盲目性，语言教学理论也会因为缺少可靠的理论依据而如同一所建立在沙滩之上的房子一样。过去有人说过，语言教学要研究两个基本的问题，一个是教什么，另一个是怎么教。"教什么"是教学内容方面的问题，"怎么教"是教学法方面的问题，这两个问题之间有一定的内在联系，即"怎么教"是由"教什么"决定的，而不是"怎么教"决定"教什么"。但是，同样的内容也可以用不同的教学法来教，这说明

"怎么教"除了要由"教什么"来决定以外,还要由其他因素来决定。在其他因素中,最重要的就是对语言学习规律的认识。因此,研究语言教学至少要着眼于三个方面的问题,即学和教的内容、学习者怎么学、执教者怎么教。只有对这三个方面的问题以及它们之间的相互关系展开全面研究,才有可能全面揭示语言教学的客观规律。

语言学习理论的一个重要组成部分是中介语(interlanguage)理论。我们这里所说的中介语,主要是指第二语言学习者在学习过程中所形成的一种特定的语言系统,这种语言系统在语音、词汇、语法、语用等方面既不同于学生的第一语言,也不同于目的语,而是一种随着学习的发展向目的语的正确形式逐渐靠拢的动态的语言系统。由于这是一种介乎第一语言和目的语之间的语言系统,所以人们把它叫作"中介语"或"中间语"。国外中介语研究的部分结果认为,学生习得第二语言的语法结构有一定的顺序,这种顺序与儿童习得第一语言的顺序相似,且这种顺序并不因学生第一语言的不同而不同,但是不同的第一语言的人通过某一特定阶段所需时间的长短不一。这一结论是否符合外国人习得汉语的事实,还需要通过我们自己的研究去证实。如果能够对第二语言学习者的汉语中介语做出全面、客观的描写,对外汉语教学的教学理论和教学实践就可以建立在更加科学的基础之上了。这里专门提出开展中介语研究的问题,是因为笔者个人认为,中介语研究可以作为语言学习理论研究的一个突破口,同时可以通过开展这方面的研究去带动错误分析和对比分析的研究。把错误分析、对比分析和中介语分析结合起来进行研究,不但对心理语言学研究和语言教学研究是必要的,而且对语言学的研究也具有重要意义。

(四)一般教育理论

语言教学也是一种教育活动,所有的教育活动都要应用一般教育理论。对外汉语教学的许多教学原则,如针对性原则、趣味性原则、循序渐进的原则等,都来源于一般教育理论。对于上面的四种基础理论,我们不可能进行全面的研究。从必要性和可能性相结合的角度考虑,笔者认为我们研究的重点应当放在语言理论、语言学习理论和有关的文化理论方面。即便是这几个方面,我们也不可能进行全面的研究,因为每一个方面的内容都非常广泛。在语言理论方面,重点又应当放在汉语研究和汉外对比研究方面;在文化理论方面,主要是交际文化的研究;在语言学习理论方面,应当集中较多的力量去开展中介语研究。

二、教学理论

对外汉语教学的教学理论的研究对象是对外汉语教学本身,研究的内容十分广泛,涉及整个教学过程和全部教学活动以及跟教学有关的各种内部和外部因素在教学中的作用。例如,对外汉语教学的性质和特点;教学结构及其各构件之间的相互关系;教学类型和课程类型;关于总体设计、教材编写、课堂教学和测试等各个教学环节的理论;有关课程的特点和规律;语言要素教学的特点和规律;言语技能和言语交际技能训练的特点和规律;与教学有关的各种因素在教学中的作用;等等。

对外汉语教学的教学理论研究的目的是揭示对外汉语教学的客观规律。前面提到,语言教学规律是由语言规律、文化规律、语言学习规律和一般教育规律等共同决定的,是这几种规律的综合体现。要揭示对外汉语教学的客观规律,要使对外汉语教学成为一门真正的科学,就必须通过专门的研究,从语言理论、有关的文化理论、语言学习理论和一般教育理论中吸取有用的成分,加以综合、梳理,将这些有用的成分统一起来,形成能够全面指导对外汉语教学的理论系统。这样的理论系统就是对外汉语教学的教学理论。这样的理论系统同时也说明,对外汉语教学的教学理论具有综合性和跨学科性。这也是对外汉语教学本身的重要特点。如果仅仅以某种基础理论,如仅仅以语言理论或仅仅以一般教育理论指导对外汉语教学,就容易产生片面性。对外汉语教学的教学理论的综合性和跨学科性决定了它是唯一能够全面指导对外汉语教学的理论,是对外汉语教学的学科理论的核心,是对外汉语教学学科存在的主要标志,它的成熟程度代表了这个学科的成熟程度。我们说对外汉语教学的学科理论还不太成熟,主要是指教学理论还不太成熟,因为我们的教学理论还没有形成完整的系统。

研究对外汉语教学的教学理论不但要综合应用有关的基础理论,而且要在应用这些基础理论时从对外汉语教学的实际需要出发,紧密结合对外汉语教学的实践经验,包括有计划地调查研究和教学试验。之所以强调这一点,是因为有关的基础理论的内容非常广泛,而且学派林立,其中许多理论都还处于发展的过程中,有的甚至还处于发展的初期,还很不成熟。如果不从教学的实际需要出发,就不知道众多的基础理论中哪些是有用的成分,就会把大量跟对外汉语教学无关的理论当成有关的理论,或者把次要的当成主要的,眉毛胡子一把抓,从而影响教学理论自身的简明性;如果不结合教学实践经验,就会把基础理论中所有的理论观点都当成正确的理论，就会对各种理论观点不加分析地兼收并蓄，从而影响教学理论自身的科学性。对外汉语教学的教学理论研究不应当仅仅是对语言理论、有关的文化理论、语言学习理论和一般教育理论的被动应用，而应当是一种主动创造的过程。要使对外汉语教学的教学理论的研究具有创造性，就应当根据教学实际的需要从有关的基础理论中吸取有用的成分，加以综合、梳理，从而达到融会贯通；对不同的理论观点则要根据教学经验，特别是有目的、有计划的教学试验，辨明是非而加以取舍；对被教学实践充分证明为不全面、不正确的理论观点加以补充、修正；对尚未发现或尚未被多数人认识的理论，要通过自己的研究去加以发现并进行阐述。对外汉语教学的教学理论研究的任务之一就是以自己的研究成果去补充、修正有关的基础理论，阐明尚未被多数人认识的理论。

三、教学法

（一）教与学的关系

涉及的主要问题是以教师为中心还是以学生为中心。以学生为中心这一理念已经得到了广泛的认可。所谓以学生为中心，就是教学计划的制订、教学内容的选择和编排、教学方法的选择和运用等，都必须从学生的特点出发，充分考虑学生的年龄特征、文化程度、原有语言跟目的语的关系、学习目的和实际需要等。在课堂上，主要的活动者是学生而不是教师，整个课堂教学过程就好比演戏，学生是演员，教师是导演。以教师为中心，就是不考虑学生的特点，教师根据主观设想和传统习惯决定教学内容和教学方法。在课堂上，教师演独角戏，一个人包揽了整个课堂活动。笔者认为，教师在教学中只能起主导作用，不应当成为教学的中心，这就是以教师为主导、以学生为中心的原则。

（二）教学内容与教学方法的关系

涉及的主要问题是根据教学内容决定教学方法，还是根据教学方法决定教学内容。应当根据教学内容决定教学方法。以言语要素中的语法教学为例：有些语法点的讲解适合用归纳法，有些语法点的讲解适合用演绎法；但是采用演绎法还是采用归纳法，要看是什么样的语法点，不应当首先认定语言知识的教学只能用归纳法，然后根据这样的思路编排教学内容。这就是教学内容决定教学方法的原则。当然，教学方法不但要由教学内容来决定，而且要由其他因素来决定，因为同样的内容也可以用不同的方法来教。

（三）教学内容中语言与文化的关系

要防止两种倾向：一种是只教语言，不介绍跟语言理解和语言使用有密切关系的文化背景知识；另一种是把语言教学仅仅当成传播文化知识的途径。这两种倾向都不符合语言教学的要求。语言教学就是教语言。但是为了使学生正确理解和正确使用所学的语言，教师必须结合有关言语内容的教学和言语技能、言语交际技能的训练，并介绍有关的文化背景知识。我们虽然认为文化知识的教学是语言教学不可缺少的一项内容，但是必须强调指出，因为我们所说的文化知识就存在于语言和语言交际之中，所以在教学方法上，文化知识的教学应当从属于言语要素的教学以及言语技能和言语交际技能的训练，与言语要素的教学以及言语技能和言语交际技能的训练紧密地结合起来。这就是语言教学与文化教学相结合的原则。

（四）形式结构教学与语义结构教学的关系

在结构主义语言学以及以结构主义语言学和行为主义心理学为理论基础的"听说法"的影响下，语言教学中普遍存在着忽视语义结构的教学而造成形式结构与语义结构相脱节的情况。这是语言教学中存在的弊端之一。人们学习语言必须建立形式结构和语义结构的联系，因此在教学中必须把形式结构的教学与语义结构的教学有机地结合起来。这就是形式结构教学和语义结构教学和谐统一的原则。

（五）言语要素的教学与言语技能和言语交际技能训练之间的关系

一个人对语言的掌握最终要体现在言语技能和言语交际技能上。言语技能和言语交际技能是个人运用语言的技能，总是跟具体的人联系在一起。因此从课本上看不到言语技能和言语交际技能，只能看到包含言语要素的言语材料。教师上课的时候，就是要利用课本上的言语材料训练学生的言语技能和言语交际技能。对课本照本宣科，只是在传授言语要素而不训练言语技能和言语交际技能，并不是语言教学。现在有许多语言教材缺少训练言语技能和言语交际技能的练习项目，多数练习项目都是理解性练习，缺少真正的交际性练习，这也不符合语言教学的要求。无论是在教材中还是在课堂教学中，语言要素的教学都要围绕言语技能和言语交际技能的训练来进行。这就是以言语技能和言语交际技能训练为中心的原则。

（六）理论讲解与言语操练的关系

对不同的教学对象要区别对待。例如，对文化程度较低、没有任何语言学知识的学生，不宜讲解语言理论和语言知识，而要结合实物和实情，结合语言环境和上下文进行言语操练。对有一定的语言学知识或理解能力较强的学生，可以适当介绍一些理论知识，但是要结合所学的言语材料，目的是让学生正确理解和正确使用所学的语言，帮助他们举一反三，不能为理论而理论。理论讲解的时间不宜过多，一般不宜超过课堂教学时间的四分之一，最多不应超过课堂教学时间的三分之一。对文化程度较高的学生，可以多讲一点语言知识，但是最好也不要超过课堂教学时间的三分之一。这就是"精讲多练"的原则。

以上关于对外汉语教学的研究对象和研究范围的认识，跟国外某些学者在认识上主要有以下几个方面的区别：语言教学的基本理论不但包括语言学，而且包括心理语言学、语言教育学和"比较文化"的理论，不赞成把语言学以外的理论都看成应用理论；我们主张把语言教学的全过程和全部教学活动概括为总体设计、教材编写、课堂教学和测试四大环节，并且主张把它们作为一个整体来进行研究，即使对四大环节中的任何一个环节进行专门的研究，也要以整个教学过程和全部教学活动为背景，跟其他教学环节相联系，不赞成采取把某一个局部孤立起来进行就事论事的研究的方法；我们认为无论是对教学全过程的研究，还是对四大环节中任何一个环节的研究，都是对语言理论、语言学习理论、"比较文化"理论和一般教育理论的综合应用，不应看成仅仅是对语言学的应用；我们认为语言教师不但要从事具体的教学工作，而且要开展科学研究，不但要研究应用理论，而且要研究基础理论，他们不但是理论的消费者，而且是理论的生产者，不赞成语言教师仅仅是理论的消费者的说法。

四、关于几个概念范畴的讨论

每个学科都有自己特定的概念范畴，每个概念范畴都有自己特定的含义。如果概念范畴不统一，就无法进行交流，也就必然会影响学科理论的发展。我们在对外汉语教学的理论研究中，还存在着一些概念不统一的现象。概念不统一有时是允许的，因为学科在其发展过程中是难以避免的。但是如果自己使用的概念的含义跟别人的不同，最好有一点说明；如果是提出一个新概念，更应当对这个新概念的含义进行说明。我们的许多术语都是从国外引进的，当我们引进一个术语的时候，往往也同时引进了这个术语的内涵。但是术语的内涵往往会随着理论研究的发展而发展，有时某一个术语的内涵已经发展了，有的人却不了解，仍然沿用原来的内涵，这就影响了交流中的互相理解。此外，是不是所有被引进的术语的内涵都那么科学，都那么符合实际，我们自己也要想一想，不要养成一种习惯，认为只要是外国人说过的，就必然是正确的，就可以信手拈来，任意引用。下面就怎样理解几个常用术语的内涵的问题谈谈笔者个人的看法。当然，笔者的看法也可能是错误的。

（一）关于"第一语言"和"第二语言"以及"母语"和"外语"

在有些西方学者的著作中，第二语言除了跟第一语言相对以外，还有另一层含义，就是专指在目的语的环境中学习和使用的第一语言以外的语言。例如，外国人在中国学习和使用汉语，因为其处在汉语的环境中，所以汉语是他们的第二语言；同样，中国人在美国学习和使用英语，英语就是他们的第二语言。在非目的语的环境中学习第一语言以外的语言，这种语言就称为外语。例如，中国人在中国学习英语，美国人在美国学习汉语，那么英语和汉语就分别是他们的外语。按照这样的区分原则，第二语言除了跟第一语言相对应以外，与外语也有一定的对应关系。这一观点似乎已被我国学者所普遍接受。此外，一般人都认为第一语言就是母语。

根据学习环境来区分第二语言和外语，把第一语言和母语等同起来，实际上会遇到很多问题。例如，在我国某些少数民族地区，虽然有些人在有些场合说汉语，但在日常交际中通行的还是当地民族的语言，在那里学习汉语的少数民族成员，其家庭中一般也没有汉语环境，也就是说，他们是在非汉语的环境中学习汉语。我们能不能因此就说他们学习汉语是学习外语？答案当然是否定的。又如，遍布在世界各地的华人子女中，许多人的第一语言是当地的语言，有些人是在当地的学校里学习汉语，如果说当地的语言是他们的母语，他们学习汉语是学习外语，这样的说法肯定不是正确的，因为汉语毕竟是他们本民族的语言。同样，有一些外国儿童是在中国出生的，他们出生后首先学会的是汉语，然后学习他们本国的语言，如果因此就说汉语是他们的母语，学习他们本国的语言是学习外语，恐怕他们也不会接受。美国人把学习环境作为区分第二语言和外语的标志，是有特殊原因的。在美国，外国移民很多，这些移民多半是一边做事、做工，一边在学校里或在自然环境中学习英语，学和用结合得很紧。这些移民学习英语的情况，跟美国人学习外国语言的情况自然大不一样，在这样的背景下，根据语言环境来区别第二语言和外语是可以理解的。但是如果把这样的区分标准当成普遍原则，在许多情况下是说不通的。

不应当把第一语言和母语的关系、第二语言和外语的关系看成简单的对应关系，而应该把它们看成是从不同的角度进行命名所产生的不同的概念。母语是从亲属关系的角度命名的，一般是指本民族的语言，是相对于外国语或外族语而言的。第一语言和第二语言是从学习的先后顺序的角度命名的，它们互相对应。外语是从国别的角度命名的，指的是外国语言，是相对于本国语言来说。

因为是从不同的角度命名的，所以母语和第一语言的关系以及外语和第二语言的关系，并不是简单的对应关系，而是一种既对应又交叉的关系。它们之间的交叉关系主要表现为第一语言也有可能是外语。例如，世界上有许多儿童是在国外出生和成长的，他们出生后首先学习和习得的是当地的语言，所以他们的第一语言既不是本民族的语言，也不是本国语言，而是外国语。第二语言也有可能是母语。

第一语言和第二语言有可能既不是母语，也不是外语，而是本国其他民族的语言。例如，某些海外华人儿童的第一语言——当地的语言，中国少数民族成员的第二语言——汉语，都是本国其他民族的语言。当然，在多数情况下，第一语言是母语，第二语言是外语。因此也可以说，第一语言和母语之间的关系以及第二语言和外语之间的关系，是一种包容关系。我们说对外汉语教学既是一种第二语言教学，又是一种外语教学，就是基于这样的认识。

（二）关于"学习"和"习得"

在研究语言学习和语言教学的著述中，"学习"和"习得"（"习得"也叫"获得"）这两个术语的使用越来越广泛，但是人们对这两个术语的理解或解释并不完全相同。对这两个术语的不同的理解或解释实际上反映了人们对语言学习和习得规律的不同的认识。

"语言学习"和"语言习得"这两个术语是从英语的 Language learning 和 Language acquisition 对译过来的。20 世纪 60 年代以来，一些西方学者为了研究语言学习的规律，特别是为了研究第一语言学习和第二语言学习的不同规律，便使用 learning 和 acquisition 这两个不同的术语来区分不同性质的语言学习。但是由于不同的学者对语言学习和习得规律的认识很不一致，因此在不同学者的著述中，这两个术语的含义也不完全相同。

科德在《应用语言学入门》中认为："语言习得是在幼儿时期开始的，是在幼儿获得其他许多技能以及有关我们这个世界的其他许多知识的同时进行的。语言学习，也就是学习一种第二语言，一般都是开始于较后的阶段，开始于语言运用已经定型、身心成熟的其他许多过程已经完成或者趋于完成的时候。"这段话代表了传统的看法，即"习得"适用于幼儿获得第一语言，"学习"适用于成年人学习第二语言。根据这种传统的看法，First language acquisition（第一语言习得）和 Second language learning（第二语言学习）是固定的用法，不能说 Second language acquisition（第二语言习得），也不能说 First language learning（第一语言学习）。这种传统的看法在我国学者中有着一定的影响。

克拉申等人早已发展了上述语言习得的理论。首先，克拉申不是从先后性、阶段性上区分"习得"和"学习"，而是从"有意识"和"无意识"方面来区分的。他提出：语言习得是一种下意识的过程，语言习得者通常并没意识到他们是在学习语言，而只是意识到他们在用特定语言进行交际；语言学习是有意识地学习第二语言的知识，知道特定的规则，感觉到这些规则并能够谈论这些规则。其次，克拉申认为不但幼儿有语言习得，而且成年人学习外语也有语言习得。他认为成年人学习外语有两种过程，一种是在教师的辅导下有系统地学习，这种学习是有意识的，从学习中获得的语言知识虽然储存在左半脑，但是不在管语言思维的部位；另一种是在自然环境中习得语言，这种语言能力的获得是无意识的，习得者主观上没有做任何努力，这样习得的语言储存在左半脑管语言思维的部位。克拉申认为"学习"和"习得"是两种互相独立、毫不相干的过程，在第二语言学习中这两种过程都是不可缺少的，通过"学习"获得的语言知识可以用来监控自己的语言，也就是在说话时用来编辑、调节、检查、纠正自己的语言。克拉申关于有意识地学习和无意识地习得的观点，关于成年人掌握外语不但通过学习，而且也通过习得的观点，实际上已被广泛地接受。但是，他关于"学习"和"习得"是两种完全独立的、毫不相干的过程的观点以及通过这两种方法所掌握的语言知识是不可互换、不能互相作用的观点受到了不少的批评。有些学者认为，有意识地学习语言有利于无意识地习得语言，通过学习获得的语言知识在语言练习中会自然地转化为习得的知识，在课堂上学到的知识会自然地被运用于语言交际中，自然地变为习得的语言知识。

现在似乎已经形成了这样的共识："学习"是"有意识"的行为，"习得"是"无意识"的过程；幼儿获得第一语言是"无意识"的，因此获得语言的过程是"习得"，成年人在课堂上学习第二语言是"有意识"的，因此是"学习"，在自然环境中学习是"无意识"的，因此是"习得"。因为成年人学习第二语言也有"习得"，所以 Second language acquisition 这样的术语已普遍使用。用"有意识"的学习和"无意识"的学习来区分"学习"和"习得"，不一定能解决实际问题。

因为到底什么是"有意识"的,什么是"无意识"的,二者的界限是什么,并不十分清楚;成年人在课堂上学习第二语言是不是都是有意识的,幼儿和儿童学习第一语言是不是都是无意识的,也需要进一步研究。

例如,在交际性原则指导下的课堂教学,大部分时间都用于传授言语要素,训练言语技能和言语交际技能,大量的课堂活动相似于或接近于真实的交际,在这样的情况下学习言语要素并进行交际性练习,是不是都是学习语言知识?如果不都是学习语言知识,算不算有意识的学习?

以上例子说明,在许多情况下所谓"有意识"的学习和"无意识"的学习实际上是难以区分的,即使可以区分,至少在汉语中,在表达上也难以划定严格的界限。例如,在谈论幼儿的语言问题时就很难避开"学习"二字。如果在谈论幼儿获得语言的情况时总免不了要用"学习"二字,那么就有可能混淆"学习"和"习得"的含义。

我们可以从另一个角度来区分"学习"和"习得",这就是把"学习"看作一种行为,把"习得"看作一种过程——通过"学习"而获得语言的过程。幼儿跟周围的人学说话也好,成年人在课堂上跟老师学说话也好,都是一种学习行为,都应当叫作"学习",不能认为幼儿不通过学习就能自动获得语言。幼儿获得第一语言的过程和成年人获得第二语言的过程都是通过学习而获得语言的过程,都应当叫作"习得"。这样,"学习"和"习得"的关系也是一种包容关系,"习得"包含在"学习"之中。当然,幼儿学习和获得第一语言的方法和过程与成年人学习和获得第二语言的方法和过程不完全相同。我们的任务就是研究第二语言学习与第一语言学习有什么相同和不同之处,第二语言习得与第一语言习得有什么相同与不同之处。这样区分"学习"和"习得"不但可以避免"行文上的无所适从",而且更符合"语言学习"和"语言习得"的实际情况。

(三)关于"汉语教学"和"对外汉语教学"

"对外汉语教学"这个术语最初来自"对外汉语教学研究会",指的是对外国人的汉语教学。这个含义在成立研究会的筹备会上是讨论得很清楚的,当时提出讨论的名称还有"汉语作为外语教学研究会""汉语作为第二语言教学研究会"等。之所以没有采用"汉语作为外语教学研究会"这个名称,是因为与会者觉得这个名称太长,也有人认为这样的结构形式不符合汉语的习惯;没有采用"汉语作为第二语言教学研究会"这个名称,除了与上面相同的理由以外,还因为如果用"第二语言教学",就意味着要包括对我国少数民族的汉语教学,而当时的与会者一致认为不应当包括对我国少数民族的汉语教学,所以最后决定采用北京大学的同志提出的"对外汉语教学研究会"这个名称。这个名称排除了"第二语言教学"的提法,用"对外"表示"专对外国人"。由此可见,"对外汉语教学"的确切含义是"对外国人的汉语教学",英文直译应当是 The teaching of Chinese to foreigners。外国人在他们本国进行汉语教学不是教外国人,所以就不能叫作"对外汉语教学"。"世界汉语教学学会"这个名称中就没有"对外"二字。现在的"对外汉语教学""德国的对外汉语教学""日本的对外汉语教学"等说法是误用。在讨论学术问题时,如果不是专指"对外国人",所讨论的问题在各种类型的汉语教学中有普遍意义,就不必用"对外"二字。"汉语教学"的内涵更广,既包括中国人对外国人的汉语教学,也包括中国人对中国少数民族的汉语教学,还包括外国人对外国人的汉语教学,而这几种汉语教学的基本规律是一致的,或者说是相通的。到目前为止,我国并没有专业的汉语教学,中小学只有语文教学,大学的"汉语专业"实际上是"汉语语言学专业"。当然,笔者不是说可以取消"对外汉语教学"这个术语,也不是说这个名称起得不对,只是说不要泛化地使用这个术语,如果讨论的问题在各种类型的汉语教学中有普遍意义,用"汉语教学"更具有概括性。

"对外汉语教学"这个术语产生以后,又出现了"对外汉语"的提法。笔者认为"对外汉语"的说法是不通的,因为"汉语"本身并没有对内、对外之分,教育则可以对内或对外。在"对外汉语教学"这个术语中,"对外"是修饰"汉语教学"的,而不是修饰"汉语"的。因此"对外汉语"一说是值得商榷的。

第三节 对外汉语的学科理论体系

一、学科理论体系研究概述

第二语言教学的学科理论体系问题是第二语言教学理论研究的重要内容。20世纪 90 年代以来,在汉语作为第二语言教学的理论研究中,对学科理论体系本身的研究更加自觉。

吕必松在《对外汉语教学发展概要》中,把对外汉语教学的学科理论概括为教学理论和基础理论两个方面。教学理论是学科理论的核心,是学科存在的主要标志，它通过对教学的性质和特点、教学过程和教学活动以及与教学有关的各种因素的描写与概括，揭示教学的客观规律，提出教学法原则，以推动各项教学活动沿着科学化、规范化和标准化的方向前进。对外汉语教学的基础理论包括语言理论、语言学习理论和比较文化理论。教学理论的发展是随着基础理论的发展而发展的，但教学理论的发展对基础理论的研究也有促进作用。在《再论对外汉语教学的性质和特点》《对外汉语教学的理论研究问题刍议》和《对外汉语教学概论（讲义）》等论著中，吕必松又进一步把教学法纳入学科理论体系中，从而把对外汉语教学的学科理论概括为基础理论、教学理论和教学法三个方面，并指出这三个方面的内容就是对外汉语教学的学科理论研究的范围。其中《对外汉语教学概论（讲义）》把对外汉语教学的基础理论重新概括为语言理论、语言学习理论和一般教育理论，从而在基础理论中增加了"一般教育理论"，而把原先基础理论中的"比较文化理论"纳入"语言理论"中，指出"语言理论也包括近年来发展起来的文化语言学理论"。该书还对教学法做了明确的限定，指出第二语言教学的教学法贯穿在总体设计、教材编写、课堂教学和测试等整个教学过程和全部教学活动中。教学法是总称，它包括教学原则、教学方法和教学技巧等不同层次上的内容。至此，吕必松对对外汉语教学的理论体系的概括大致为：基础理论——语言理论、语言学习理论和一般教育理论；教学理论——研究教学本身，揭示第二语言教学规律，是一种综合性应用理论；教学法——教学原则、教学方法和教学技巧。

崔永华在《对外汉语教学学科概说》中把对外汉语教学学科理论体系概括为三个层次：学科支撑理论，包括语言学、心理学、教育学和其他；学科基础理论，包括第二语言教学理论、语言学习理论、语言习得理论、汉语语言学、学科方法论、学科发展史；学科应用理论，包括总体设计理论、教材编写理论、课堂教学理论、语言测试理论、教学管理理论。其中，学科支撑理论是第二语言教学理论（对外汉语教学学科理论）赖以形成的相关、相邻学科的理论；学科基础理论是指导本学科教学和研究实践的基本指导思想和方法论；学科应用理论是在本学科的基础理论上建立起来的直接指导学科教学实践的理论。

刘珣在《对外汉语教育学引论》一书中把对外汉语教学的学科体系分成三个部分：理论基础，包括语言学、心理学、教育学、文化学、社会学、横断科学及哲学；学科理论，包括基础理论和应用研究两部分，前者包括对外汉语语言学、对外汉语教学理论、汉语习得理论和学科研究方法学，后者指运用相关学科和本学科的基础理论，对总体设计、教材编写、课堂教学、测试评估、教学管理和师资培养等方面进行专门研究；教育实践，既包括对汉语作为第二语言的学习者的教育，也包括对未来的对外汉语师资的教育，既是学科理论服务的对象，也是学科理论产生的土壤。

可以看出，以上三位学者所展示的对外汉语教学学科体系既有共同之处，也有各自的特色。相同之处在于他们都把学科体系划分为三个层次，都有基础理论和应用理论的内容（尽管说法不尽相同），都强调学科的综合性、跨学科性和应用性，并且在主要的、实质的内容方面看法大致相同；不同的部分主要在于吕必松的体系中有"教学法""学科发展史""教育实践"的内容。比较起来，崔永华和刘珣的体系更为接近，几乎没有大的区别，主要表现为二者的体系框架基本相同，与吕必松的体系比，这两位学者的体系中都有汉语语言学、学科方法论、教学管理理论，以及总体设计、教材编写、课堂教学、测试评估等方面的内容。在以上三位学者的体系模式中，吕必松的体系提出的最早，并得到修正和完善，在对外汉语教学界影响较大；后两者提出较晚，但考虑细密，且有所创新。为进一步了解有关情况，下面介绍几家国外第二语言教学界和国内外语教学界同行对第二语言教学学科理论体系的论述，以便更好地概括对外汉语教学的学科体系。

英格拉姆认为，语言学、心理语言学、社会语言学、心理学和社会学等基础学科是理论科学家的研究领域，他们的研究成果为应用语言学家的研究提供了理论依据和启发。应用语言学家在此基础上制定语言教学的原则，并应用于教学大纲、教学目标的制订和教学方法的选择，这些内容通过外语教师的课堂教学实践的检验而成为应用语言学理论的一部分。外语教师根据应用语言学家的理论进行课堂实践并在实践中获得某些技巧和方法。

斯顿提出了外语教学三个层次的理论模式：第一层次是理论基础，包括语言教学史、语言学、社会学、社会人类学、人类学、心理学、心理语言学、教育学等研究成果；第二层次为中间层次，主要是应用型理论，包括学习理论、语言理论和教学理论；第三层次为实践层次，包括方法和组织机构。

束定芳、庄智象把外语教学理论的研究划分为本体、实践和方法三个层次：本体论层次，研究语言和语言使用的本质及外语学习过程的本质，可以吸收普通语言学、社会语言学、语用学、心理学、心理语言学等的研究成果；实践论层次，研究外语教学的具体实施，包括教学的组织机构、教师培训、大纲的制定、教材编写、测试评估等；方法论层次，研究教学实践中贯彻教学原则的手段和方法。

应云天把外语教学法体系分为教学思想和课程设计两大部分，前者是后者的指导思想和原则，后者是前者的体现。其中教学思想是指对语言特性、社会功能及掌握外语的过程等的认识；课程设计包括如何确定教学目的、教学内容、教学流程和教学方法。

不难发现，这几位学者的观察角度跟我国对外汉语教学界学者的观察角度不尽相同：比较来说，后四位主要着眼于从第二语言教学的整个过程来谈学科的理论研究内容，理论色彩较淡而工作流程色彩更浓；前三位主要着眼于从第二语言教学的学科理论体系本身来谈学科的理论研究内容，理论色彩更浓而工作流程色彩较淡。尽管如此，后四位学者无论是从外语教学模式的角度，还是从外语教学法体系构成的角度，对外语教学理论体系所做的论述和概括，对对外汉语教学学科理论体系的研究都是很有启发和借鉴意义的。其中最重要的一点就是，理论研究和理论体系的构建应着眼于教学实际，紧密结合并服务于教学实践的需求，解决教学过程中的理论问题。事实上，后四位学者和前三位学者的基本观点非但不矛盾，而且大有不谋而合之处。例如，除应云天以外的前六位学者都把教学理论研究的内容划分为三个层次或三个部分。而且在具体层次上也有诸多相同之处，例如，崔永华的"学科支撑理论"、刘珣的"理论基础"，跟英格拉姆的"基础学科"、斯顿的"第一层次"、束定芳和庄智象的"本体论层次"在内容、定位和预想功用等方面基本一致；其他两个层次或部分也大体相似。不过，国外第二语言教学界和国内外语教学界的同行似乎更强调不同层次上的理论的"转化"，特别是强调理论家、应用语言学家和外语教师的"分工"，如英格拉姆。强调转化不可谓错，因为第二语言或外语教学是应用性较强的交叉学科，但是过于强调分工则与第二语言教学和外语教学的实际不大相符，实际上也过于低估了语言教师应有的地位和作用。

二、对外汉语教学的学科建设体系

从以上概述可以看出，第二语言和外语教学界对学科理论体系的看法尽管有不少相同相近之处，但在观察的角度、体系构成的格局及具体内容方面还存在一定分歧。一个值得关注的现象是，有学者把所谓的学科理论基础看成是学科理论体系的一部分，这恐怕是有问题的。此外，把诸如教材编写、大纲编制、学科发展史、学科方法论、教学管理、师资培养、教育实践等属于学科应用研究、学科发展建设乃至于学科教学活动、工作安排方面的内容也看成是学科理论体系的内容，同样也是有问题的。因为这涉及什么是学科理论体系，体系的形成和概括应依据什么标准的问题。上面所提到的教学管理、师资培养、教育实践，乃至教材编写及其研究能否都看成是学科理论体系的组成部分？如果不能，那么该把它们归到什么范畴中去？它们与学科的基本理论或者说学科的基本理论体系是什么样的关系？诸如此类的问题都缺乏应有的研究。为此，笔者打算在前人研究的基础上对有关问题做进一步的探讨和概括，提出"对外汉语教学学科建设体系"和"学科发展建设"这样两个概念，并重新确立学科基础理论、学科基本理论、学科应用理论的内涵和地位。

所谓学科建设体系，包括有关学科理论的各个方面和教学实践的各个环节，以及学科发展和建设所涉及的各项内容，它由学科理论基础、学科基本理论、学科应用理论和学科发展建设四个部分组成。学科建设体系概念的提出，主要是基于第二语言教学（对外汉语教学）是一门在多种学科理论支持下形成的交叉学科，是一门实践性极强的应用学科的特点，因而有待进一步发展和探索的客观现实。对外汉语教学学科建设体系的基本内容包括以下几个方面。

（一）学科理论基础

这是对外汉语教学学科的基本理论赖以形成的基础，是由对外汉语教学的跨学科性决定的，主要包括哲学、语言学、教育学、心理学和文化学。学科理论基础是对外汉语教学学科发展和建设所应关注的重要内容，也是对外汉语教学理论研究的主要内容之一。不关注学科基础理论的研究现状、发展趋势和重大进展，对外汉语教学就失去了可持续发展的基本条件。所以，对对外汉语教学学科理论基础的研究应该是对外汉语教学理论研究的一部分，这一点是毋庸置疑的。但是，对外汉语教学的学科理论基础本身并不等同于对外汉语教学的学科基本理论，对学科理论基础的研究及有关成果可以看作是对外汉语教学学科建设（体系）的成果，但不应看作是对外汉语教学学科基本理论（体系）的成果，这也是毋庸置疑的。因为学科基础理论及其有关学科都属于各自独立的学科，有各自的研究对象、研究目的、研究方法、研究手段和理论体系。同时，这样的研究成果（如汉语语言学）在绝大多数情况下都不能直接应用到对外汉语教学实践中去；而教学中遇到的难点（包括急需解决的一般性问题），或者不是学科理论基础研究所关注的重点问题，或者研究目的和角度等与教学的实际需要大不相同。

（二）学科基本理论

这是对外汉语教学学科的核心理论，是学科存在的标志，它能够全面指导对外汉语教学实践，全面指导对外汉语教学学科应用理论的研究。学科基本理论虽具有跨学科的性质，但它是在学科理论基础的指导下，结合教学实际需要而形成的服务于教学的教学理论，体现着学科的性质和特点。因此，它是对外汉语教学最基本、最直接、最有应用价值的学科理论本身。学科基本理论的形成及其体系的建立，应该符合三个条件：第一，在学科理论基础（体系）中可以找到确定的支撑理论；第二，能够体现对外汉语教学实践的两个根本问题"教什么"和"怎么教"（包括"学什么"和"怎么学"）的理论；第三，能够作为学科应用理论研究的理论基础，即能够全面指导有关教学的应用研究。符合这三个条件，便有可能做到有内在联系、有来源、有应用，能指导教学实践、能解决实际问题，前后连贯、逻辑一致，简明周到、科学实用。据此来看，对外汉语教学的学科基本理论应包括学科语言理论、语言学习理论、语言教学理论、跨文化教学理论。它们的支撑理论分别是语言学、心理学、教育学和文化学，也分别包括具有广泛支撑性的哲学；其中，学科语言理论和跨文化教学理论主要帮助第二语言教学解决"教什么"（包括"学什么"）的问题，语言学习理论和语言教学理论主要解决第二语言教学"怎么教"（包括"怎么学"）的问题；这些理论及其各自所包含的具体内容能够指导教学目标的确立、教学大纲的制定、教材的编写及评估测试等有关学科的各项应用理论研究。学科基本理论（体系）中的每种理论都包含若干个理论研究的具体范围和方向。应该指出的是，学科的理论基础是学科基本理论形成的依托，但是学科基本理论的研究反过来也能够促进学科理论基础的研究。例如，学科语言理论研究中包括对所教授语言（特定语言学）的面向教学需要的语言本体研究，而这样的研究往往能够发现一些面向语言理论研究需要的语言本体研究所发现不了的重要语言现象，从而拓宽语言本体研究的范围，促进语言本体研究的深入，丰富理论语言学研究的成果。

（三）学科应用理论

这是对外汉语教学学科基本理论的应用和体现，即综合运用对外汉语教学的基本理论来研究教学中的某一实际问题，如教材编写的理论研究、测试理论研究、课程设计研究等。这类研究所形成的有关理论适用面最窄、应用性最强。学科应用理论研究的范围主要包括教学目标研究、教学大纲研制、学科课程设计、学科课程建设、测试理论研究、评估理论研究、教材编写理论研究、课堂教学研究、教学技巧研究等。同样应说明的是，对外汉语教学应用理论赖以形成的依托是对外汉语教学的学科基本理论，但是学科的应用研究反过来也能够为学科基本理论的研究提供启发和借鉴。例如，课堂教学技巧的研究往往能够促进语言教学理论中教学原则理论的研究。

（四）学科发展建设

这是对外汉语教学作为一门学科，尤其是作为一项事业，可持续发展所必不可少的方面，主要包括师资队伍建设、教师进修培训、教学管理研究、学科发展规划、教学实践研究、教学技术开发、教学资源管理、学科历史研究等。有关学科可持续发展和建设的调查和研究主要依托于学科应用理论的研究成果和学科应用研究所反映出的问题。例如，课堂教学的调查研究所反映出的问题可以进一步促进教学管理研究、师资队伍建设、教师进修培训等的研究；反过来，学科发展建设方面的进步也能够促进学科应用理论的研究，比如，教学实践的深入、教学新技术的开发，往往能够丰富课程设计的理论和实践方式，促进课程体系建设。

根据以上的论述可以发现，对外汉语教学学科建设体系组成部分之间的关系为：学科理论基础→学科基本理论→学科应用理论→学科发展建设，依次构成前者对后者理论上的指导关系、启发关系；学科发展建设→学科应用理论→学科基本理论→学科理论基础，依次构成前者对后者理论上的依托关系、促进关系。上面这种动态的相互关系构成了对外汉语教学学科建设体系的内在联系和对外汉语教学可持续发展的基础。对外汉语教学的学科理论体系由基本理论（体系）和应用理论（体系）构成，它们是对外汉语教学学科建设体系中的一部分，也是最重要的一部分。其中前者更为根本，最能体现学科的属性，具有学科唯一性（即只为某一学科所具有），因而是第二语言教学学科存在的标志；后者只是前者的应用研究（没有前者，后者就无法进行），不具有学科唯一性，不能成为第二语言教学学科存在的主要标志。因为任何学科都有教学大纲的研制、教材编写研究、测试理论研究、课堂教学研究之类的应用性研究，但是除了第二语言教学和外语教学，似乎没有哪一个学科一并进行语言理论、语言学习理论、语言教学理论和跨文化教学理论的研究，因此只有它们才是对外汉语教学学科的"基本"理论。

第四节　对外汉语的学科基本理论

在上一节中，我们论述了对外汉语教学学科建设体系的内涵，并指出学科建设体系由学科理论基础、学科基本理论、学科应用理论、学科发展建设四个部分组成，这四个组成部分都可以成为对外汉语教学研究的对象。但是，在学科建设体系的这四个组成部分中，只有学科基本理论和学科应用理论是对外汉语教学理论研究的重点，二者构成了对外汉语教学的学科理论体系。其中，学科基本理论是学科理论的核心，是学科存在的主要证明和标志。没有学科基本理论的指导和启发，学科应用理论就不可能形成和存在，至少难以深入和提高。不把"学科理论基础"看成是学科理论体系的组成部分，不是因为内容的理论性不强，也不是因为有关的研究在"教什么"和"怎么教"两个根本问题上完全无所作为，主要是因为它分属不同的学科。把"学科理论基础"纳入学科建设体系并将其确认为对外汉语教学的研究对象之一，仅仅因为对外汉语教学是一门跨学科性的学科，即仅仅因为它是对外汉语教学学科基本理论形成的基础。同时上文还着重阐述了学科基本理论确立的标准，并据此把对外汉语教学的学科基本理论确定为学科语言理论、语言学习理论、语言教学理论、跨文化教学理论，从而试图从宏观上确立学科的基本理论在学科建设体系和学科理论体系中的地位和作用。

应该指出的是，完整的对外汉语教学的学科理论体系是由学科的基本理论和学科应用理论两个部分组成的，强调学科的基本理论是对外汉语教学学科理论体系的核心，并不否认和抹杀学科应用理论在学科建设体系和学科理论体系中应有的地位和作用。事实上，学科应用理论在教学实践中具有不可替代的重要指导作用，在很大程度上体现了学科的性质和特点。学科应用理论直接指导着教学实践，它的研究水平不仅体现了学科理论研究的水平，还体现了教学实践可能达到的深度和广度。因此，加强学科的理论研究必须重视对学科应用理论的研究，这一点是毋庸置疑的。但是，也必须看到学科的基本理论能够起到"外联"——直接联系学科的理论基础（如语言学、教育学、心理学等）的作用，从而体现了学科的交叉性特点；能够起到"内导"——直接指导学科的应用研究（如指导教材编写研究、测试研究等）的特殊作用，从而体现了学科的应用性特点。这种"外联"和"内导"的作用是学科应用理论所不具有的,因此学科的基本理论是学科理论(体系)的核心。

我们还根据前人的有关研究,从学科建设体系的角度阐述了学科基本理论的构成条件,并确立了学科基本理论(体系)是由学科语言理论、语言学习理论、语言教学理论、跨文化教学理论四个部分组成的。应该强调的是,这只是从宏观上、从学科基本理论与学科建设体系中的其他组成部分的关系而言的。实际上,这四个部分本身的确立,特别是其中每一个部分、每一种理论所包含的若干具体的研究内容和方向的确立,还应该符合"两个面向"和"三个结合"的原则,即面向第二语言教学的实际,面向中国对外汉语教学的实际,结合国外第二语言和外语教学的理论和实践,结合第二语言教学的两个根本问题"教什么"和"怎么教",结合中国的教育传统和教学方法。其中,"两个面向"是学科理论研究和建立的根本着眼点,要求我们在确立学科基本理论过程中至少要考虑到第二语言教学的性质特点、中国对外汉语教学在学科理论建设上的需求;"三个结合"是学科理论研究和建设的根本途径,要求我们在确立学科基本理论过程中至少要考虑到国外同类性质的教学理论研究和教学实际的现状和发展趋势并做出选择,在教学的两个根本问题"教什么"和"怎么教"的问题上提供理论指导,在中国传统的教育理念和教学方法上做出分析,吸收合理的因素,摒弃不合时宜的因素。符合"两个面向"和"三个结合"的原则,便有可能使所建立的学科基本理论体系符合第二语言教学的学科属性,符合中国对外汉语教学学科理论建设的需要;能够保证在学科的根本问题上提出行动的理论指南,能够保证在学科理论上中外结合、有所创新,从而使学科理论既有应用价值,又有自己的特色。基于"两个面向"和"三个结合"的原则,学科基本理论的四个组成部分分别包含的主要内容如下:

学科语言理论:面向对外汉语教学的语言学及分支学科研究、汉语语言学研究。

语言学习理论:基本理论研究、对比分析、偏误分析、中介语理论。

语言教学理论:学科性质理论、教学原则理论、教学法理论、中国传统教学观。

跨文化教学理论:文化教学的地位、文化教学的内容、文化教学的原则。

其中,学科语言理论和跨文化教学理论主要在"教什么"和"学什么"方面发挥指导作用;语言教学理论和语言学习理论主要在"怎么教"和"怎么学"方面发挥指导作用。

一、学科语言理论

（一）面向对外汉语教学的语言学及其分支学科理论研究

包括对外汉语教学在内的第二语言教学的教学内容是语言，既然教的是语言，那么语言学的理论就必然对语言教学的理论和实践产生影响。因此，语言学及其各有关分支学科（如社会语言学、文化语言学、篇章语言学、认知语言学、语义学、语用学等）的理论就成为第二语言教学关注和研究的重要内容。只是我们应该强调，这些理论必须和第二语言教学的实际需要相结合，即能够服务于第二语言教学，才能成为指导和影响教学理论和教学实践的第二语言教学的学科基本理论之一——学科语言理论。这就是说，语言理论能否和教学实践相结合、能否在实践中发挥作用以及发挥多大的作用，是其能否成为第二语言教学学科语言理论的标志。

语言是人类最重要的交际工具，这一理论对第二语言教学有着广泛、深刻和根本性的指导意义。它给第二语言教学的启示是，第二语言教学从根本上说就是让学习者掌握语言这种交际工具，因此，要把语言当作交际工具来教，当作交际工具来学。树立这样一种语言教学观和语言学习观，就会把听、说、读、写等语言能力，特别是语言交际能力的培养和养成放在语言教学和学习的首要和根本位置，而把语言知识的教学和学习看成相对次要的，是为掌握语言这种交际工具而服务的。这种语言学理论及由此形成的语言教学观是符合第二语言教学实际需要的。相反，如果把语言的本质看成一种知识系统，就可能把语言当作系统的知识来教，当作系统的知识来学。树立了这样一种语言教学观和语言学习观，相应地就会把语言知识的教学和学习放在首位，把语言能力和语言技能的培训放在次要的位置。显然，这种语言理论及由此形成的语言教学观是不符合第二语言教学需要的。可见，在不同的语言理论指导下，会形成不同的语言教学观和语言学习观，进而对语言教学和学习的影响也就不同，甚至是截然相反的。因为观念不同，做法就不同，效果也就大不一样。从这个意义上说，语言理论对第二语言教学影响深远，意义重大。因此，在第二语言教学学科基本理论中确立学科语言理论的地位是非常必要的。事实上，不管是否确立语言理论在第二语言教学中的应有地位，语言理论特别是语言观都无时不在影响着语言教学。但是，需要强调的是，并非所有的语言学理论都能对第二语言教学产生直接的、符合实际需要的影响，因而并非所有的语言学理论都能成为第二语言教学的学科语言理论。学科语言理论研究的一个重要方面应该是,哪些语言学或语言学分支学科的理论对第二语言教学有直接的指导意义,有什么样的指导意义,怎样实现这样的指导意义。遗憾的是,我们在这方面所做的工作还很不够,甚至还没有明确地意识到这一点。因而,不少学者只是把语言学看成第二语言教学的支撑学科或理论,而没有把语言学理论的引进自觉地当作学科的基本理论研究的重要内容,更没有在学科基本理论体系中确立学科语言理论的地位。学科语言理论中的"学科"指的就是第二语言教学;学科语言理论指的就是第二语言教学学科理论中的语言理论,即能够满足第二语言教学学科理论建设需要的语言理论、能够指导第二语言教学实践的语言理论。相反,不符合第二语言教学性质和教学目的的语言学理论、不能对第二语言教学产生影响的语言学理论、不能直接指导第二语言教学实践的语言学理论都不应属于第二语言教学学科理论中的语言理论,尽管这些语言理论本身可能很有学术价值和理论意义。需要指出的是,第二语言教学界存在一种不正确的认识,那就是忌讳说第二语言教学"应用"或"引进"语言学理论,似乎这样说就降低了第二语言教学的学科地位。其实,这种疑虑是大可不必的,因为"应用"是必然的——不管是否意识到,"引进"是必须的——不管是否愿意。第二语言教学具有跨学科性,是一门交叉学科,这就从根本上决定了"应用"和"引进"的必然性。还应该强调的是,我们不但要引进和应用语言学理论,而且要自觉地、主动地开展面向第二语言教学学科理论建设和教学实际需要的语言学及其分支学科的理论研究,这样才能建立起完整的符合第二语言教学规律的学科语言理论体系。

(二)面向对外汉语教学的汉语语言学研究

就对外汉语教学来说,学科语言理论还应该包括把汉语作为第二语言或外语教学而进行的汉语研究所形成的汉语语言学理论。这是因为对外汉语教学教的是汉语,所以分析汉语的结构规律、了解汉语的组合规律、掌握汉语的表达规律就成为对外汉语教学研究的主要内容。深入挖掘和细致描述汉语的这些语言规律,目的是更好地指导教学实践,提高对外汉语教学效率。因此,面向对外汉语教学需要的汉语本体(包括语音、语法、词汇、篇章等)研究的成果是学科语言理论的重要组成部分。这种研究的根本目的是让学习者在更短的时间里,更快、更好地掌握汉语的语言知识,提高运用汉语进行交际的能力。换言之,汉语语言学研究是为了服务并服从教学实践的需要,而首先不在于追求理论的系统性和知识的完整性,研究的侧重点是教学中的难点以及汉语同学生母语的异同(特别是不同之处）；汉语词汇和语法研究的侧重点是功能和用法，除了从语言学层面对汉语的结构规律、组合规律和表达规律进行揭示和描述外，还要从汉外对比、跨文化交际、语言习得、学习者个体差异、认知心理等多角度进行综合研究。这些都与把汉语作为一种语言系统而进行的语言研究以及把汉语作为第一语言教学所进行的语言研究有很大的不同。

对外汉语教学的学科语言理论包括面向教学实际需要的普通语言学及其分支学科的理论和应用研究，以及面向对外汉语教学需要的汉语语言学理论和应用研究。这两个方面研究的关键是要面向对外汉语教学实际，而不是为了其他目的的一般意义上的研究。一旦这些理论能够服务于对外汉语教学，并且得到整合和系统化，就可以看作是对外汉语教学的学科语言理论。目前的问题是，我们对对外汉语教学学科语言理论的重视还需要进一步加强，目标还需要进一步明确，已有的研究成果也需要系统地整合。同时，在学科语言理论的研究中要特别加强面向对外汉语教学的汉语语言学研究。实际上，课堂教学有许多问题说不清，就是因为这方面的研究还不够。所以，应该强调汉语研究是对外汉语教学的基础，是后备力量，离开汉语研究，对外汉语教学就没法前进。就汉语研究来看，对事实的深入发掘、对规律的有效揭示至今还存在许多薄弱点和空白点，远远不能满足对外汉语教学的需求。这些都表明加强面向对外汉语教学需要的汉语研究的必要性和迫切性。

二、语言学习理论

语言学习理论主要研究学习者语言学习的过程和规律，是第二语言教学学科基本理论之一，是语言教学理论确立的重要前提和参照。关于语言学习理论研究的现状，刘珣曾做过很好的概括，他指出，有关第二语言学习研究在最近 30 年有了很大的发展。但西方学者也告诫大家，对语言学习理论研究的深度目前还不能期望过高，这些理论所引起的争议有时甚至大于所达成的共识。即使根据那些被较多人接受的理论，人们也只能在一定程度上了解到第二语言学习者在做什么，他们掌握了什么，还不可能肯定地说他们是怎么做的，是怎么掌握的。至于把这些有关语言学习理论研究成果运用到教学实践中去，指出如何教第二语言，恐怕就为期更远了，还有一段艰巨的路程要走。他还指出，国内对语言学习理论做专门的、深入的研究，起步更晚，"这方面的研究还是个别的、零星的，规模远不如对教学法的研究"。近年来，国内外对语言学习理论的研究都有了进一步的发展，国内一些学者对汉语学习理论进行了许多开拓性的研究，但总的来看，已有的理论研究和实验研究成果还远不能满足学科建设和教学实际的需要，汉语学习理论的研究将是一项长期而艰巨的任务。就目前来看，在进一步引进、评介西方有关研究成果的同时，应结合汉语和汉语作为第二语言教学的实际，着力研究语言学习的基本理论、对比分析、偏误分析、中介语理论。

（一）语言学习理论基本问题研究

1.学习主体分析

语言学习是发生在学习者身上的事，一切教学目的、任何教学方法、所有教学手段和资源、学校和教师的各种努力最终都必然也应该在第二语言学习者那里得到体现和检验。所以，首先要研究学习者的基本情况，这样才能真正做到有的放矢、因材施教。

2.基本问题研究

包括对一些基本概念、基本关系和基本问题的研究和探讨。例如，"学习"和"习得"的含义及其相互关系，第一语言学习和第二语言学习、儿童母语学习和成人外语学习的异同，母语对第二语言学习的干扰和促进，语言输入和语言输出的关系，课堂教学和自然习得的比较，语言能力的构成因素及形成过程，语言交际能力的构成因素及形成过程，语言学习环境的构成因素及对学习者的影响，口语学习和书面语学习的特点及相互关系，等等。

（二）对比分析

对比分析作为一种语言分析方法已有相当久远的历史了，可以追溯到19世纪的历史比较语言学。把对比分析运用到第二语言教学始于美国语言学家弗思（Fries），他曾指出，最好的教材是这样的教材：它的立足点是一方面对所学外语进行科学的描写，另一方面对学生的本族语进行平行的描写，加以仔细的比较。从第二语言学习的角度提出对比分析假说及对比分析具体方法的是拉多（Lado）。在《跨文化的语言学》（*Linguistics Across Cultures*）一书中拉多表明了自己的基本设想："人们倾向于把本族的语言和文化中的形式、意义以及两者的分布方式转移到外族的语言和文化中去。""我们假定，学生在接触外语时，会觉得其中有些特征易学，有些难学。与本族语相同的要素，他们觉得简单，不同的就困难。老师如果把两种语言比较过，就知道真正的困难何在，因而更有办法去进行教学。"由于拉多等人的提倡，对比分析盛行于20世纪五六十年代。人们一度相信，语言学习的障碍是母语的干扰；通过目的语和学生母语的对比，可以为教材编写提供根本性的依据；可以预测因两种语言的差异而造成的学习中的难点，从而在教学中采取预防措施。但是，到了20世纪60年代后期，对比分析受到了怀疑和批判。有人指出，"按对比分析编出的教材使用效果并不见得很好"，"对比分析的鼓吹者说它能预测外语学生会在什么地方出岔子，出什么样的岔子，然而事实上办不到"。于是，对比分析逐渐被错误分析和中介语研究等替代。20世纪80年代，人们开始重新认识对比分析在语言研究和外语教学中的重要价值，对比分析再次受到人们的关注。

1. 对比分析的理论基础和分析步骤

对比分析是把目的语跟学习者的母语进行共时层面上的系统比较，找出两种语言的异同点特别是差异所在，借此预测学习中的难点，并在教学中采取积极的预防措施，建立起有效的教学方法。对比分析以结构主义语言学、行为主义心理学及迁移理论为理论基础，出现在结构主义语言学和行为主义心理学的鼎盛时期，与这二者有着不解之缘。结构主义语言学强调对语言的结构进行客观的、静态的、形式方面的描写，并且相信在对两种语言进行精确的描写的基础上，通过对比可以发现两种语言的异同，这是对比分析产生的重要理论依据。行为主义心理学认为，语言是一种行为习惯，习得一种语言就是习得一种习惯。母语习惯的形成未受到其他语言的干扰，而学习第二语言则意味着要克服母语的干扰，形成一种新的习惯。用迁移理论来说，就是母语中与目的语相同的地方将促进目的语的学习，而母语中与目的语不同的地方会造成学习目的语的困难，差异越大造成的困难也就越大。这种原有的知识对新知识的学习产生影响的现象称为"迁移"，其中促进新知识学习的迁移叫"正迁移"，干扰和阻碍新知识学习的迁移叫"负迁移"。第二语言学习中的错误正是学生母语习惯负迁移的结果。对比分析假设的核心就是，第二语言学习的障碍和困难来自母语的干扰，通过对比两种语言结构的异同，可以预测学习者的语言错误和难点，从而在教学中加以突出，并采取措施加以克服，达到避免或减少语言错误的目的，提高教学质量。

对比分析大体包括四个步骤。

第一步，描写：对所比较的两种语言进行详细的描写，作为对比的基础。

第二步，选择：由于不可能对两种语言所有的方面都进行比较，所以必须对要比较的某些语言项目进行选择。

第三步，对比：对选好的语言项目进行对比，找出它们的异同点。

第四步，预测：根据对比的情况，对第二语言学习者在学习中可能出现的错误和学习困难进行预测。这种预测一般通过构建第二语言学习"难度层次"或通过应用心理学和语言学的理论来实现。

2.对比分析理论评价

20世纪60年代后期,由于转换生成语言学和认知心理学的出现,对比分析的语言学和心理学基础受到了挑战。人们开始转向对第二语言学习过程的研究,加上教学实践和实验研究的深入,对比分析理论上的一些缺陷和局限也随之暴露出来。首先,对比分析的核心思想认为,语言之间的差异是造成学习者语言错误的主要乃至根本性的原因,因此,只要通过对比分析找出目的语和母语之间的差异,就可以预测学习者在目的语学习过程中可能出现的错误。然而,实际观察表明:对比分析所预测的学习中的语言错误并没有出现,而没有预测到的语言错误却出现了。这说明对比分析对学习者语言错误的预测能力是十分有限的。换言之,两种语言的差异并不能自动、必然地引申出第二语言学习中的问题。也就是说,对比分析理论的根本前提——第二语言学习者的语言错误完全是由于学习者母语干扰造成的,这一假设是有问题的。调查研究表明,学习者的语言错误是由多方面原因造成的,既有母语干扰(负迁移)的原因,又有学习者在学习过程中对目的语理解和消化不够全面和准确的原因,如过度概括、忽略规则的使用条件、应用规则不全等,甚至还有教师和教科书的误导等原因。其次,对比分析理论认为,母语与目的语之间的差异越大,干扰就越大,学习的困难也就越大。这种将语言之间的差异同学习者的困难等同起来的做法缺乏理论支持。"差异"是语言形式上的问题,"困难"是心理学上的问题,把二者必然地联系、等同起来,是没有心理学依据的。实际情况往往是,两种语言形式上差别明显之处掌握起来并不见得就难,而表面上相近的地方有时倒是最难掌握的,这些地方常常是学习者感到最困难和最容易出错的地方。可以说,对比分析把学习者的语言错误必然地看成是母语干扰造成的,把学习者的困难跟语言之间的差异必然地等同起来,是这一理论的两大根本缺憾,在理论和实践上都缺乏有力的支持。

但是,无论是从历史看,还是从现实需要看,对比分析都应成为第二语言学理论研究的重要领域,相较其他一些理论模式,对比分析更有其自身的价值,关键是要恰当地估计对比分析的作用,开拓对比分析的新领域。首先,对比分析对语言学理论和第二语言教学理论做出了历史性的贡献:它形成了仅提供部分页试读、一套严密的行之有效的对比分析方法和工作程序;通过对不同语言形式特征的细致描述和比较,发现了许多不用这种方法就不容易发现的重要语言现象,不但丰富了普通语言学理论，而且丰富了第二语言教师的语言知识和对语言之间差异的深刻理解，这无疑有益于教学实践的深入和教学水平的提高。因此，对比分析始终对第二语言教师有着很大的吸引力。其次，要正确估计对比分析的作用。要充分认识到对比分析并不能解决学生的所有问题和困难，但是对比分析也绝不是对学生的所有问题和困难都不能解决。实际上对比分析之所以受到怀疑和指摘，是因为早先对它期望过高，以为它能预测和预防学习外语的学生的错误，能成为编写教材的唯一基础。估计过高固然不对，估计过低也不好。语言对比显然能大致推断出学生会在什么范围内出错，在发现错误后也能帮助我们说明出现错误的一部分原因。这就是说，对比分析虽然对学生语言学习困难的预测能力并没有人们当初期望的那么大，但毫无疑问，它仍然是第二语言教学不可或缺的辅助手段，不能因为它未能满足人们过高的期望，就完全抹杀它在第二语言教学和学习中应该和能够起到的重大作用。最后，我们应该在教学实践和理论研究中进一步完善和拓宽对比分析的领域。事实上，对比分析预测到的难点和可能出现的错误，有些之所以未出现，原因之一是学生有意回避（正是因为感到"难"，所以才不用），如果是这样，那么恰好证明对比分析的预测是对的。诸如此类的问题还需要我们进一步研究和探讨，从而不断丰富和完善对比分析理论。重要的在于，要把对比分析的内容从语音、词汇和语法的对比扩大到语用、篇章、话语和文化等领域。对比分析的主要倡导者拉多早在1957年就指出，文化对比与语言对比在对比分析中有着同等重要的地位。只是在后来的对比研究中，文化的对比一直没有受到应有的重视，拉多也忽略了这一点。实际上，第二语言学习者的许多困难和语言交际错误都和目的语与母语之间语用、篇章、话语和文化等方面的差异有关。

（三）偏误分析

因为对比分析不能预测和解决学习者的全部语言错误，于是从20世纪70年代开始，人们把注意力由语言之间的对比转向对学习者语言错误本身进行系统的分析和研究，并形成了错误分析理论。这一理论给语言学习和习得研究带来了两个极为重要的转变。其一，在研究的侧重点上，由关注目的语和母语的对比转向对学习者、学习过程、语言错误本身的关注，使第二语言学习者及其语言错误在教学和学习中的作用得到了前所未有的重视和研究；其二，对待错误的观念发生了根本性的变化，传统上并不把语言错误看成有理论价值的东西，因而错误分析只是以目的语为标准去判断错误和评估学生的语言水平，并通过对错误的分析来帮助确定教学内容的先后顺序，决定教学和练习的重点、难点，直至最终消灭错误。而在偏误分析理论中，学生的语言错误被看作是第二语言学习过程中的正常现象、必然现象，是有价值的东西，而不再是避之而不及的东西。在对比分析理论中，从教师的角度看，语言错误实际上象征着学习上的失败，第二语言教学和学习的过程实际上就是纠正和避免语言错误的过程。而在偏误分析理论中，从学习者的角度看，语言错误不再被看作失败的象征，而被看作学习过程中不可避免的和有用的，因为它反映了学习者对目的语所做的假设，这种假设与目的语实际不符，才出现了偏差。分析错误可以了解学习者是如何建立和检验假设的，可以探索外语学习的心理过程。

关于偏误分析的作用，科德在《学习者错误的重要意义》(*The Significance of Learner's Errors*) 一文中指出，对学习者的偏误进行分析有如下作用：教师可以了解学习者对目的语的掌握程度及其所达到的阶段；研究者可以了解学习者是如何学习和习得目的语的，以及学习者在学习过程中采取的学习策略和步骤；学习者可以利用错误分析来检验其对目的语的结构规则和表达规则所做的假设。科德在《应用语言学导论》中说："错误分析最明显的实际用途是为教师服务。错误提供反馈，它告诉教师他用的教材和教学方法产生了什么效果，并且向他提出他所依据的教学大纲中哪些部分在教和学的过程中还有不足之处，需要进一步重视。错误能使他决定他是否可以接下去讲授教学大纲中的下一个项目，或者是否必须花更多的时间继续讲授他正在讲授的项目。这就是错误的常见价值。"

1. 偏误分析的理论基础和分析步骤

偏误分析旨在对第二语言学习者的语言错误（偏误）进行系统的分析和研究，确定其错误的来源，并以此揭示第二语言习得的心理过程和习得规律。偏误分析的心理学基础是认知理论，语言学基础是乔姆斯基的语言习得机制理论，即人是通过大脑中的语言习得机制学习和获得语言的。偏误分析理论认为，第二语言习得过程是语言规则形成的过程，即学习者不断从目的语的输入中尝试对目的语规则做出假设，并进行检验与修正，逐渐向目的语靠近并建构目的语的规则体系。科德指出，错误分析的关键在于语言的系统性，因而也在于错误的系统性。如果不从这一假设出发，没有人会问津错误分析这项工作。这绝不是说所有的错误都是一贯而有系统的。然而，对于没有系统性的东西是无法进行描写和解释的。当然也应明确，有些东西可能从表面看是没有系统的，那是因为我们对它的规律性还没有认识。偏误的根本特性在于它的系统性和规律性，偶然的口误和笔误之类的错误并不是偏误。

偏误分析按科德的观点分为以下五个步骤：

第一步，搜集供分析的语料：包括口头表达、书面练习以及听力调查获得的语料。

第二步，鉴别其中的偏误：从语法和交际两个方面鉴别，不符合语法的则为偏误，符合语法但在交际情境中用得不恰当，亦为偏误。同时，还要区别有规律性的偏误和偶然的失误（当然有时并不容易）。

第三步，对鉴别出来的偏误进行分类：从不同角度，为不同目的，可以有多种分类。

第四步，解释偏误产生的原因：偏误被鉴别出来并做了分类以后，接下来就是分析偏误产生的原因。其原因主要有母语语言和文化的负迁移、目的语语言和文化的负迁移（过度泛化）、学习策略和交际策略的影响、教师和教材及教法的误导等。

第五步，评估偏误的严重程度：偏误对交际的影响大小取决于偏误的程度。有的偏误对交际影响不大，有的可能使交际不畅甚至引起误解，有的则可能妨碍思想的交流，造成交际无法进行下去。

对偏误的分类大致有以下几种情况：

其一，从语言形式上把偏误分成语法、词汇和语音，并对有关内容进行再分类。这种分类是传统的做法，着眼于语言形式，服务于课堂教学，不重视交际中的偏误分析。

其二，从偏误的来源上把偏误分成语间偏误和语内偏误。语间偏误是由母语语言和文化的干扰造成的，语内偏误是由对目的语规则理解不正确或不全面造成的。

其三，科德从中介语系统上把偏误分成前系统偏误、系统偏误和后系统偏误。前系统偏误指学习者目的语语言系统形成之前的偏误，因为正在学习和理解所学语言，处于对语言规则的探索阶段，因而学习者还不能解释，亦无法改正自己的语言错误；系统偏误指学习者知道目的语的某个（些）规则，但还没有完全掌握它（们）的用法，或者说学习者对有关规则做出的假设是不正确的，致使学习者有规律地运用一个（些）错误的语言规则，因而出现规律性的偏误，学习者能对这类偏误做出一些说明，解释为什么要这样用，但不能对偏误自行改正；后系统偏误指学习者目的语系统形成之后的偏误，学习者虽然已经掌握了目的语的某一个（些）规则，基本能正确运用，但有时因暂时遗忘等原因而用错，学习者能自行纠正这类偏误,并且能说明偏误的原因。

2.偏误分析理论评价

偏误分析理论对第二语言教学研究的贡献:第一,偏误分析使第二语言教学更加自觉地转向注重对学习者及其学习过程的研究,而这一转变是由注重教向注重学迈出的坚实的一步,也是向着提高第二语言教学质量和效率迈出的关键的一步,不仅拓宽了第二语言教学基本理论研究的范围,也使偏误分析理论成为第二语言学习理论的重要组成部分。第二,偏误分析使人们从根本上改变了对第二语言学习过程中出现的偏误本质的认识。它把偏误从需要避免和纠正的消极地位提高到了是了解和认识第二语言学习过程和学习规律的导向和窗口的积极地位。它提示人们:学习者的语言偏误是学习过程中的正常的、必然的现象;偏误是语言学习过程中必经的路标,不出错是学不会语言的。它对偏误的分类和对其来源的探究促使人们对待错误的态度和纠错时的某些做法进行重新思考。错误不再是"洪水猛兽",不再是教学过程中时时处处需要防范的"大敌";"有错必纠"也要看是哪一个阶段的错误,对系统偏误可能会有一定的效果,而对前系统偏误和后系统偏误则起不了太大的作用,这就是说,偏误分析启示我们对不同阶段不同类型的错误,要采取不同的态度和措施,而不能一味地有错必纠。第三,偏误分析基本上形成了一套比较有效的偏误分析方法和程序。其具体研究成果为课堂教学、教材编写和测试等提供了积极的反馈和依据,有利于教学实践的改进和教学效率的提高。

偏误分析的局限性:第一,鉴别偏误的标准在实践中有时很难把握。这里面有偏误的程度问题,也有目的语各种变体带来的问题,等等。第二,对偏误的分类缺乏统一的标准。不论从哪一个角度进行分类,实际上总有一些偏误难以归入其中或可左可右。第三,从理论到实践都很难说明偏误与回避的关系。回避是一种有意识的交际策略,偏误分析很难说明回避出现的情况以及回避是否就是偏误等。诸如此类的问题,都需要进一步加以研究和完善。

(四)中介语理论

中介语(inter language)指的是第二语言学习者特有的一种语言系统,这一语言系统在语音、语汇、语法、语言交际及其相关文化等方面既不同于学习者的母语,也不同于目的语,而是一种随着学习的进展向目的语的正确形式逐渐靠拢的动态的语言系统。20世纪70年代,科德、尼姆塞尔、塞林格三位学者为早期中介语理论的形成和发展做出了杰出的贡献,他们几乎同时提出了相近的理论观点。科德把学习者的语言系统称为过渡能力系统,这个系统是学习者现实的心理规则系统,学习者在对目的语规则假设的不断检验的基础上逐步更新这个系统,学习者习得过程中所产生的系统偏误就是这种过渡能力的表现。尼姆塞尔用"近似系统"的概念来描述学习者的语言系统。"近似系统"是说学习者的语言系统是逐渐接近目的语系统的、不断变化的连续体。一方面,学习者不可能在瞬间接触到整个目的语系统;另一方面,学习者的母语是一种干扰源,使学习者的语言系统偏离目的语系统。塞林格 1969 年在论文 *Language Transfer* 中首先使用了中介语这一概念,1972 年又发表了题为 *Inter Language* 的著名论文,确立了中介语理论在第二语言习得研究中的地位。他认为,由于学习者的话语与目的语是不一致的,那么在构建第二语言学习理论时,人们完全有理由或者说不得不假定存在着一个独立的、可以观察到的以语言输出为基础的语言系统,我们把这种语言系统称为"中介语"。

中介语包含两层意思:一是学习者语言发展的任何一个阶段的静态语言状况;二是学习者从零起点开始不断向目标语靠近的渐变过程,也就是学习者语言发展的轨迹,这个过程是动态的。中介语理论要研究的是动态过程,而对动态过程的研究必须建立在对静态语言状况的描写的基础上。

1. 中介语研究的目标和基本途径

中介语研究的基本目标是发现并描写中介语系统;中介语研究的核心目的是探求第二语言学习者语言系统的本质,揭示第二语言习得过程的内在规律,为课堂教学和教材编写内容的选择、组织和安排等提供理论依据。中介语研究的基本途径是观察和实验,以及对观察和实验的结果进行比较、分析和描写。观察就是直接了解学习者学习和习得的情况,包括观察对象的背景情况、语言输入和输出情况等。实验就是根据对中介语发展的某种假设进行有计划的实验,通过观察得到的初步结论也要经过实验来证实。比较就是对观察和实验的结果进行比较,包括个体之间、群体之间的横向比较,个体与群体在不同阶段学习及习得情况的纵向比较。分析就是对观察、实验和比较的结果进行分析,揭示各种主客观条件在语言习得中的作用以及产生偏误的原因等,包括语言习得和偏误跟个人背景的关系,与教材、课堂教学、课外语言环境等的关系。描写包括随时对观察、实验、比较和分析的结果进行记录和整理的即时描写,对某一阶段(如一学期、一学年)的观察、实验、比较和分析的结果进行系统的描写和整理的阶段性描写,对某种语言的中介语进行全面整理和归纳的系统描写。最基本的研究方法有:垂直研究，即对某一个或一些学习者第二语言的学习过程进行跟踪调查；交叉研究，即同时对处于同一学习阶段的学习者的中介语进行研究。

2. 中介语的特征和中介语产生的根源

中介语主要有以下三个特点：

（1）整体的系统性：中介语作为一种第二语言或外语学习者使用的语言，具有人类语言的一般特性和功能。从内部构成上说，它也是由语言要素构成的系统，即它有语音、词汇和语法的规则系统，学习者能够运用这套规则系统生成他们从来没有接触到的话语。从外部功能上看，中介语可以发挥交际工具的功能，完成一定的交际任务。中介语的系统性还体现在，学习者使用的第二语言虽然与目的语系统有一定的差距，但是有一定的规则，而不是任意的。就是说，中介语在任何阶段都呈现出较强的系统性和内部一致性，学习者的言语行为是受到中介语系统规则支配的，这跟母语的使用情况是一样的。实际上，学习者第二语言交际中出现的偏误是以目的语的规则体系作为衡量标准的，从中介语系统来看，这些所谓的偏误就另当别论了。

（2）内部的重组性：中介语系统是一个不断变化的体系，一方面有来自母语规则迁移的影响，另一方面有来自目的语规则泛化的影响，同时学习者不断地接受新的目的语规则，不断地做出新的假设，这样就使中介语总是处在不断扩展、修改和重组的过程中。中介语系统正是在这种不断变化、重组和逐步修改假设的过程中逐渐向目的语系统靠拢。

（3）发展的僵化性：从总的趋势上说，整个中介语是不断地向目的语系统接近的，但这种接近不是直线式的，而是曲折式的，表现为在整个中介语系统中和某些方面的僵化现象。第一，某些已经纠正过的偏误往往有规律地反复重现。鲁健骥认为，造成这种情况的原因可能是外语学习者在表述一个意思的时候，使用的目的语形式比较难，因而使用一个更熟悉的中介语形式，而这一形式从目的语的标准看是有偏误的。第二，学习者的中介语连续体在尚未达到目的语状态时便停止了发展，进一步的学习也不会再有进步。第三，学习者的某些语言形式在未达到目的语状态时便停止，同时某些语言偏误已作为一种习惯固定下来，进一步的学习也无法改变。例如，某一个或几个音总也发不好，某一个或几个语法经常出错。

塞林格指出，学习者在中介语构建过程中主要使用了以下几种手段，也就是中介语产生的几个根源：

其一，语言迁移（language transfer）：指在第二语言或外语学习过程中，学习者由于不熟悉目的语的规则而自觉或不自觉地运用母语的规则来处理目的语信息的一种现象。利用母语知识可能导致语言偏误，即所谓负迁移，也可能导致说出正确的目的语句子，即所谓的正迁移。不过对于后者，如果不了解说话人的母语，就根本发现不了这种迁移。事实上，正迁移同负迁移一样值得研究，因为它同样能够告诉我们语言迁移是在什么时候和什么情况下可能发生。当然，负迁移才是产生中介语的原因。

其二，目的语规则的泛化（overgeneralization）：指学习者把某些目的语规则当成普遍性的规则来使用，即过度类推造成语言偏误。初学者的语言偏误多是由母语干扰造成的，因为母语是唯一的"靠山"。对于中等以上的学习者来说，他们的语言偏误多是由目的语规则的泛化造成的，因为此时学习者总是愿意把已经学过的目的语知识和规则同当前学习的内容联系起来，这应该是正常和合理的，但往往由于过度使用某些知识和规则而造成语言偏误。

其三，训练迁移（transfer due to the effects of teaching）：指由于教学不当、训练不当或采用有错误的学习材料而造成的语言偏误。具体来说，教师讲解不清楚、解释错误、示范有误导、对句型使用条件阐述不充分等都可能使学习者出现语言偏误。

其四，学习策略（learning strategies）：指学习者学习和掌握单词、语法规则和其他语言项目的含义和用法的方法。迁移、泛化、简化等都是学习者常用的学习策略。简化策略主要体现为"减少羡余"，即减少对意思的表达显得多余重复的语言成分。简化的另一种情况是，学习者通过过度概括一些语言现象而得到一条规则，然后用这条规则去创造语句表达新的意思。实际上，泛化和迁移都是把已有的语言知识（包括目的语和母语）运用于第二语言学习的策略，都可以视为简化策略。简化有助于发展目的语体系，它反映了学习者建立和检验假设的过程。迁移、泛化和简化这三种学习策略相互联系又互有区别，使用这些策略造成的语言偏误事实上是很难明确区别开来的，偏误有时可能是三者同时作用和相互强化的结果。

其五，交际策略（communication strategies）：指学习者在表达意思时所用的方法。由于所要表达的内容超出了学习者现有的目的语的语言知识和技能，于是不得不使用一些语言或非语言手段进行交际，这些手段就是学习者的交际策略。交际策略的采用也是学习者中介语系统形成的原因之一。常见的交际策略包括回避和换个说法。比如，学习者对发某个音感到困难、不知道或想不起来某个单词或句型时，他就可能采取回避不说、转换话题或换个说法（乃至使用一两个母语单词、加上手势和表情等非语言表达方式）来"完成交际"。交际策略的使用对中介语系统的形成同样有很大的影响，许多偏误就是因为使用交际策略造成的。

第二章 跨文化适应理论

关于跨文化适应的研究最早是由人类学家进行的，主要从个体角度研究其在对异文化适应中的心理反应和变化，其中包括个人的文化态度、思维方式、信念、动机、民族归属意识、人际关系、文化调整、文化交流能力等诸多因素。近几十年来，心理学家在这一领域做出了重要贡献，尤其是跨文化心理学家提出了自己的理论框架，并进行了大量实证研究。

第一节 跨文化适应的概念界定及相关研究

一、跨文化适应的概念与内涵

在国内外学界，研究者从不同的研究视角与学科背景来探析跨文化适应现象，建构了各具特色的研究体系。心理学家侧重于个体层面的探究，强调文化适应对心理的影响，关注其态度、行为、价值观和认同的改变；传播学家则更多地关注传播在文化适应过程中的重要作用。对跨文化适应问题的研究在不同的学术话语体系里呈现出迥异的发展态势，准确地理解跨文化适应的基本内涵是运用任何一种体系进行研究之前必须要做的功课。因此，下面笔者将简单地梳理一下文化适应内涵的演变情况。

虽然跨文化适应现象古已有之，但是直到 19 世纪末，美国民族事务局的鲍威尔才首次使用了 acculturation 这个词来表明"来自外文化的人对新文化中的行为模仿所导致的心理变化"。1936 年，美国人类学家雷德菲尔德、林特与赫斯科维等在共同起草的《文化适应研究备忘录》中，对"文化适应"做了比较明确的界定：文化适应包括来自不同文化的群体经过第一次握手，某一方或者双方群体原先文化模式的改变等现象。

从雷德菲尔德等人的解释可以看出，他们认为文化适应主要是不同文化的群体在连续接触后，一方或者双方文化模式改变的过程。后来的学者对文化适应的界定也是围绕这一基本内涵展开的。例如，格雷夫斯把文化适应看作个体与其他文化群体因实际接触所导致的心理与行为上的变化，也就是个体心理上的文化适应。韩裔美国学者金洋咏在其跨文化适应与传播整合理论中认为，跨文化适应是人类进入一种新的文化并遇到对抗环境时努力达到平衡的本能，是一个多阶段过程，在新环境中一个人只有在与其他人交流时才会去适应，也是一个持续过程，并不因为与新文化接触时间长而更容易达到。在金洋咏的理论中，其特别强调了传播（包括人际传播与大众传播）对跨文化适应的重要作用，指出传播是推动移民、旅居者进行跨文化适应的"中间过程"。

在跨文化适应研究中，常常可以看到核心词"适应"对应三个不同的英语表达：adaptation，adjustment 和 acculturation。金洋咏把 adaptation 定义为"在一种文化中已经完成了初级的社会化过程的个体，在一种新的不熟悉的文化中直接接触他文化，继续拓展自己的过程中所发生的变化"。不过，在贝利的文化适应理论中，adaptation 仅仅是 acculturation 过程中的一种在心理上和社会文化上形成的长期的相对稳定的适应状态。adjustment 在汉语中常常被译为"调整"，沃德等人认为 adjustment 是 acculturation 所产生的结果，它的内涵侧重于情感上的满意度及社会文化和行为上的相应调整。综合几位文化适应研究者的观点，我们可以看到，acculturation 这一概念涵盖了 adaptation 与 adjustment 的主要内容。相较于 adaptation 与 adjustment，acculturation 的内涵确实更为深刻，它常常被解释为一种"对他文化的融入过程"，主要是指"个体从当初熟悉的母体文化进入异质文化后产生的行为变迁和适应过程，是一种他文化适应或者外文化适应"，往往是"在社会化过程中的一种文化适应"，并且既用于指旅居者的适应，又用于指长期移民的文化适应。[①]

根据对跨文化适应内涵的梳理，结合研究的需要，本书中的跨文化适应（对应的英文表达为 intercultural acculturation）的具体内涵如下：在本族群中完成了社会化过程的人在跨文化交际中不断拓展自己的世界观，逐渐接受汉文化的价值观、文化习俗与交际规约的过程；在华留学生跨文化适应是留学生个体离开所熟悉的母语文化，进入汉文化后产生的行为变迁与适应过程。因为语言与文化密不

---

① 丁洁琼. 来华留学生在地方高校的跨文化适应问题研究——以绍兴文理学院为例[J]. 武汉船舶职业技术学院学报，2020, 19(1):11—13, 19.

可分，所以在华留学生跨文化适应过程与他们学习汉语的过程是同步发展的。国外研究者常常把社会文化适应和个人心理适应情况合并为社会心理适应情况。本书所研究的正是在华留学生对汉文化的社会与心理适应性。

二、国内外关于跨文化适应的研究

（一）国内关于跨文化适应的研究

国内学界关于跨文化适应的研究受到国外跨文化适应研究的影响，同时由于文化差异和国情不同，国内的跨文化适应研究具有鲜明的中国特色。以下是国内部分学者从不同的学科角度（如应用心理学、跨文化传播学、第二语言教学等）出发对跨文化适应所进行的一些研究。

毕继万提出提高师生的跨文化意识是保证第二语言教学成功的必要条件；教师应帮助学生克服文化适应中的文化冲突与矛盾，顺利度过跨文化适应过程，为此他提出了相关的教学建议。任裕海从理论角度论述了跨文化适应的可能性，描述了跨文化适应的阶段和过程，并结合外国居留者在适应中面临的障碍，探讨了有效促使居留者达到适应成熟状态的途径。郑雪、大卫·桑采用一套测验问卷调查了在澳大利亚留学的157名中国学生，以探讨两个维度（主族和客族文化认同）、四种方式（整合、分离、同化和边缘）及其与中国留学生适应的关系。狄斯马通过定量研究与定性研究相结合的方法，研究了在华非洲留学生的跨文化适应性。杨军红对在华留学生的跨文化适应性进行了定量与定性分析，指出留学生在跨文化适应中经常出现的问题，并针对这些问题提出一系列改进措施和政策性建议。李丹洁探讨了留学生所处的外部因素、学生自身情况、个性心理特点等对留学生在中国的跨文化社会心理适应过程中的影响，在此基础上，她提出高等院校应该针对留学生在跨文化社会心理适应过程中所遇到的问题采取相应的解决措施。

（二）国外关于跨文化适应的研究

国外关于跨文化适应的研究可谓硕果累累。笔者将介绍一些主要的跨文化适应研究成果，以为本研究提供借鉴。

1. 跨文化适应理论模式

（1）U型曲线理论。有国外学者通过对斯堪的纳维亚人进行跨文化适应研究，首次提出跨文化适应的U型曲线论，这也被视为跨文化适应研究的经典之作。其考察了200名赴美留学的挪威学者的跨文化适应过程，发现这些旅居者对美国文化的适应可以分为三个阶段：第一个阶段是初始期，旅居者刚到美国，对一切都感到新奇、兴奋，大多数人都处于一种"最初的欣悦"状态，与美国人的接触非常简单；第二阶段是寂寞期，当旅居者想与美国人建立更深层次的人际关系时，开始出现语言问题以及随之而来的迷惑、误解、寂寞，初到异乡的新奇感逐渐消失，取而代之的是各种焦虑；第三阶段是复原期，旅居者开始学会交朋友，并逐渐适应美国的工作与生活环境，情绪逐渐回升。

U型曲线假说描述了旅居者的跨文化适应过程，对跨文化适应过程的研究具有一定的启发。但是，这个理论也遭到不少当代学者的批评。例如，有学者指出，该理论没有提供更多有关跨文化适应机制的信息，没有揭示适应期的各个阶段是如何开始又是如何结束的，对不同旅居者的适应过程的概括过于简单。

20世纪60年代，美国文化人类学家奥伯格提出了"文化休克"的概念，进一步完善了U型曲线跨文化适应模式。奥伯格认为，跨文化适应可以分为四个阶段：第一个阶段是"蜜月期"，这时人的心情就像新婚度蜜月般甜蜜。事实上，这种甜蜜主要来自人类对新事物的好奇天性。第二个阶段是"危机期"，奥伯格强调了文化休克对这阶段移民、旅居者的深刻影响，他们常常感到无能为力、愤怒、焦虑。第三个阶段是"恢复期"，在经历了一系列文化冲击后，移民、旅居者会尝试寻找解决问题的方法，并对新文化进行更深入的了解。和第二阶段相比，他们已经能够应付一些文化休克问题了。第四个阶段是"适应期"，是奥伯格对利兹格德理论的一个补充。在这一阶段，移民、旅居者最终走出了文化休克带来的消极影响，能够顺利地应付在新文化中遇到的问题，并且能够愉悦地接受新文化，享受在新文化中的生活。"适应期"也是跨文化适应最理想的一种状态。

（2）跨文化适应理论。约翰·W.贝里是加拿大著名的跨文化心理学家，《跨文化心理学——理论研究与应用》是他最重要的著作之一。在该书中，贝里提出了最引人关注的"文化适应双维度模型"，又称为"贝里的理论框架"。贝里通过这个模型对文化适应中个体的文化适应策略进行了区分，"保持传统文化和身份的倾向性"与"和其他文化群体交流的倾向性"是他考察的两个主要维度，二者相互独立，也就是说，对某种文化的高认同度并不意味着对其他文化的认同度低。贝里在大量实证研究的基础上，根据文化适应中的个体在这两个维度上的不同表现，共区分出四种不同的文化适应策略：从移民、旅居者的角度来看，当个体既重视保持传统文化与身份，又注重与其他群体交流时，他们采用的就是整合策略；当个体不愿意保持自己的母文化，与其他群体交流频繁，高度认同主流文化时，他们采用的就是同化策略；当个体重视自己的母文化，对与其他群体交流有强烈的抵触情绪时，采取的就是分离策略；当个体既没有保持自己的母文化，又对跟其他群体交流没有兴趣时，就会使用边缘化策略。贝里提出，移民、旅居者等非主流群体成员所采取的适应策略会明显受到主流群体的影响。例如，当主流群体采取熔炉策略时，非主流群体常常会采取同化策略；当主流群体施行种族隔离政策时，非主流群体通常采取分离策略；当主流群体集体排外时，非主流群体常会边缘化自己；当主流群体实行多元文化主义政策时，非主流群体更倾向于采取整合策略。

2. 主要研究成果

巴勒姆和博克纳指出，留学生的所在国家与目的语国家的文化渊源是否相近及两国的往来程度是影响留学生跨文化社会心理适应问题的重要外部因素之一。两位学者更是在综合比较了以往有关跨文化适应的著作后，认为旅居者适应异文化环境的时候，常常会出现沮丧、寂寞、疏离或者感到不属于这个世界等心理问题。沃德（Ward）及其同事将跨文化适应分为心理适应与社会文化适应两个维度进行研究，在分析影响留学生跨文化心理适应的因素时，Ward 和 Chang 在 1997 年提出"文化契合"假说，指出人与环境相互作用，在很多情况下，旅居者的个性与当地文化群体是否"契合"会直接影响旅居者的文化适应。Gudykunst、Kim 把跨文化适应的沟通技巧区分为认知的、情感的和行为的技巧三种类型，Chen 进一步把沟通技巧归类为信息技巧、行为弹性、互动经营以及社交技巧四种，这四种沟通技巧综合起来就是跨文化沟通能力。

安德森的研究显示，居留者在适应新环境的过程中需要应付三种障碍：文化与异文化在价值观、态度和信念方面的差异造成的冲突；在已有文化中所熟悉的界定身份的符号信息的丧失；在新环境中由于感知灵敏度和行为灵活性降低而造成的社交能力的减弱。有学者研究了影响跨文化适应的因素，如异国文化与本族文化是否冲突或协调、对国外生活的满意程度、外语能力和自尊等；也有学者研究了年龄和在异地生活的时间长短对跨文化适应的作用；还有学者对旅居者进行了问卷调查，指出语言水平、性别、年龄、教育层次、状态、自尊以及以往跨文化的经验是影响旅居者适应当地文化的重要因素。[①]

---

① 王电建.影响来华外教社会文化适应性的相关因素研究[J].云南师范大学学报（对外汉语教学与研究版），2010，8(2):61—67.

第二节　跨文化适应研究的发展历程

跨文化适应问题的研究最早始于美国，由美国人类学家罗伯特·雷德菲尔德、拉尔夫·林顿和梅尔维尔·赫斯科维茨等人于1936年最早提出的。他们起草和发表了《文化适应研究备忘录》，在这个备忘录中第一次对文化适应的概念做了比较明确的解释。雷德菲尔德等认为，"文化适应是指两种不同文化的群体在连续接触的过程中所导致的文化模式的变化"。武茨巴赫尔提出划分社会化和文化适应的标准，把社会化定义为"通过有关伙伴的行为期待和行为控制来引导、照料和影响人的过程"，而文化适应是"群体和个人掌握和吸收文化的经验、财富、标准和符号以保持、发展和说明自身及群体的存在的活动"[①]。目前，学术界对跨文化适应问题的分类是按照沃德及其同事的观点进行的。

跨文化适应研究的发展大体经历了三个阶段。

一、跨文化适应研究的开端

早期的跨文化适应研究主要是移民的心理健康问题。1903年美国人口统计发现，医院的病人中，有70%是移民，虽然他们只占全部人口的20%。这个发现在当时有着重要的社会、经济和政治上的意义。后来，美国精神疾病研究机构又在全国范围内进行了更为复杂的流行病学调查，同样发现住院患者中移民的比例较高这个事实。这激起了研究者对移民进行研究的兴趣，并由此而展开了一项历时30年的移民问题调查，英国、澳大利亚、加拿大、德国等移民较多的国家都参与了该项调查。调查发现移民存在较大的心理健康问题。所以，跨文化适应研究的开端"与其说是科学的好奇，不如说是政治上的需要"。

二、跨文化适应研究的发展

从20世纪70年代末开始，有些研究者开始把注意力从研究移民住院病人的档案记录和心理异常症状，转为研究他们的压力源，包括由此导致的心理问题——焦虑、抑郁等。研究主要集中于跨文化接触产生的不良后果，强调他们体

[①] 赫勃尔特·茨达齐尔. 教育人类学原理[M]. 李其龙，译. 上海：上海教育出版社，2001：114.

验的失落、焦虑、压抑和敌意等负面的影响。在本阶段，大多数研究偏向于理论的说明，缺乏实验研究。由于样本比较难采集，因此取样时采用"方便取样"法，而不是选取有代表性的样本。研究缺乏严格的实验设计，也没有进行旅居者群体与当地文化群体之间的比较研究。

三、跨文化适应研究的黄金时期

因为已积累了大量研究资料，所以从20世纪80年代中期开始，跨文化适应的研究进入一个发展的黄金时期，研究方法也不断丰富，范围不断扩大。这一时期的研究对象不仅包括移民、留学生，还包括难民、旅居的技术专家、商人和旅游者；研究重点从群体层面的文化变迁和文化融合转向对个体层面的跨文化交际及各种影响因素的探讨；研究方法日趋多样化，如访谈、问卷调查、个案分析等社会学统计分析方法。研究者的学科背景日趋多样化，人类学家、社会学家、语言学家、心理学家、传播学家等都参与到跨文化适应问题的研究中，出现了多学科、多视角的交叉研究局面。

第三节 跨文化传播（交际）研究

一、研究现状简述

跨文化传播（交际）研究于20世纪50年代创建于美国，于80年代初传入中国，受到了外语界、传播学界等的关注。Intercultural communication 在外语界通常被翻译为"跨文化交际"，在传播学界对应的中文表达则是"跨文化传播"。

跨文化传播（交际）研究的主题主要有如下几方面：

1. 跨文化传播（交际）理论探讨

在国内学界，对国外跨文化传播理论及核心概念进行介绍与阐释，对跨文化传播理论在中国的本土化进行理论探讨是研究的一个重点。跨文化传播领域具有代表性的几位学者有武汉大学的单波、中国社会科学院的姜飞、深圳大学的吴予敏、复旦大学的童兵等。单波教授系统地探讨了跨文化传播中的心理、语言、文化伦理等基本命题（详见单波《跨文化传播的语言问题》《跨文化传播的文化伦理》《跨文化传播的基本理论命题》《跨文化传播的问题与可能性》等文章）。姜飞研究员对跨文化传播中的核心概念、基本理论等做了详尽的阐释（详见《对跨文化传播理论两类、四种理论研究分野的廓清尝试》《美国跨文化传播研究形成发展的理论脉络》），探讨了跨文化传播的语境问题（详见《跨文化传播的后殖民语境》）。童兵教授则对跨文化传播中的认识误区进行了探索（详见《试析跨文化传播中的认识误区》）。

2. 新闻学与跨文化传播研究

在这一议题下，新闻报道与跨文化传播、大众传媒与跨文化传播、媒介经营管理与跨文化传播是最受关注的子议题（如刘阳《我国本土化跨文化传播研究现状分析》）。例如，根据这一议题在跨文化传播研究中所占的主导性地位，可推知国内学界跨文化传播研究仍然以实用型议题研究为主。

3. 对外传播与国际传播

伴随着近年来国家对提升国际传播力重视程度的不断加强，"对外传播"与"国际传播"亦成为跨文化传播中的研究热点。在对外传播方面，钟馨对1976年至2001年中国对外传播史进行了系统的梳理（详见《1976—2001年中国对外传播史研究》）；段鹏、周畅通过对中国对外报道微观层面的考察，分析了其存在的不足（详见《从微观层面看目前中国政府对外传播的不足》）。在国际传播方面，胡智锋、刘俊从主体、诉求、渠道、类型四个维度探讨提升中国国际传播力的可能性（详见《主体·诉求·渠道·类型：四重维度论如何提高中国传媒的国际传播力》）。张国良、陈青文、姚君喜针对在中国学习汉语的外国人进行问卷调查，了解外国人对中国的媒介接触与文化认同现状，并分析了语言学习、媒介接触与文化认同三者的关系。研究结果表明：外籍汉语学习者对中国的"文化认同度"高，这种"认同"主要表现在喜欢程度上，而并非了解的程度，且欧美人的"认同"程度高于亚洲人，发达国家高于欠发达国家。

综合笔者所搜集到的相关文献，尽管有少量从受众（如汉语学习者）出发的研究，但是对这个主题的研究主要还集中于传播者身上，或是从宏观层面探讨国家的综合对外传播能力（国际传播力），或是从微观层面考察我国对外传播媒体的报道模式与策略，对对外传播的受众研究还是比较缺乏的。

根据姜飞研究员对美国跨文化传播研究发展趋势的梳理，美国跨文化传播研究可分为四个时期。第一个时期为早期创立阶段（20世纪60年代之前），美国人类学家爱德华·霍尔于1955年首次提出Intercultural communication的概念，其《无声的语言》被公认为跨文化传播研究的奠基之作。第二个时期为跨文化传播研究学科建设、规划阶段（20世纪70—80年代）。值得一提的是，1972年7月，日本召开了第一次跨文化传播会议，引发了跨文化传播的两个研究方向：进一步研究不同的文化；退一步继续研究人际传播的过程。1974年是跨文化传播的另一个重要年份，这一年，美国学者康登与尤瑟夫在 *International and Intercultural Communication Annual* 中提供了六个跨文化传播研究的关键概念：语言、非语言代码、态度—价值观取向、思维模式、作为文化中介者的译员、作为说服者的跨文化传播的角色。第三个时期为学理深化阶段（20世纪70年代后期到90年代末），古迪孔斯特在关于跨文化传播研究的综述性文章中，系统地归纳总结了国际上十几种跨文化交际理论；截至20世纪90年代早期，跨文化传播学已经分化为跨文化传播学、国际传播学、比较大众传播学。第四个时期为转型、反思阶段（20世纪90年代末到现在），基本思想是将批判的矛头转向对西方中心主义的质疑。

二、对跨文化交际能力的界定

跨文化交际能力是一个比较复杂的概念。Bennett、Allen认为跨文化交际能力包含超越民族中心主义思想的能力、善于欣赏其他文化的能力以及能够在一个或多个文化环境中恰当表现的能力。Fantini将跨文化交际能力归纳为五个要素：一系列特点或特征、三个方面、四个层次、二语水平不断进步发展的过程。[①]

张红玲在Samovar、Porter、Byram等研究结果的基础上提出了跨文化交际能力的"情感—认知—行为"框架，指出跨文化交际能力可以定义为掌握一定的文化和交际知识，能将这些知识应用到实际的跨文化交际环境中，在心理上不惧怕，且主动、积极、愉快地去接受挑战，对不同文化表现出包容和欣赏的态度。只有对学习者进行跨文化交际能力的培养，学习者才能够成为Kramsch所说的"跨文化的人（intercultural speakers）"。

范银华指出，对外汉语教学的本质是一种跨文化传播实践（或者说是跨文化交际行为），只是这种行为相对比较规范统一，主要是建立在师生关系基础上的一种跨文化教学活动。

---

① 张红玲. 跨文化外语教学[M]. 上海：上海外语教育出版社，2007：65.

第三章　对外汉语教学概述

近年来，对外汉语教学作为一门独立学科正逐步走向成熟。同时，随着中国国际地位的日益提升，中国与世界各国的沟通和交往更加紧密，因而向全世界推广汉语的需要也更加迫切了。由此，对外汉语教学也将面临更大的挑战。在这种形势下，我们有必要在了解汉语教学学科属性的基础上，探究我国汉语教学和教学法的发展状况，以更好地制定改革，促进汉语教学工作的有效发展。

第一节　早期汉语学习与汉语研究

1784年，美国商船"中国皇后"号停靠在黄埔港，中美之间开启了直接贸易。在此后的50多年间，尽管有不少美国商人和外交官来中国进行贸易和考察，但愿意认认真真学习汉语的只有亨德一个人。亨德于1824年被一家美国公司派遣来华，目的是学习汉语以便服务该公司在广州的办事处。亨德于1825年2月11日抵达中国，因很难找到合适的汉语老师，很快便离开广州前往新加坡，希望能在那里学习汉语，但在那里学习汉语的情况也不理想，于是他再次转往马六甲，进入当地的英华书院学习，直到1826年12月底。亨德于1827年初回到广州，并很快见到了第一位来华的英国伦敦会传教士罗伯特·马礼逊（Robert Morrison）。

1824年离开美国时亨德曾带着一封公司写给马礼逊的介绍信，但由于马礼逊在1824—1826年间回英国休假（1826年9月返回广州），亨德直到1827年1月才见到这位最早来华的英国传教士。如果当初马礼逊没有离开，亨德也许就不需要舍近求远地远赴马六甲了，在中国已经生活了近20年（1807年来华）的马礼逊无疑是最好的汉语老师。两人见面后，马礼逊测试了亨德在英华书院一年半的学习成果，测试结果是"优良"（good）。在给亨德父亲的信件中，马礼逊汇报了这一好消息,并说亨德在汉语这样一门非常难学的语言上的进步"不仅是他个人的荣耀,也是英华书院的荣耀"。

马礼逊对亨德进行测试,同时也是为了了解英华书院的教学水平,因为这所书院正是在他提议下创办的(1818年),为此他捐助了1000英镑用于校舍的建设。书院实行中外学生兼收的政策,既教中国人学习外文,又为外国人学习汉语提供了培训的机会。马礼逊建立这所学校的重要目的之一是为英国以及其他西方国家培养紧缺的汉语人才。

亨德来到英华书院时,当时时任英华书院的院长是伦敦会传教士汉弗莱,他是该书院的第二任院长,首任院长是协助马礼逊创办学院的伦敦会传教士米怜,他在担任院长四年后于1822年去世。亨德在英华书院的汉语老师柯利是一位著名的汉学家。亨德的另外一位老师是一个广东人(Choo Seen-Sang,担任柯利的助手),他不仅熟悉中国经典,还能说一口准确流利的汉语官话。在这样中外高水平教师的指导下,在较短的时间里,亨德的汉语学习取得了良好的效果。

柯利最初的中文基础,来自1823年马礼逊访问马六甲时对他的指导,这样一来,亨德就应该算是马礼逊的"徒孙"了。虽然亨德在英华书院一年多的学习成果得到了"师祖"的肯定,但是亨德并没有就此满足,他在广州当地又找到了一位中国老师(Lee Seen-Sang)继续学习汉语。但不久之后,亨德所供职的公司破产,他不得不中断学习返回美国。1829年,亨德乘坐新雇主奥立芬的商船"罗马人"号重返广州。在这条船上亨德结识了最早来华的美国传教士裨治文,并每天教授他中文。正是从马礼逊的"徒孙"那里,裨治文获得了最初的汉语知识。英、美传教士之间的这层关系虽然有点儿巧合,但事实本身既说明了马礼逊作为汉语教师的广泛影响,又说明了美国汉语人才的缺乏。自1784年以来,中美之间的贸易不断发展(至1792年贸易额仅次于英国),但半个世纪当中能够熟练掌握汉语的美国商人只有亨德一人。

中美直接贸易开始后,美国政府于1786年向广州派驻了首任领事山茂召(Samuel Shaw),1794年山茂召去世后他的职位由斯诺(Samuel Snow)接替,斯诺1804年年底离职后由卡灵顿(Edward Carrington)接任,马礼逊1807年从英国经纽约来广州时带着的正是美国国务卿给卡灵顿的信件。卡灵顿离任后,这一职位一直空缺,直到1814年才由韦尔考克斯(B.C. Wilcocks)接任。但以上这些人都是商人出身,直到1835年,这一职位一直由商人充任。但身份的转变没有为这些外交官带来汉语学习态度的改变。1844年，当顾圣（Caleb Cushing）代表美国政府前来和清政府谈判时，他只能请传教士帮忙做翻译。此后，传教士被借用的情况一直延续到19世纪60年代，正如列卫廉（William B.Reed，1857—1858年美国驻华公使）在给美国政府的信中所说："传教士在中国的工作和研究直接关系到了我们的在华利益。如果没有他们担任翻译，我们的各项工作都无法进行。如果没有他们的帮助，我在这里既不能读，又不能写，无法与中国人信函往来，更无法与中国人谈判。总之，如果没有他们，我根本无法开展工作。他们为我们解决了很多困难。"1844年顾圣先生在中国的时候，为他做翻译和帮助他的都是传教士；1853年马沙利（Humphrey Marshall）先生和1854年麦莲（Robert N. Mclane）先生在中国任职时，担任他们翻译的也都是传教士。

对于学习一门语言来说，教师固然重要，教材也同样重要。19世纪早期的情况是，不仅汉语教师稀少，用于学习汉语的教材也很有限，而有限的几种教材皆是欧洲人的作品。因此，裨治文和卫三畏在19世纪40年代陆续编写了三部工具书，不仅增加了汉语学习者的选择范围，还打破了欧洲人的作品一统天下的局面。裨治文主持编写的《广东方言读本》首先于1841年出版（印量为800册），这是美国人编写的第一部关于学习汉语的工具书，也是第一本专门用于练习广东方言的实用手册，具有重要的历史意义。为了表彰裨治文的这一大贡献，纽约大学于1841年7月14日授予他神学博士学位。

裨治文之所以要编写《广东方言读本》，是因为想学广东方言的外国人日渐增多，但自马礼逊的《广东省土话字汇》于1828年问世以来，"一直没有其他有价值的工具书出版，对这一方言的忽视显然难以适应日益增长的中外交流"。正如书名所标志的那样，该书以简易语句的形式提供练习，每页分三列，分列英文、中文及罗马字母拼音，并附注解。全书共分17篇，分别是习唐话、身体、亲谊、人品、日用、贸易、工艺、工匠务、耕农、六艺、数学、地理志、石论、草木、生物、医学、王制，可见作者的意图不仅是帮助读者学习广东口语，还要帮助他们获得有关中国的各类信息，将语言的学习和知识的学习结合起来。

马礼逊的《广东省土话字汇》共分三部分，第一部分是英汉字典，第二部分是汉英字典，第三部分是汉英对照形式的汉语词组和句子。《广东方言读本》可以说是对《广东省土话字汇》第三部分的扩大和补充，因为其篇目的设置更贴近日常生活，例句更为丰富和精确，注释的加入也是本书的特色之一。《广东方言读本》的出现无疑为广东方言的学习提供了有力的帮助，但是该书是大部头书，使用起来不太方便。简单实用的《拾级大成》的适时出版满足了读者的需要。

《拾级大成》是卫三畏独立编写的第一部汉语工具书。在此之前，卫三畏参与了《广东方言读本》的编写。在《拾级大成》"前言"中卫三畏说："本书是为刚开始学习汉语的人编写的，读者对象不仅包括已经在中国的外国人，还包括在本国或正在来中国途中的外国人。"全书的内容包括：①部首；②字根；③汉语的读写方式介绍；④阅读练习；⑤对话练习（与老师、买办、侍者）；⑥阅读文选；⑦量词；⑧汉译英练习；⑨英译汉练习；⑩阅读和翻译练习。相对于《广东方言读本》偏重于说的练习，《拾级大成》更侧重于读、译的练习，显然与《广东方言读本》形成互补。在阅读练习中，作者的编排首先是中文，其次是拼音，再次是逐字的英译，最后是符合英语习惯的翻译。阅读练习遵循由易而难、逐级提升的编写原则，首先是单句练习，然后逐渐过渡到成段的文字。翻译练习的安排也是如此，从字句的翻译到成段的翻译，从提供参考译文到最后不再提供参考译文，作者显然是希望通过这些练习能够使学习者比较快地掌握汉语。如果像卫三畏所设想的那样，一个学习者通过前面的操练最终能够完成书末成段的中译英练习，那么他确实可以说已经"大成"了。

在《拾级大成》出版两年后，卫三畏又推出了另一部工具书《英华韵府历阶》。这是一部英汉词汇手册，按照英语字母顺序依次列出单词和词组，并给出中文的解释和官话注音。之所以用官话注音，是为了适应中国内地已经逐渐开放的形势。由于广东、福建仍然是当时传教士和其他外国人活动的主要区域，所以在书后的索引中，除了官话注音，卫三畏还给出了该词汇表中出现的所有汉字（按照214部首排列）的广东话和厦门话注音。《英华韵府历阶》可以看作是对马礼逊《广东省土话字汇》第一部分"英汉字典"的扩大和补充。马礼逊的词汇手册出版于1828年，早已绝版，鉴于这一情况，卫三畏编写了这本工具书。

以上三本工具书的出版标志着美国人的汉语学习和研究已经脱离了最初的阶段，开始走上了一条逐渐成熟的道路。

第二节　汉语作为第二语言教学与习得研究情况

一、第二语言教学研究情况

（一）国内外学界关于第二语言文化教学的研究情况

国内对外汉语教学界对文化教学的研究始于 20 世纪 80 年代初。经历了从 20 世纪 80 年代末到 20 世纪 90 年代中期的热烈讨论，对外汉语教学界在文化教学的定位、定性、定量等方面取得了很多成果，并提出"文化因素"概念和制定文化大纲等重要观点。

尽管对外汉语文化教学研究发展较慢，但在学界，还是有越来越多的学者把研究重点放在文化教学上。在语言课中的文化因素教学研究方面，张占一首次提出把文化分为"知识文化"与"交际文化"，并进一步修正、阐述了这两个概念的交叉性、对比性、相对性。20 世纪 90 年代，赵贤州提出文化导入说，指出文化导入是语言教学的深化，目的是让学习者较为准确地把握语言形式中的文化信息及其深层次含义，以在不同情境中完成较为完美的交际。林国立对汉语中的文化因素教学进行了研究，具体探讨了文化因素的定性、定位和定量问题，并进一步探讨了构建对外汉语教学的文化因素体系（即文化大纲）的必要性及重要价值。胡建军从中高级口语课角度谈到该阶段文化教学的重要性，指出研究文化教学和语言教学互动影响的规律，探讨了中高级口语教学内容和教学方式方法对中高级口语课程的重要影响等。安熙贞通过对韩国高中汉语课程中文化内容的调研，提出了相应的教学策略。龙又珍对中级汉语口语的教材及教学实例进行了研究，提出中级口语教学的七种文化教学法等。邢志群从语言课中文化教学的目的、内容和方法等不同角度探讨了语言和文化教学的体系，并进一步论证、说明了在不同阶段对外汉语课程中循序渐进地将语言中蕴含的文化层面的内容介绍给学生的方法与策略。李枫阐述了对文化教学中文化因素进行阶段性划分的依据、必要性及其相应的分类原则、划分办法，提出了文化因素教学的阶段性策略。

在对专门的文化课教学研究上，关于对外汉语文化教学的目标，张英指出，"目的是为学习者提供必要的文化知识储备，以加强他们对目的语国家的思维方式、审美倾向、民族心理、风俗习惯等意识形态的理解"，"其最根本的目标，在于提高学习者对汉语的接受、理解和使用能力"。①另外，因为"培养学生的跨文化交际能力是第二语言教学的主要目标"，作为对外汉语教学的重要组成部分，培养留学生的跨文化交际能力，同样是文化教学的重要目标。

根据对相关文献和国内高校文化课程设置的调查，我们发现，在汉语学习的初级阶段，专门的文化课程很少，这种课程设置的理由在于此阶段是留学生打好语言基础的关键时期，言语技能培训的重要性远远超过对目的语文化的系统性教授，这在对外汉语教学界基本达成共识；但是伴随留学生汉语水平的提高，他们对汉文化的求知也越来越理性化与系统化，或者如果不系统地学习汉文化，他们对语言的进一步学习和运用也将受到阻碍。此时，专门的文化课教学就非常重要，在这类教学中，文化是显性的、第一位的，而语言是隐性的、第二位的；教师不仅要传授给学生必要的文化知识，还需要通过教学引导学生理解知识背后的文化内涵，提升学生对中国语言文化的认知与解读能力。国内高校在中高级阶段，逐渐增加文化课的数量就集中反映了这样的教学趋势和发展要求。

就文化教学的特点而言，程棠指出：第一，文化教学的主要任务是系统地讲授中国文化知识；第二，文化教学关注的是各类文化知识的系统性；第三，文化教学具有跨文化的特点。②由于文化教学传授的是中国文化，这必然与学习者所代表的母语文化相碰撞，出现文化差异，教师在课堂上需要带领学习者去关注、认知这类文化差异，在尊重学习者文化身份的前提下帮助他们学习、理解，进而适应中国文化。

辛平对传统的文化课教学进行了分析，提出"充分利用大环境开设文化实践课"的文化教学新模式；刘继红则通过介绍国外大学文化类课程的内容及授课方式，为我国的文化教学提供启示；戴岚针对"中国民俗文化"课程的教学进行讨论，将该课程与"中国文化"及面向中国学生开设的"中国民俗"进行比较，分析差异，并对"民俗文化"课程进行定位；施仲谋探讨了中华文化教学的目标和背景以及教学大纲如何制定等问题，并讨论了从小学到大学的文化教学如何渐进化和系统化进行等；张英通过对第二语言文化教学基础理论和已有成果的整理研究，对"对外汉语文化大纲"的性质、任务、基本框架以及与其他语言类大纲的关系等基础性理论问题进行了相应的讨论。在文化教材方面，近年来，张英、赵

---

① 张英.对外汉语文化教材研究——兼论对外汉语文化教学等级大纲建设[J].汉语学习，2004(1):53—59.

② 程棠.对外汉语教学目的原则方法[M].北京：华语教学出版社，2000：158.

宏勃对对外汉语文化教材的现状进行了分析，并针对教材编写提出了建议，张英还进一步就文化教学等级大纲的制定展开讨论；周小兵从教学目标、对象、内容的选择、语言难度等方面对部分汉语文化教材进行了系统的考察，指出存在的问题，并对比中外语文化教材，对汉语文化教材的开发提出了建议。

（二）国外学界

1. 文化教学的发展阶段与教学模式

不同的社会文化环境和教育体制使外语教学中的文化教学在各个国家、地区呈现出不同的特点。由于国际交流与合作日益频繁，教育愈加国际化，文化教学在各个外语教学中的"发展轨迹大体相同"，"文化在外语教学中的作用和地位变化"基本都经历了"外语教学与文学欣赏""外语教学与交际能力""外语教学与跨文化交际能力"三个阶段。第一阶段（20世纪五六十年代），"文化"被称为大写文化，主要包含目的语社会中的历史人物、重大事件、宗教礼仪等，与语言重点无关，只作为背景知识介绍给学生；第二阶段（20世纪60年代后期到20世纪80年代），文化成为促进词汇学习的重要因素，并逐渐成为以交际能力为目的的外语教学中的重要内容，此时的文化教学以小写文化、日常生活中包含的文化为主要内容；第三阶段（20世纪八九十年代），在外语教学中，文化取得了与语言同等重要的地位，文化教学不仅为语言教学创造真实的语境，提高了学习者的语言能力，还帮助学习者在了解外国文化的基础上对本民族文化进行反思，增强跨文化意识，提高跨文化交际能力。在这里，"文化"不再是一成不变的事实，而是一个过程。文化学习不再只是对文化知识的学习，还包括学习者对情感态度的调整以及行为的变化。

每一个发展阶段的文化教学都具备相对应、具有代表性的教学模式，按照时间顺序，教学模式主要包括地域语言文化兼并教学模式、交际语言文化融合教学模式、跨文化交际综合模式、多元文化互动模式等。陈申对上述西方语言文化教学中的模式进行了系统的梳理与分析，并阐述了其对世界汉语教学的影响。

2. 国外汉语教学中的文化教学

以美国为例，笔者通过相关文献及对美国五所高校部分师生进行的邮件采访，了解到目前美国的汉语教学现状和主要特点。

由于缺乏汉语学习的社会环境，美国一些高校采取"文化先行"的教学模式。例如，美国的一些大学会开设有关中国文化的选修课程，教授用英文讲授，很多学生在学习该课程后对中文产生兴趣，进而开始系统地学习中文；一些大学在汉语教学的初级阶段，在开设言语技能课的同时设置了较多的文化课程（如中国历史、中国文化、中国概况等），让学生与汉文化"亲密接触"，并逐渐了解汉文化及中国社会的概况，培养学习者对汉文化的兴趣，进一步激励学习者学习汉语，在此基础上，学校逐渐增加言语技能课程，对学习者进行汉语与中国文化的双向教育，从而引导学习者在语言习得与文化习得两方面取得进步，使学习者更好地运用汉语进行跨文化交际；还有一些学校鼓励学生一边上语言课一边上文化课，以同时习得汉语与中国文化（如 ASU）。在教学内容方面，美国高校的汉语文化类课程涵盖面很宽，内容丰富，包括文学、历史、文化、哲学思想、艺术、宗教等诸多方面，并偏重对近现代中国文化、当代中国文化的讲授。就教学手段和方法来说，美国高校非常重视运用现代化教学手段，即运用多媒体开展文化教学，使学生通过媒体更高效地获取关于中国文化的必要知识与信息。范银华指出，从国外大学课程设置现状可以看出，国外文化教学多以文化知识的学习与介绍为主。简言之，"文化先行"模式在一定程度上"弥补了目的语环境缺失对汉语学习的不利影响"。美国高校的中国文化课程内容丰富，但由于"教学安排没有体现出循序渐进的原则"，"还存在因人设课"的现象等。除"文化先行"教学模式外，"语言先行"也是美国部分高校采用的主要汉语教学模式，即在汉语教学初级阶段（本科一、二年级），课程以言语技能课为主，教师在语言课上同时进行定量的文化因素教学，使学生在学习语言时对语言形式所隐含的文化因素有所了解；从中级阶段（本科三年级）开始，专门的文化课程逐渐增多，文化课与语言课构成了一个完整的语言与文化知识体系，以帮助学生全方位学习汉语、了解中国文化、提高跨文化交际能力，这与国内文化课程的设置是相同的。

　　值得注意的是，汉语教学真正进入美国主流课堂的标志是2006年由美国大学理事会在中学开设的AP汉语与文化课程。该课程贯彻了美国21世纪外语学习标准的核心主题，即五个C：Communication（沟通）、Cultures（文化）、Connections（关联）、Comparisons（比较）、Communities（社区），在一定程度上体现了美国外语教学界在教学上的最新理念和发展趋势。文化在课程中占据了重要位置。《AP汉语与文化课程概述（草案）》写道："发展学生对于中国文化的体认是普遍的主旋律。""课程致力于学生对中国当代与历史文化的学习及探究……是语言与文化的综合"。就文化教学的内容而言，该概述写道："（课程）把中国文化放到国际背景下来看待……通过对中国文化产物、习俗以及观念与学生自身所处社会相关情况的比较，AP汉语课程帮助学生拓宽国际视野。"在此基础上，学生才能最终超越对中国文化产物以及习俗的知识性的学习，从而理解反映出来的中国式的世界观。范银华指出，AP汉语与文化课程的教学模式与国外文化教学的总体教学理念保持一致，宗旨都是为学习者提供全面的中国文化课程，让学生全方位地理解汉语文化，并使用汉语与文化知识来解决实际生活问题，提高跨文化交际能力。我国学者娄毅、朱瑞平、王若江、陈绂等对AP汉语课程进行了详尽的介绍和研究。陈绂指出，AP课程具有"分科式教学与主题式教学相结合""语言教学以完成任务为中心""注重文化内容在外语教学中的地位与分量""充分发挥学生主动性，强调学生自主学习能力"等特点，并将其与国内汉语教学加以比较，对我国近年来的对外汉语教学进行了反思，指出在教学体系的融合、教学目标的设定、文化与语言教学的结合，以及强调学生的自主学习能力等方面，我们都有进一步发展，并提出下一步的实施目标。娄毅根据对学习者兴趣的调查，针对AP汉语和文化教材的内容提出了两条标准，进而提出了具体的教学建议等。

3. Kramsch的后结构主义语言文化观

陈申指出，西方有关语言文化教学的演进过程，可概括为"兼并""融合""综合""互动"四种模式。其中，"多元文化互动模式"于20世纪90年代问世，代表人物是美国加州伯克利大学的著名语言学家Claire Kramsch。Kramsch关于语言文化教学的观点体现了后结构主义哲学思想，对西方外语教学及加州伯克利大学的汉语教学产生了巨大影响。1993年出版的《语言教学的环境与文化》是Kramsch讨论语言文化教学的代表作。Kramsch从语言教学的理论与实践两方面探讨了语言教学的环境和文化问题。具体而言，Kramsch从语言学习和文化障碍间的冲突入手，指出不能人为地把语言与文化一分为二，而应该用"多元合一"的眼光看待语言与文化，提出在语言学习中，目的语文化知识不仅是培养交际的重要方面，本身还是教育要求之一。

在谈到课堂环境时，Kramsch鼓励学习者应同时关注白底黑字的本研究后面的"弦外之音"，即"上下文"。她指出，"教授一种语言就是教怎样塑造一堂课的上下文"，学生应被鼓励去挖掘语言及其背后的潜在意义，这样他们的学习机会才会愈加丰富。教师应主动创造课堂文化环境，把语言学习搬上一个社会大舞台，让教师与学生以不同角色进行交际，实现文化互动。

面对外语教学界广为流传的一种观点——将语言教学视为听说读写四项基本技能训练，加上文化就是第五项技能，这样面面俱到，Kramsch指出，第五项技能"文化"主要指用以启发学习者了解目的语国家的文化信息,不能保证学习者正常运用文化知识去交际。Kramsch认为,应重视语言本身的文化成分,文化应该是通过语言而发现的一种新世界观。

在外语教学课堂上,由于交际者文化背景的多元性与差异性,不同文化间发生冲突在所难免。Kramsch提出一种以"冲突"哲学为出发点的方法,竭力提倡教师、学生通过"对话"在教学中实现文化互动,以打破不同文化间的界限,让学习者了解如何用不同的参考框架来表示同一件事。Kramsch认为,通过"不打不成交",学习者实现了冲突化解和理解共存,并达到"第三位置",有力地证明了语言给予人们的力量与控制。从这些观点中可看到,Kramsch在语言文化教学上主张的是一种后结构主义,以强调学习过程"兼顾两极、全面施教"的新方案。

二、国内关于对外汉语教学的研究情况

(一)概况

对外汉语教学从20世纪50年代开始直到现在,已经走过了几十的时间,而汉语教学在这半个多世纪的过程中,无论是对汉语本体的研究,还是对教学法的讨论,以及对汉语作为第二语言的习得研究,都得到了长足的发展。特别是在国际汉语事业推广的今天,更多的外国人对中国充满了兴趣,愿意学习中文、了解中国,汉语作为第二语言的教学和研究工作更是在这样的大背景下朝着更好的方向发展。对外汉语是一门新兴学科,和其他学科相比,在理论支撑基础上,对外汉语对实践性的要求非常高。多年来,汉语教学线上的教师研究并借鉴第二语言教学中的优秀理论和方法,进行规律性的综合和探讨,同时将其应用到实际的课堂教学中,取得了很多成果。总的来说,根据汉语作为第二语言的学习者、教学者,以及教学内容的特点,现在的对外汉语教学注重在教学法方面多重并举,根据课型和学生学习阶段的不同,将教学法细化、专业化,使整个汉语作为第二语言的教学呈现出多样性的现状。

1.在口语教学方面

口语教学一直是对外汉语教学的难点之一,针对这一现状,教学界从教材出发,注重教材的编写体例和内容的实践性,将以培养学生的口语交际能力为目标的交际性教学原则贯彻到教材的编写当中;在教学方法上,力求采用恰当的语言形式、最佳的教学节奏和进度,因材施教,同时营造愉快的学习氛围,安排丰富

多彩的语言实践活动。但是现今的口语教学课堂依旧存在一些现实性的问题。口语课应该是一项"专门目标课",它的训练内容不是书面语,也不是完全的口头用语,而只是作为口语体的口语,这一部分语言具有自己独立的语法体系和规范化标准。现在,我们的汉语教学口语课堂更多的是以综合课或者大班课的主要生词、语法和句型,或者以口头表达训练作为课堂的主体,而且使用的是口头语言,而非真正意义上的口语,而对于吕必松先生提出的这一"专门目标课"的口语操练则关注得相对较少。作为具有自己独立语法体系和规范化标准的汉语口语,其拥有一系列不同于书面语的语言特征,然而目前对这些口语语法的教学在实际操作过程中没有得到足够的重视,同时也没有把汉语的口语语法教学系统全面地应用到汉语教学任务当中去。一方面,教材中教授给学生的语法很多时候不能有效地解释口语中出现的部分语法现象;另一方面,我们的研究也还没有进行系统的口语语法的归纳、提炼和总结,尤其是针对汉语作为第二语言的口语语法总结。因此,这方面研究的缺失以及课堂教师关注度的不够,使学生在实际表达中往往容易选择教材上已有的完整句或者听起来比较生硬的正规性句式,虽然对方能够听懂学生的语言,但是这样的表达明显不够自然和地道。因此,我们应该从汉语口语的语法特点出发,以指导教学为目标,进行相关语法的梳理和总结,进而编写汉语作为第二语言的口语教学词汇或是语法大纲,从而更好地指导和满足学生语言交际的需要。

2. 在词汇教学方面

从不同阶段的词汇教学来看,其侧重点和方法也呈现出不同的特点。初级阶段的词汇教学大多与语法教学相结合,在句型框架的基础之上,将词汇放入其中,同时结合语境进行词汇教学,目的是让学生更快地掌握一部分基础性词汇,同时采用演示描述、汉外对应、联系扩展等方法。中级阶段的词汇教学则侧重词汇的加工方式,建立学生的词素意识,从字本位的角度培养学生关于汉语词汇系统的结构意识。在高年级阶段则注重加强学生对汉语词汇知识的系统学习,包括同义词和近义词的辨析、同音词的区分、同形词和多义词等的掌握等,同时扩大学生对语料的接触,引导他们逐步建立汉语词汇结构意识,培养学生的自学能力和语言运用能力。另外,在词汇教学过程中,归类集合性的词汇教学被普遍地使用。

在词汇教学方面,围绕是"字本位"还是"词本位"的教学方式,汉语教学界一直有不同的呼声,也出现了不同的教学观点。潘文国认为,字本位的词语教学是自成体系的，以字为重心，可以前后联系，形成一个个字族，并就此形成符合汉语特点和汉语学习规律的教学思路，从而从根本上解决汉语作为第二语言教学词汇输入效率低下的问题。徐通锵发表出版过一系列文章和专著，明确提出"字本位"的汉语语言观，认为汉语中没有和词相当的结构单位，"字"是汉语的基本结构单位。刘颂浩认为，字本位理论本身在汉语教学方面是不具备优势的，形成字族的前提是含有相同汉字的词语必须具有意义上的关联（近义或者反义），否则二者之间没有任何联系，也就无法形成所谓的字族。刘珣认为，现阶段对外汉语教材采用词本位的教学方法是符合汉语特点的，同时这一做法还充分考虑了汉语作为第二语言教学的特点，因为只有词才是语言中最基本的造句单位。而近年来，随着西方语言学界关于"语块"研究的兴起和引进，"语块"的概念也被植入汉语研究和对外汉语教学的领域。语块概念突破了传统汉语词汇学的范畴，使对汉语教学基本单位的探讨又向前深入了一步。但是目前关于语块的界定、形式、范围，包括与汉语语法系统的结合等都需要进一步的细化和研究。

3. 在汉字教学方面

目前，汉语教学界对汉字的教学方式从总体上讲大致可以分为两个方向。常微在《从对外汉字教学现状看"正""俗"两派教学法的应用与融合》一文中，将现阶段汉字教学的两方面倾向以"正俗两派"来定义。具体地讲，"正派"汉字教学主要是以文字学理论为指导，根据汉字的构造规律、笔顺笔画，从六书理论出发，比较严格地按照普通汉字教材的程式进行汉字教学。"正派"汉字教学强调汉字的结构和笔顺笔画的组合规律。之所以称之为"正派"，是因为其教学出发点就是汉字学理论的基本原理，通过汉字教学，让学生系统地认识汉字的结构、笔顺笔画、偏旁部件、形符声符等。与其对应的"俗派"教学则不拘泥于传统的汉字学理论，也不专注正统汉字学的传统理论，而是通过各种灵活的方式对汉字进行"戏说"，用学生感兴趣的以及便于学生记忆的图片、图示等各种方式解说汉字，帮助学生记忆和书写汉字。比如，对于"王"字，"正派"教学法是告诉学生笔画笔顺或是"王"字的六书理论，而"俗派"教学法采取的方式可以是直接问学生1+1=?，然后告诉学生在汉字里，1+1="王"。两种不同的汉字教学法到底谁优谁劣，到底哪种方式可以更实际有效地提高学生的汉字能力和水平，都有待课堂教学的进一步实验对比研究。

但是总体来说，汉字教学在整个汉语作为第二语言教学的大框架下，依然处于相对滞后的位置。这种现状是由多方面原因造成的，其中非常重要的因素在于汉字的本体研究已经取得了不少的成绩，但是以教学为导向，特别是以汉语作为第二语言的教学为导向的汉字研究工作还有待进一步深入。同时，如何把现有的汉字研究成果有效地应用于实际性的课堂教学中，现阶段的工作做得也还不够。也就是说，我们的汉字研究和汉字教学的结合程度还不够高。从教学本质上说，汉字本体研究和应用其目的是一致的，都是为了认识、识记并掌握汉字，只是汉字本体研究往往立足于汉字的现状、历史演变规律以及汉字本身的特性等方面，从而探索汉字在历史演变发展过程中的内部规律性，包括影响这些规律性的各种原因。而汉字教学在汉语作为第二语言教学方面，却要求将前者的研究成果，包括汉字的认知、汉字系统的性质、汉字本身的结构和客观规律等，生动直观并且有效地教授给学生，帮助他们认读、书写、识记。因此，二者之间并不矛盾，而是相互需要、相互促进的。赵金铭先生在谈论汉语语法教学时曾说，"学习者用我们教给他的语法规则类比套用，造出各式各样的句子"，"有时完全无误，有时就错了，以至于错得匪夷所思"。于是，教者不得不反躬自问，我们所教的语法条条是否有问题。赵金铭先生说的是语法教学方面的问题，在汉字教学方面也存在。当我们从教学中发现问题，开始思考从而改进教学的时候，就会更深刻地认识到汉字本体研究和汉字课堂教学之间相互推动和促进的紧密关系了。

以上我们将汉语作为第二语言的教学从口语教学、词汇教学以及汉字教学的现状和不足方面做了大致的概述，但是总的来看，对外汉语教学从20世纪50年代开始至今已经取得了卓然的成就，一线教师和从事汉语教学的研究者们在教学经验和教学法方面所取得的成就也是巨大的。在全球范围内，汉语越来越被需要。在这样的良好机遇下，我们所进行的教学和研究就显得尤为必要，在前辈的研究成果基础上，开展进一步的教学和理论研究和探讨，并将其应用于实践，是推动对外汉语教学进一步向前发展的必然要求。

（二）教学法及策略的研究现状

1. 教学法

第二语言教学的历史可追溯到幼发拉底河流域的休谟人征服阿加颠人，从此胜利者就开始对失败者实施第二语言教育。

第二语言教学法有诸多派别，主要包括以下三大类：

（1）传统派的教学法。这一学派认为，教育的最高要求是使学生掌握逻辑推理能力和抽象能力；言语行为的基本特征是创新而非模仿；理解是学习语言知识的基础；在学习语言的过程，要重视语言知识的科学性和系统性。具体可分为语法翻译法（grammar translation method）、阅读法（reading method）、认知法（cognitive approach）等。

（2）改革派的教学法。这一学派提出学习是通过刺激—反应进行强化而形成的，注重语言和客观的直接联系，强调模仿、重复、强化等手段的运用，包括直接教学法（direct method）、听说法（audiolingual method）、全身反应法（total physical response）几种类型。

（3）其他教学法。包括静默法（silent way）、启示教学法（suggestopedia）、咨询学习法（counseling learning）、功能法（functional method）、任务型教学法（task-based language teaching method）等。

上述教学法中，功能法和任务型教学法是目前较受关注的两种。功能法产生于20世纪70年代的西欧，是吸收了直接教学法、听说法以及一些新的语言学理论而形成的一个综合性的教学法流派，十分注重语言的交际功能。任务型教学法产生于20世纪80年代，成熟于20世纪90年代初期，它强调在"做中学"，即用语言来完成任务，从而达到掌握语言的目的，从教学任务的选择到课堂教学的组织、实施和评价都是围绕任务展开的。在具体实施时，最为典型的方法是角色扮演和全身反应法。全身反应法（上述改革派教学法的第3类）是由美国加州圣荷塞州立大学的詹姆士·阿歇尔（James Asher）根据人的左右脑的不同功能提出的。他提出以身体动作为基础，让学习者通过游戏、触觉活动来学习语言。全身反应法是通过祈使句的使用、教师的姿势和对物体的操作传达出语言文字的含义，让学生用身体动作来展示他们的理解。

不难发现，相较于其他教学法，功能法和任务型教学法均注重语言的实际运用。语言不仅是思维的工具，也是人们交际的工具，而且后者在语言学习中，尤其是在第二语言学习中更显突出。因而，在诸多的教学法中，功能法和任务型教学法因与该目标的匹配度更高而受到更多的重视绝非偶然。

自20世纪50年代以来，人们对第二语言教学法开始了系统的探讨，其发展大致经历了四个阶段：

（1）创立阶段。这一阶段是指从20世纪50年代至20世纪60年代初，其特点是在明显的语言学思想的指导下，以系统的语法知识讲授为主，教学内容以词汇和语法教学为中心，教材以音素和语法为纲，教学方法为语法—翻译法。在这一阶段，第二语言教学由于处于建立初期，缺乏对其特性的深入研究和准确的定位，因此存在较为明显的母语教学的痕迹。1958年，由北京大学中国语文专修班编写出版的《汉语教科书》是我国第一部正式出版的对外汉语教材，书中第一次提出了较为实用的汉语语法教学体系框架，成为对外汉语教学作为一门较为独立的学科从母语教学中分离出来的一个重要标志。

（2）初步发展阶段。20世纪60年代初至20世纪70年代初是对外汉语教学的发展阶段。这一阶段注重实践性原则，教学内容侧重听说训练，采用第二语言教学的直接法与传统母语语法教学相结合的改进直接法。相较于语法—翻译法，改进直接法更注重学生听说能力的培养，更强调语言的实践性，但是并非教学原则和系统上的根本调整，只是一些具体方法上的改进，因而又称相对直接法。赵淑华、王还等人编写的《基础汉语》和《汉语读本》是这一阶段的代表作。

（3）深化发展阶段。20世纪70年代初至20世纪80年代初是对外汉语教学的深化发展阶段。我国对外语教学在总结自己的经验和对各种教学法流派进行比较的基础上，强调对话和句型操练，逐渐形成了以培养学生交际能力为基本目的，根据学生的不同特点和不同学习目的确定教学内容，实施结构、情景和功能相结合的教学原则，从而实现了在教学原则和系统上的根本性突破。这一时期的教材主要有李德津等编写的《汉语课本》、李培元等编写的《基础汉语课本》和鲁健骥等编写的《初级汉语课本》等。

（4）完善阶段。从20世纪80年代起，我国对外汉语教学法研究在广泛学习国外第二语言教学法的基础上，结合自身特点，从教学内容到教学方法都有了根本性的发展。随着研究的不断深入，我国对外汉语在教学中逐渐重视结构、功能的结合，代表教材有刘珣等编写的《实用汉语课本》等。在国外社会语言学研究成果的影响下，我国文化语言学的研究也逐渐兴起并成为热点，于是结构、功能与文化相结合的教学法就在这样的形势下应运而生了。这种教学法在先前结构与功能结合的教学法基础上加入了文化因素，在教学内容上重视文化导入并探索了诸如母语与目的语文化要素对比之类的多种具体的教学方式。此外，这一阶段还实现了课堂教学由以教师为中心到以教师为主导、以学生为中心的转变；相应地，教学方法也由以前的以教师讲解为主转变为以引导式教学为主。

综上，我国的对外汉语教学从创立发展至今，不管是教学思想还是教学系统和具体方法，都经历了从传统的母语教学的附属到作为一门实践性较强的应用型学科的转型，具有鲜明的个性特征。

2. 教学策略：以词汇教学为例

（1）从宏观上对对外汉语词汇教学原则进行研究。李如龙、吴茗的《略论对外汉语词汇教学的两个原则》提出了区分频度原则（即先教使用频率高、构词能力强的词语，根据频率安排多义词义项和多音词义项的教学）和语素分析原则（即引入语素分析法安排教学，通过字与字的组合，让学生在学会一个个词语的同时，学会词语的组合原则并掌握语义的聚合群）。李绍林的《对外汉语教学词义辨析的对象和原则》认为在教学词义辨析时应遵从其对象大于汉语本体词义辨析对象的原则。

（2）探讨对外汉语词汇教学基本单位。关于对外汉语词汇教学基本单位主要有三种观点：词本位、字本位和语素本位。词本位作为一种传统的教学主张，对其所做的研究主要集中在教学方法上。例如，黄振英介绍了初级阶段词汇教学的七种方法；李珠介绍了综合听读练习法；刘颂浩具体介绍了阅读课上进行的五大实词练习方法；胡明扬主张词语教学要分阶段进行，不同的阶段有不同的方法；陈贤纯提出取消精读课，在中级阶段把两万词语按语义场分类进行词语集中强化教学的想法；胡鸿、褚佩如针对来华外交人员的学习和生活特点，将汉语交际词汇初步分为称呼集合、数字集合等若干大的范畴（集合），然后与句型相结合，并通过各种练习帮助学生迅速掌握大量词汇；张和生在《也谈对外汉语词汇教学的本位之争》中指出，初级阶段学习者会遇到的"学习""星期""护照""签证""感冒""认真""马虎"一类常用词语，由于词在语义上的凝聚性，整词教学显然比汉字（语素）教学更便于讲解与接受。此外，李彤的《近十年对外汉语词汇教学研究中的三大流派》、贾颖《字本位与对外汉语词汇教学》和任瑚琏《字、词与对外汉语教学的基本单位及教学策略》等也都持词本位的观点。

字本位教学最早的提出者是法国汉学家白乐桑。他在《汉语语言文字启蒙》一书的简介中明确指出该教材采用的是"字本位教学法"。字本位教学法得到了我国语言学家徐通锵的支持，他在《语言论》中也强调了字本位理论。将字本位理论应用于对外汉语词汇教学领域的研究也很多，例如，刘晓梅主张对外汉语词汇教学应充分利用汉语的特点和字提供的线索，以字为中心，把词汇和字的教学融合起来，我们称这种教学理念为字本位教学，概括地说，就是以点带面、以字带字族和词，联系"字族""词组"，真正地将字与词结合起来；郦青、王飞华指出，对外汉语教学中词汇教学还是应该以字为本，把双音节字拆成单音节字来教授。

语素教学法的最早提出者是盛炎。李开对汉语水平词汇等级大纲中的1 033个甲级词的内部语素构成情况进行了归纳和总结，得出四种甲级复音词语素构成方式，并结合语义构成分析确定了词汇讲解的先后顺序。王周炎、卿雪华建议进行语素教学时应先教一些构词能力强的单音节语素，语素与复合词教学同步进行，结合构词法进行语素教学，辨析发音相同的词和近义词时应突出语素教学。

还有一些学者从语义、词汇系统的角度研究汉语词汇教学。例如，万艺玲提出以义项为单位进行词义教学的方法；邵菁试图从语义配价的角度探寻一个帮助学生尽快掌握词语的义项、用法和语料的方法；赵果将汉语词汇根据语义透明度的高低和语素的搭配能力分为三类，并提出了相应的教学建议。此外，也有学者主张打破三者的界线，将它们结合起来作为基本教学单位，如李芳杰指出，汉字有很强的构词能力，在对外汉语词汇教学的初级阶段，汉字教学与词汇教学应有机结合，字词同步。贾颖的《字本位与对外汉语词汇教学》主张以词汇教学为纲，遵照汉语词汇规律进行系统的词汇教学，先教基本词汇中的单音节词，然后将汉字与复合词的教学同步进行；先借助外语对词进行翻译，然后对词进行分解，把分解出来的语素与一些常用语素组合成新的常用词，这些常用词再配上英文翻译。

纵观上述诸多针对词汇教学法本位的讨论，各家观点其实并非完全独立、界线分明。字本位教学法其实更接近"单音词本位"或"语素本位"。白乐桑的字本位指的是先教汉字的写法，最终目的还是让学生学会词语。徐通锵字本位理论的贯彻者刘晓梅也提出在"词汇教学中，以字义为切入点串联字组。对于单个字来说，除了要讲清楚它在课文中的意思和用法外，还要适当地让学生回忆已学过的同字组的词（即同素词）"，也就是说，其教学方法在本质上为语素教学法。语素法强调通过分析复音词内部语素的构成和组合，确定词汇教学的顺序，帮助学生扩大词汇量，其缺陷是在对复音节词进行描写时未充分考虑语素的多义性，因而在遇到有多个义项的语素时，如果不对其各义项间的联系和差异做出相应的说明，就会给学习者造成理解上的混乱。

相较而言，词本位是目前较受支持且在教学中普遍采用的教学方法。词是最小的、能独立运用的语言单位，因而在对外汉语教学中将其作为基本单位是较为合理的。在实际教学中，很多时候汉字、词和语素是对应的，并无截然分开的界线，因而我们宜将它们适当地结合起来进行教学。

（3）探讨在教学方法方面有具体的重要借鉴意义的理论。朱伟娟、谢白羽在《认知语言学与词汇教学——以对外汉语初级阶段综合课词汇教学为例》中运用认知语言学的"范畴"和"原型"、"精调输入"和"粗调输入"两组概念，提出了在词汇教学中,抓住词语的基本义进行讲解,然后围绕基本义进行词义的扩展和深加工,以及根据其复用性的不同对近义词采用不同的输入方法的建议。孙晓明的《国内外第二语言词汇习得研究综述》回顾了国内外第二语言词汇习得研究成果,指出 Richards 和 Nation 关于词语掌握或标准的讨论。Laufer "交际词汇门槛"假说和 Jiangd 的词汇习得三阶段模型,以及国外学者提出的关键词法、联想法、猜词法等词汇学习的方法和策略,对对外汉语词汇教学都有重要的借鉴意义。

焉德才的《论对外汉语词汇教学过程中的"有度放射"策略》也认为认知心理学上重要的理论——联想语义理论、语义记忆的激活扩散模型理论(spreading activeation model),以及语义场理论(the theory of semantic fields)、语义扩散理论(semantic spreading theory)、集理论模型(set theoretic model)以及领域理论(domain theory)对对外汉语教学具有重要的启发意义。

(4)对具体教学方法或练习方法进行探讨。谢米纳斯的《汉语词汇学教学初探》指出应注重词汇的搭配规律、构词方式和词汇体系,详细讲解反义词,系统分析同义词并探讨它们之间的联系;列举了多样化的练习方式,如翻译、选择或写出同义词或反义词、用所给语素造词、分析所给词语的构词方式、分析所给词语的语义结构并说出其结构方式等。刘镰力在《谈对外汉语词汇教学》中认为应区别一般词语和重点词语,重点词语每两学时最多处理 3 个左右,每篇课文一般不超过 10 个。一般词语相对多一些。词语讲练可借助上下文采取以下几种方法:造句、用指定词语回答问题、用指定词语改说句子、用指定结构完成句子。

周凤玲在《谈对外汉语词汇教学》中列举了词义的解释方法,如翻译法、语素义推测法、直观法、对比法(包括同义词对比、反义词对比、类义词归纳等)、词语搭配法、语境法;此外,还介绍了一些常用的练习方式,如直观练习法、归纳练习法、句子练习法、改错练习法、话题练习法以及朗读生词、朗读课文、熟读例句、提问、扩句、听写生词、听写句子、听写短文等。

综上,我们可以发现,运用语素法进行词汇教学是被多位学者提及的一种方法。这也从另一个角度表明,虽然对外汉语词汇教学的本位是词语,但这并不意味着在教学中我们应将字、语素完全、绝对地与词语区别开而。我们只有根据不同的语素对一个词进行切分,再将具有相同语素的词进行归类聚合,才能让词汇中一个个分散的词形成有规律可循的网络系统,这样不仅可以帮助学生发现汉语词汇的组合方式以及构成原因,还有助于学生在理解的基础上把握汉语词汇的本质,从而科学地记忆和正确运用。

三、第二语言习得的研究现状

(一)Schumann 的"文化适应模式"

"文化适应模式"(acculturation Model)是美国语言学家 Schumann 于 20 世纪 70 年代后期提出的、建立在文化适应社会心理(social psychology of acculturation)基础上的二语习得模式。Schumann 认为,二语习得是文化适应的一部分,其适应程度决定了二语习得的水平。他把文化适应分为两类:一类是学习者不但在社会活动方面与新的文化多接触,而且在心理上对新的语言充分开放;另一类是除了上述特征外,学习者还有意识地自愿接受新的文化、新的生活方式和价值观念。

Schumann 在"文化适应模式"中指出,二语学习者与目的语群体的社会距离和心理距离是决定他们适应目的语文化的重要因素。社会距离主要包括社会优势、移入策略、学习者的封闭程度、学习群体的内聚性、学习群体的人数、两个群体的文化是否相合、两个群体的相互态度、在国外的居留时间;心理距离主要包括语言休克、文化休克、动机、语言自我四个因素。Schumann 指出,在较差的二语习得环境中,当社会距离较大时,学习者能够接触的目的语输入量会非常有限,这对其学习造成了阻碍;当心理距离较大时,学习者较难从语言休克、文化冲突带来的种种消极症状中恢复(或者需要较长时间),同时难以克服语言自我(language ego)的心理障碍,从而影响学习者建立积极的学习动机,加之情感过滤的作用,学习者较难得到充足的语言输入,无法顺利地通过学习来内化语言知识,最终难以成功地习得语言。因此,社会距离与心理距离对学习者的二语习得有重要的作用。[1]

(二)语言与认同

在国外学界,"语言与认同"早已成为社会语言学的一个重要研究主题,有关二语学习者的认同研究在过去十多年里也在逐渐发展。在各种语言理论中,关于"语言与认同"的研究起初并非是一门"显学",而只是附属于各语言理论的"隐性研究"。[2] 例如,美国应用语言学家 Schumann 提出的"文化适应模式",该理论认为文化适应过程受本国与目的语国家文化的社会距离与心理距离的影响,

---

[1] 许菊.文化适应模式理论述评[J].外语教学,2000(3):9—13.

[2] 高一虹,李玉霞,边永卫.从结构观到建构观:语言与认同研究综观[J].语言教学与研究,2008(1):19—26.

并具体分析了社会距离、心理距离对二语习得的重要作用,其中"学习者认同"的概念隐含在学习者的文化适应模式中,并可视为学习结果的预测因素。①

半个世纪以来,"语言与认同"研究逐渐从附属地位上升至学者的关注重点,关于这一研究的视角也呈现出建构性的发展特点。甘柏兹正式开辟"语言与社会认同"研究领域,指出民族和社会认同在很大程度上是通过语言建立和维持的;Le Page 和 Tabouret-keller 提出语言行为即认同行为的观点;美国教育学者 Lave 和 Wenger 提出的情境学习(situated learning)理论认为学习的本质就是认同建构发展的过程;等等。

在社会建构主义视角下,"语言与认同"研究的一个主议题是二语习得与认同的关系。加拿大语言教育学者博尼·诺顿是将社会认同理论引入二语习得领域的先锋人物。诺顿通过对在加拿大生活的5位女性移民为期一年的纵向研究,指出个体语言学习者多元、复杂、变化的社会身份和所处的不平等的社会权力关系经常会影响学习者对目的语的投资,只有协调好个体与社会大环境的关系,学习者才能更好地学习二语。社会认同理论、二语"投资"概念、话语权构成诺顿研究的理论框架。诺顿吸取了社会身份是多元的、斗争的场所而且经常变化的社会认同理论,借鉴了法国社会学家皮埃尔·布尔迪厄关于"文化资本"的理论,于1995年正式提出二语"投资"概念,认为语言学习是对理想认同建构的一种"投资",与学习者能支配的语言、社会文化和经济资本在二语学习和使用情境中的价值以及它们对"收益"的预期有关。②

"投资"概念鲜明地体现了社会学取向,表明学习者和变化着的社会的关系。从"投资"角度看,学习者充满矛盾的愿望,他们的认同及与目的语的关系是复杂的、变化的、充满权力斗争的,在通过语言进行社会互动的过程中不断被重建,"投资"拓展了学习者的"动机"概念。"投资"概念表明二语学习者不仅投资于目的语的经济优势,也投资于更高的社会地位。有学者指出,诺顿的二语"投资"概念属于二语习得理论中的"社会文化模式"范畴,适应二语情境下的研究。

(三)第二语言习得与第二文化习得的关系

语言与文化的密切关系决定了第二语言习得与第二文化习得是同步进行的。

---

① 芮晓松,高一虹.二语"投资"概念述评[J].现代外语,2008(1):90—98,110.
② 葛俊丽,罗晓燕.从社会认同理论视角看二语习得[J].北京第二外国语学院学报,2008(6):32—38.

与二语习得是建立一个独立于母语的新语言系统不同,"一般而言,第二文化习得是不断把新的知识融入一个业已存在的系统的过程"。

顾嘉祖、王斌华指出,二语习得与第二文化习得的相同之处体现在它们的习得过程中都包含了知识系统的"内化过程"(internalization),在习得结果上,二者各自"内化"的结果——语言能力和文化能力——足够抽象和概括,可满足习得者适用于各种新异场合的需要。二者的不同之处在于第二文化习得比二语习得难度更大,因为文化本身存在隐蔽内容,具有排他性,此外,第二文化习得的外部环境也会给文化习得带来困难。

对于二语习得与第二文化习得的关系,美国语言学家布朗提出的"文化关键期"假说是一个有力的说明。布朗认为,二语学习者的"文化移入"分为兴奋、冲击、恢复、移入四个阶段。二语习得者应寻找二语习得与第二文化习得的最佳关联期,使语言习得与文化习得做到同步,以提高语言能力与文化能力。此外,学习者在进行第二文化习得时将会遭遇不同文化带来的"认知冲突"。伯莱因指出,这种冲突起着建构作用,促使二语习得者在面对母语与目的语不同的文化、认知冲突时进行新的调整,以适应文化,习得语言。

第三节 汉语基本要素与语言教学问题研究

一、汉语的基本要素

语言教学的基本要素是指语言构成系统的各个部分及与其相关的基础知识。通常认为,语言包括语音、词汇、语法三大基本要素。此外,由于汉语的特殊性,汉字也常常被视为汉语的要素之一。语言要素是语言交际能力的重要组成部分,也是汉语作为第二语言教学的主要内容。结合言语技能和言语交际技能的训练,将语言知识转化为语言技能,是语言要素教学总的原则,也是第二语言教学最终的目标。

(一)语音

语音是语言的物质外壳。语音的学习是听、说、读、写等方面的学习以及培养语言交际能力的基本前提。任何一种语言的语音都是一套系统,不同语言之间的最大区别之一就在于语音系统的不同,所以学习一种语言首先就要掌握这种语言的语音系统。在现代汉语语音系统中，最基本的语音成分是音节、句调、停顿和逻辑重音。其中，句调、停顿和逻辑重音的教学要与语法教学相结合。因此，一般所讲的语音教学主要是针对音节教学来说的。

汉语能够感受到的最小的语音单位是音节。一个音节可以分析成声母和韵母，以及贯穿整个音节的声调。

1. 声母

声母是汉语音节中位于元音前的部分，大多为辅音。比如，在 hàn 这个音节中，辅音 h 就是它的声母。有时一个音节的元音前没有辅音，我们称之为零声母，如 ài 这个音节就是零声母。

为了使音节书写整齐，我们将 i 和 i 韵母前的零声母加写或改写为 y，u 行韵母前的零声母加写或改写为 w，如 yǔ、wǒ。

汉语拼音中共包括 21 个辅音声母：b、p、m、f、d、t、n、l、g、k、h、j、q、x、zh、ch、sh、r、z、c、s。我们可以根据发音部位和发音方法把它们分为七类。

2. 韵母

韵母是汉语音节中位于声母后的部分。汉语拼音里有 38 个韵母，主要由元音组成，有的是含有 n 或 ng 的鼻韵母。根据构成成分，我们把韵母分为单元音韵母、复元音韵母和带鼻音韵母。

单元音韵母（9个），指由单元音构成的韵母，也叫单韵母，包括舌面元音 a、o、e、i、u、ü，以及舌尖前元音 -i、舌尖后元音 -i 和儿韵母 er。

复元音韵母（13个），指由复元音构成的韵母，也叫复韵母。复韵母在发音过程中其舌位、唇形都会发生变化。根据韵腹的位置，可以将复韵母分为二合前响复韵母（4个）：ai、ei、ao、ou；二合后响复韵母（5个）：ia、ie、ua、uo、üe；三合中响复韵母（4个）：iao、iou、uai、uei。

带鼻音韵母（16个），指由元音和鼻韵尾构成的韵母，也叫鼻音尾韵母。其中，以 n 为韵尾的前鼻音韵母有（8个）：an、ian、uan、üan、ün、en、in；以 ng 为韵尾的后鼻音韵母有（8个）：ang、iang、uang、eng、ing、ueng、ong、iong。

3. 声调

声调是指整个音节高低升降的变化。汉语的声调具有区别意义的作用。

世界上有声调的语言并不多，因而声调成为汉语教学的重点和难点。普通话有四种基本声调：阴、阳、上、去，教学中也称为第一声、第二声、第三声和第四声，可以用五度标记法将其调值分别标示为55、35、214、51。

除四个基本声调外，汉语普通话还包括一个半三声和一个轻声。半三声是第三声与第一声、第二声、第四声连读时的变调，调值为21，是一种较短的低平调。有研究认为，半三声的使用频率比较高，汉语普通话中很少说全三声。另外，半三声的学习难度也较全三声低一些，因此有的专家建议应当先教学半三声，再教学全三声，以免学习者在学习半三声时总是想着怎样从全三声变过来。

轻声是汉语语流中出现频率较高的一种特殊的语音现象。有些音节在特定的情况下会失去原来的声调而变成一种又轻又短的调子，这就叫轻声。轻声的调值依据前面音节的调型会有所变化。用五度标记法，可以将轻声在四种声调后的音高分别表示为2、3、4、1。

（二）词汇

词汇也叫语汇，是一种语言里所有（或特定范围）的词和固定短语的总和。词汇是词的集合体，二者是集体和个体的关系。词汇是语言的建筑材料，没有词汇就不能造句子。语言就是用一个个词语按照有关的语法规则组合起来而造出种种句子进行交际的。汉语的词汇包括基本词汇和一般词汇两类。基本词汇是指语言系统中那些反映人们最基本的日常生活所必需的事物、行为和形状等概念的词汇。基本词汇所反映的概念，在人类语言中是普遍存在的，因而是汉语词汇教学中易学的内容。基本词汇具有稳定、能产的特点，以基本词作为语素可以组成大量的词语。比如，据统计，以基本词"水"打头所构成的词，在《现代汉语词典》中就有160多个。具有较强的构词能力这一特点，使基本词成为汉语词汇教学的基础内容。基本词汇以外的词汇是一般词汇。人们在频繁的交际中，说明复杂的事物、表达细致的感情时都需要大量的一般词汇。一般词汇的数量多，教学中要注意选择，如在初中级的汉语教学中，就应该选取较为常用的一般词汇。词汇的选择主要依靠话题来调控，如在教材中选用常用话题就可以保证一般词汇的出现。

汉语的构词类型分为单纯词和合成词两类。单纯词是由一个语素构成的词，包括单音节单纯词（如"天""水""河"）和多音节单纯词，多音节单纯词包括大量的双声词（如"崎岖""蜘蛛"）和叠韵词（如"灿烂""蟑螂"）。合成词是由两个或两个以上的语素所构成的词，即"词根+词根"组合构成的复合词，这是汉语词汇的主体部分。另外，还有少量由"词根+词缀"组合所构成的派生词（如"桌子"）。长期以来，词汇教学一直是对外汉语教学的薄弱环节。究其原因，一是词汇本身是一个开放的系统，每个词语都有自己的个性，共性不那么强，不利于进行系统的教学；二是词汇教学需要一个一个教、一个一个学，只能逐步积累，逐步加深。这种情况要求我们尽量利用汉语词汇系统，找到一些具体的教学方法，以提高词汇教学的效果。

（三）语法

语法主要是指语言中组词造句的一整套规则，在成句的基础上，还有一整套连句成篇的规则。这两个层面的规则组合在一起，便成为语言系统的语法规则。

总体来说，对外汉语语法教学的基本内容，应当围绕培养外国学习者组词造句、连句成篇这个目标来进行。一般而言，汉语语法教学的基本内容，应当涵盖语素、词、短语、句子和语篇这五级语法单位。其中，词、短语和句子是语法教学最基本和最核心的内容。

语素是语言中最小的音义结合的构词单位。语素可以单独成词，也可以组合成词，如"山""水""画"三个词都是由一个语素组成的，而"山水画"这个词则是由三个语素组成的。

词是最小的能够独立运用的语言单位，也是语法教学的核心内容之一，是组词造句的基础。在词这一层面，主要的教学内容应当是词类问题，词类问题又包含词类划分、词性确定和兼类词的辨认三个方面。

短语是词与词组合而成的语法单位。短语在整个语法系统中实际处于中心的位置，因为它不仅可以自由地充当句子成分，大多数短语加上一定语调就可成为句子。例如，"一瓶可乐"这个短语在"我买一瓶可乐"这个句子中充当宾语，而在应答场景中出现时却又变成了一个独立的句子：

——买什么？

——一瓶可乐。

句子是语言中最基本的表述单位，一个句子表达的是一个相对完整的意思。对外汉语语法教学最直接的目的就是教会汉语学习者正确理解并说出汉语的句子。

总之，对句子的组成规则、句子与句子之间的关系以及句子与语篇的关系这三方面的研究和教学，组成了对外汉语语法教学最基本的内容。

（四）汉字

我们之所以把汉字作为汉语的基本要素之一，是基于汉字及其在教学中的一种特殊性的考虑。

1. 汉字的特殊性

汉字的特殊性首先体现为它是现代汉语的书写符号系统。文字是记录语言的符号体系，这是世界上所有不同语言的文字所具有的共性。世界上的文字可分为表音文字与表意文字两种，汉字属于表意文字。"表音文字的造字原则是直接表音，通过记音来表意，表意是间接的；汉字的造字原则是直接表意，兼顾直接表音（通过形声字的声符），记音有间接的，也有直接的（形声字）。因此，拼音文字可以见其形而知其音，汉字则可以见其形而知其义。"①由于造字原则的不同，汉字和拼音文字属于两种不同的文字体系。

汉字能够直接表意的原因在于，汉语的音节能够代表固定的完整的意思，能够用一个表意的汉字来记录一个音节；英语等其他语言的大多数音节不代表固定的完整的意思，所以不能用表意的文字来记录音节。因此，也可以说，正是汉语音节表意的特点造成了汉语书写符号系统——汉字的特殊性。

汉字与汉语的特殊关系也决定了其作为汉语第二语言特殊要素的必要性。拼音文字可以直接表音，因此对它的学习可以完全融合在语音和词汇等其他语言要素的学习中。但汉字大部分不能直接表音，因此对语音、词汇等语言要素的学习并不能代替对汉字的学习。汉字与汉语的这种特殊关系决定了汉字在汉语教学中的独立地位，应该把它作为一种特殊的语言要素来单独对待。尽管如此，在以往的汉语教学中，汉字教学却一直处于附属地位。无论是在课程设置还是在教材编写中，汉字都找不到独立的位置。这种状况已受到国内外专家的关注和重视。白乐桑指出，"从教学理论的角度看，尤其是在对外汉语教材编写原则这一最关键的问题上，笔者认为目前对外汉语教学面临着危机"，他还指出，"无论在语言学和教学理论方面，在教材的编写原则方面甚至在课程设置方面，不承认中国文字的特殊性以及不正确处理中国文字和语言所特有的关系，正是汉语教学危机的根源。"②

2. 汉字在汉语教学中的特殊性

汉字用来作为汉语的书写形式并不是偶然的，而是由汉语本身的特点所决定的。首先，汉语的音节本身简单，数量有限，音节内不含复辅音，音节末尾不能出现 n、ng 以外的其他辅音，这些特点限制了汉语的音节数量。其次，与英语等拼音文字语言不同，汉语的词语音节简单，多为双音节，还存在大量的单音节

---

① 张西平. 汉语作为第二语言教学史研究 [M]. 北京：商务印书馆，2019：25.
② 《第五届国际汉语教学讨论会论文选》编辑委员会. 第五届国际汉语教学讨论会论文选 [M]. 北京：北京大学出版社，1997：26.

词（如"方便"一词只包含了两个音节，而英语的 convenience 共包含了四个音节），音节越少其区别性就越差。这两点决定了汉语中会出现大量的同音词现象。比如，"报复"与"抱负""不详"与"不祥"等等，这些词的发音完全一样，通过汉字的书写可以得到区分。根据《汉语拼音词汇》统计，同音词有 5 500 多个，约占所收词汇（59 100 个）的 9.5%。这些同音词的区分，离开了汉字的帮助是难以想象的。所以说，汉语的准确表达离不开汉字，汉字这种表意文字系统的存在，可帮助汉语清晰地区分语音与词汇。正因为如此，学习汉语而不学习汉字是不可行的。

对于汉语学习者来说，必须处理好认字与识语的关系。认字为识语的前提，这一点完全不同于汉语母语者。母语者在学习汉字之前，就已经掌握了汉语的听说能力，这种学习方法可谓"语文分开"。但是，作为成年人的汉语学习者却不同，掌握汉语的书写系统是学习汉语的有力工具和基础。事实证明，在不学习汉字而直接学习汉语的这种学习模式下，学习者的听说水平在短期内虽然似乎有所提高，但无法进行更为深入和更高层次的学习。20 世纪 60 年代，北京语言学院（现北京语言大学）在汉字教学问题上经过实验，两次否定了"先语后文"的教学方法。现在"语文一体"成了汉语教学的唯一模式。这种模式虽然有一些固有的缺陷，但基本符合成年人学习汉语的认知规律。

掌握汉字书写系统是汉语第二语言学习者保持和提高汉语水平的基本前提。一般来说，学习者从最开始的"不会说"到"会说"这一阶段的学习比较容易，但是从"会说"到"说得好"很难。因为高级口语是具有书面语色彩的口语化语言，同日常交流所使用的口语比较，应当更加讲究语言尤其是词汇和语法的规范化、标准化。而书面语的学习必先解决汉字的认读问题。另外，汉语有很多双音节合成词，这些词大多是由单音节语素组成的。如果学生掌握了常用的一些汉字，那么他就可以对这些合成词进行意义的拼合，这无疑有助于其汉语的学习。因此，要提高汉语水平，首先就要掌握汉字的书写系统。石定果认为："对于以汉语为第二语言的学习者而言，掌握汉字的程度直接关系到其汉语水平的高低。"赵金铭指出："我们必须认识到，汉字教学是汉语作为第二语言教学与其他语言教学的最大区别之一。只有突破汉字教学的瓶颈，创建具有特色的汉语作为第二语言教学法，才能全面提高综合运用汉语的能力。"[1]

---

[1] 赵金铭.汉语作为第二语言教学：理念与模式[J].世界汉语教学，2008(1):93—107.

二、汉语各要素之间的相互关系

现代汉语各要素之间并非完全独立，而是密切联系、互相影响、互相制约的，从而构成了种种复杂的关系。

（一）语音与词汇、语法的关系

1. 语音与词汇的复杂关系

除了从意义的角度对词进行划分外，有时语音也可以作为一种有效的辅助工具。赵元任从节律方面谈词的划分时认为，普通话重重音和字调变化有时可以用来划分词，但是以可能的停顿作为标准更为普遍有用。

2. 语音和语法具有互相制约的作用

语音格式可以帮助确定结构的语法意义。林森分别考察了现代汉语趋向补语、可能补语、程度补语和少量结果补语中轻音现象所反映的语法和语义问题，发现语音格式的不同对语法和语义有直接的影响。

（二）词汇与语法的关系

词汇和语法是不可分割的。语法是各个语言单位的结构规律，而词是基本的语言单位。可以说，词的组合就是语法。

词汇与语法都属于语言的意义系统，二者是不能截然分开的，共同构成了语言系统纵向与横向的关联。在这个语义网络系统中，词汇单位是结点，语法在本质上讲就是由结点和结点构筑起来的关联系统。在一个语法结构中，具有组合关系的词语之间应该具有相互匹配的特征，如词的句法能力特征、语义的概念特征、词语的韵律组配特征、词语的认知特征、语体特征等。一个句子是否在语法上合格，本质在于进入这个语法关系的词汇单位在各种特征上是否匹配、是否和谐。

词汇单位与语法单位在表达意义时，彼此之间是一种互动的、互为因果的关系。首先，语法关系是对词汇意义关系的一种抽象，词汇单位是语法关系赖以形成的基础和前提，没有词汇单位的存在，就不可能构成语法关系。其次，语法结构对词汇单位具有选择和制约的作用。"选择"是指语法框架形成后符合框架要求的词汇单位就会进入该框架，一般来说，不符合框架要求的单位就不能进入该框架。"制约"是指某些不符合框架要求的单位一旦进入该框架，就会获得本来不具有的语法意义。再次，词汇的选择对语法关系的突破推动着语言系统的发展变化。从语法框架的角度来说，语言中大量的语法框架，它们的结构、意义和功能三者之间的对应关系都处于经常的变动中，而其中语法意义的变化是最为重要的方面。导致这种变化的重要因素之一，就是进入该语法框架的词汇成分在不断变化着。而当词汇成分的变化累积到一定程度时，整个框架的语法意义就会相应地发生改变。如果词汇单位之间的相互选择关系越来越复杂，语言的结构系统也会变得越来越复杂，这样就不断推动着语言系统的发展变化。

（三）汉字与语音、词汇的关系

首先，汉字和语音存在着复杂的对应关系。据统计，《现代汉语词典》收录了约1.2万个汉字，但所收音节只有417个，加上四声的分别，总共也只有1 300多个音节。这1.2万个汉字与1300多个音节之间显然难以一一对应，这就致使汉语中的同音字占了很大比例。例如，"qīng"这个音节，《现代汉语词典》中就收录了10个不同的汉字。另一方面，一个汉字也往往对应不同的音节，这就是多音字。例如，"散"这个汉字有两个发音：sàn（散步）、sǎn（松散）。还有一种情况是，两个汉字占据一个音节，即儿化音，如"门儿（ménr）"。

其次，汉字与词汇的对应关系也很复杂，主要有这样几种情形：一字一词、一字多词、多字一词。"一字一词"指的是一个汉字对应一个词语成分，如"笔""纸""人"；"一字多词"指的是一个汉字对应多个词汇成分，如"米（大米）—米（厘米）"，"迈（迈步）—迈（年迈）"；"多字一词"指的是几个汉字对应一个词语成分，如"短跑"这个词由两个汉字组成，"皆大欢喜"这个词由四个汉字组成。

汉语教学中有"字本位"与"词本位"的不同提法。汉语教学传统上采用的是"词本位"，其理论依据为词是能自由运用的最小音义结合体。但近年来，受徐通锵"字本位"理论的影响，有专家在汉语教学界提出了"字本位"的概念。在这种争论的背后，体现的是对汉语语法基本结构单位的不同认识，从而也影响到人们汉语教学的理念。

三、汉语作为第二语言教学的基本问题

1.教什么

"教什么"指的是语言教学的内容。在汉语教学的过程中，我们要明确教学的内容，其中包含两个层次：一是确定教学范围，二是确定范围中的具体内容。对外汉语教学的范围包括汉语的各种基本要素，即语音、词汇、语法及汉字。明确了教学内容的范围，我们还要规定各个范围中的具体内容。例如，在词汇这个范围里，并非所有的词语都适宜不加区别地拿来进行教学，我们应该先选取常用

词语作为教学的具体内容。又如，在语法这个范围里，也并非所有的语法点都是教学的重点，我们应该选取汉语特有的语法特征进行重点教学，而人类语言共有的东西，在教学的具体内容中可以省略，采用"零教学"的方式（如连动句）。我们要对教学内容有透彻的了解，对教学内容既要知其然，又要知其所以然，这样才能给学习者以有效的指导；也只有这样，才能把规律性的语言知识教给学习者，提高他们的学习效率。语言要素是教学的基本内容和基础，但我们还应明确，语言内容不是教学内容的全部。如果不包括语言技能、交际技能和文化背景知识，那么教学内容也是不完整的。

2. 怎么学

"怎么学"研究的是汉语学习的内在规律，属于第二语言习得的领域，主要包括以下几方面的内容：对偏误和中介语的研究；对学习普遍规律的研究；对学习者外部因素（如社会因素）、内部因素（如影响学习者的心理因素）及个体差异（如自身的生理、情感、学习动机、认知特点和学习策略）的研究。

过去，人们总是把希望寄托在改革教学内容和教学方法上，研究的内容都侧重于"教什么"和"怎么教"，摸索出了一种又一种的教学理论和教学方法，形成了许许多多的语言教学法流派。从20世纪60年代末开始，越来越多的人认识到，了解学习者学习语言的心理过程，是改进教学方法、提高教学效果的前提。只有掌握了语言学习规律，语言教学的许多问题才能得到较好的解决。因此，20世纪70年代以来，以"学习者如何学"为主要研究对象的第二语言习得研究越来越受到重视。

第二语言习得研究在20世纪70年代的重点是分析第二语言学习者的言语错误，通过调查并比较成人在第二语言习得时产生的中介语，考察其与儿童把这种语言作为母语习得时的语言是否有相同之处。这些调查研究大都局限在"形态—句法"的范围内。随着研究的不断深入，同时由于对学习者交际能力的逐渐重视，话语层面的研究现在吸引了越来越多人的注意。第二语言习得研究试图从多侧面、多角度去描写、分析第二语言的学习过程，努力去发现影响学习过程的诸多因素。

3. 怎么教

"怎么教"有两种理解：狭义的理解仅指教学方法，如教学中使用的归纳法、演绎法、解释法、操练法等；广义的理解则是指教学的内在规律，所涉及的具体问题包括教学原则、教学方法、教学技巧及教学模式等。教学原则是教学工作和教学活动应当遵循的基本要求，它反映了语言规律、语言学习规律和语言教学规律，用以指导和规约总体设计、教材编写、课堂教学和语言测试等全部教学活动。对外汉语教学的总原则可以概括如下：以学生为中心；以交际能力的培养为核心；以"结构—功能—文化"相结合为框架。教学方法是在教学原则的指导下，在教材编写和课堂教学中进行知识传授和技能培训的具体方法，其中包括组织教学内容的方法（如按结构法还是按功能法组织教学内容），讲解语言点的方法（如采用演绎法还是归纳法），训练听、说、读、写等言语技能和言语交际技能的方法（如采用什么样的练习方式），等等。我们常说"教学有法而无定法"，"有法"是说教学方法的确定和选择不是随意的，应该有其科学根据和理论依据，具体的教学方法体现教学原则，离不开教学原则的指导。根据教学对象、教学内容等条件的差异，教学方法又是灵活多变的，因而又是"无定法"的。以语法教学为例，有些语法点的讲解适合采用归纳法，有些语法点的讲解适合采用演绎法。无论采用演绎法还是归纳法，都要看是什么样的语法点，不应先认定语法知识的教学只能用归纳法，然后根据这样的思路编写教材。

教学技巧指任课教师在课堂上进行教学的方式方法。教学技巧受到教学原则、教学方法等的制约，但更加灵活，能够充分体现教师个人的教学艺术和教学风格。教学技巧贯穿于整个课堂教学的组织中，如如何引入新的语言点，如何设计板书，如何使用教具，如何启发学习者思考，如何调节课堂气氛，如何控制教学节奏，等等。

近年来，很多研究者开始从追求最佳教学法转向对教学模式的探索，即针对不同的学习对象、不同的学习环境、不同的学习阶段、不同的教学内容等而有不同的教学方法。这种探索对汉语作为第二语言教学来说是十分有益的。

第四节　汉语要素教学的基本点与基本意识

一、汉语要素教学的四个基本点

（一）把握汉语作为第二语言的特殊性

汉语作为第二语言的特殊性，是指汉语相对于其他语言的特点来说具有其他语言所没有的语言范畴，或是与其他语言具有差异性的语言范畴。王力指出："一切语法上的规律，对于本国人，至多只是习而不察的，并不是尚待学习的。……我们的书虽不是为外国人而著，却不妨像教外国人似的，详谈本国的语法规律。譬如有某一点，本国人觉得平平无奇的，而外国人读了，觉得是很特别的，那么，正是极值得叙述的地方。甲族语所有而乙族语所无的语法事实，正是甲族语的大特征。"① 充分认识汉语各要素的特殊性，是做好对外汉语教学的基础。因为汉语要素的特殊之处，也正是汉语作为第二语言教学和学习的重点与难点所在。

1. 语音的特殊性

从语音方面来看，汉语最大的特点在于汉语是有声调语言。世界上的语言可以分为无声调语言和有声调语言。无声调语言中，语调是句子结构的组成部分，而不是词的组成部分，这种语言中的词以不同调型读出来时不会造成意义的改变。而有声调语言中的声调则是词的一部分，具有区别意义的作用。汉语是有声调语言，对母语为无声调语言的学习者来说，声调的学习就尤为困难。虽然有的学生能够较好地听辨并说出单音节的声调，一旦将两个单音节相拼，就完全辨不出声调了。对于母语是有声调语言的学习者来说，声调的学习也不是一件容易的事，因为不同语言的声调也有所不同，母语中声调的负迁移也会给有这种母语背景的学习者带来不少困难。

2. 词汇的特殊性

现代汉语词汇最显著的特性是不分词连写，这一点与拼音文字不同。拼音文字是将每个词分开书写，这样词与词之间的界限是清楚的。而现代汉语中词与词之间的界限不清楚，这就于阅读的过程中增加了学习者在心理上对句子进行词语分解的步骤。对于汉语学习者来说，词语连写所带来的不只是阅读时间上的延长，更重要的是，由于他们的心理词典尚不够大或还未建立，所以哪几个汉字组成一个词就是他们难以跨越的一道门槛。我们都有这样的外语学习经验：经过一段时间的学习后，在阅读中即使遇到一个不认识的人名，也可以轻松地做出判断；而对汉语学习者来说，同样的情况就没有那么容易了。例如，对于"王云天来到医院"这个句子，学习者就很难判断"王""王云""王云天"三种组合究竟哪一个才真正是人的名字。在初中级班的阅读练习课上，经常遇到学习者用词典查找"云天""天来""到医"这样的组合。可见，现代汉语词语连写这一特点的确给汉语学习者的辨词、认词造成了很大的障碍。

---

① 王力.中国语法理论[M].北京：中华书局，2015：32.

语素和词的交叠也是现代汉语词汇的一大特点。同一个语素在有的地方是独立的词，在有的地方却只能与其他语素一起构成一个词，这给学习者的用词造成了很大困难。例如，学习者造出"一年四季，我最喜欢春天这个季"这样的句子，错误就是把"季节"中的非成词语素"季"当作词用了。其实，这样的问题是可以避免的。某些字作为一个词独立使用的情况不常见，而作为语素的情况很常见，那么在我们的教材或课堂教学的生词讲解中，就要避免它单独成词情况的出现。

3. 语法的特殊性

对汉语学习者来说，汉语语法的特殊性集中体现于这样几个方面：

首先，汉语是一种主题突出的语言。在汉语中，只要适合作为陈述对象的成分，都可以占据句首主语的位置，甚至一个动词性成分也可以如此，如"住在这儿买东西不太方便"中的"住在这儿"。由于这种特性，汉语中常常出现含多层主题的句子，即主谓谓语句，如上例中的"住在这儿"和"买东西"就是两层主题。汉语学习者不习惯使用这样的句子，常常会出现"北京有很多人""他家有很大的房子"这种不地道的句子。

其次，语序对语义的表达有重要的制约作用。汉语语法关系的表现，一般不依靠像印欧语言那样的形态标志手段，也不依靠像日语韩语中那样的格助词，而是在很大程度上依靠语序的变化。因此，相同的词语以不同的排列顺序出现，就会表现出不同的语法关系和语义关系。例如，"我学习很努力"和"我要努力学习"这两个句子中，形容词"努力"分别作为谓语和状语出现，这就使两个句子具有了不同的意义。前者是对过去某种状况的描写，后者则表达对未来某种状况的企盼。

再次，汉语有丰富的量词。汉语有一整套系统的量词，不同的名词搭配不同的量词表达不同的意思，而很多语言中没有量词，如英语 one student，数词和名词直接搭配，但汉语通常要说成"一个学生"。汉语量词与名词的搭配是有规律可循的，我们应该引导汉语学习者善于寻找量词使用的规律，还要提示学习者注意近似量词的使用差异，如"条"用于扁平长条状可弯曲的物品（如"一条毛巾"），而"根"则用于长条柱状不可弯曲的物品（如"一根骨头"），或极细长如线状的物品（如"一根头发"）。

最后，某些句法语义结构是汉语中有而汉语学习者母语中所没有的，也是汉语学习者学习难度较大的项目，这些也应该算作汉语语法的特殊性所在。根据邓守信的总结，这种语义结构包括处置式（如"妈妈把爸爸训了一顿"）、补语（如"看得见""穿不下""说不过去"）、重叠（如"走走""高高的""轻松轻松""干干净净"）等。①

4.汉字的特殊性

对汉语学习者来说，汉字绝对是具有特殊性的书写系统。汉字与拼音文字有本质的区别，这种区别具体体现在两个方面：一是形式上的区别，拼音文字是由字母组成的线性一维图形，而汉字是由笔画组成的方块字，是一种二维图形；二是文字性质上的区别，拼音文字是直接记音的表音文字，而汉字则具有形体表意的特征，是以表意为主的文字。现代汉字还有如下两个特点：

第一，就汉字的字义而言，尽管汉字有较强的表意功能，但由于汉语和汉字的历史演变，现代汉字在直观显示形音义的准确度上已经大打折扣，大都很难直接以象形表意来识记。例如，形声字中，有的形旁兼有多义，如形旁"月"有时表示"时间"，如"期""朗"，有时则表示"肉"，如"胳膊""肝胆"；有的形旁的意义已经难以理解，如"须""颗"中形旁"页"的原义（头），不仅外国学习者不明白，不具备文字学专业素养的中国人也难以理解。在这样的情况下，形旁基本上已经变成了一种记号，形义脱节，难以对汉字的意义起到提示作用。

第二，就汉字的字音而言，虽然现代汉字的形声字占了80%，但汉字并不能通过拼读直接获得准确读音，也没有专用的记音符号。不同的音符可以记同一音节，如"漠""沫""磨"都使用同一音节 mo，但声符各不相同；同一音符可以记不同的音节，如用声旁"勺"表音的"约""的""酌""钓""芍"，读音各不相同，因而也就减弱了表音的作用。

（二）重视汉语要素的认知规律

1.语音感知与教学

我们都有这样的经验：当听到一种陌生的语言时，会感到茫然，不知如何将这一串语流切分开来；相反，如果听到用母语说出的一句话，即便所有的词语都是陌生的，我们仍能在不知意义的情况下，将语流切分成基本单位。这是因为我们对陌生语言的语音系统没有感觉，而对自己的母语已经建立起了感知能力。汉语语音的学习过程，首先就是要建立对汉语语音要素及其结构系统的感知、辨识和把握的能力。语音感知包括对汉语区别意义的语音特征的把握。例如，由于母

---

① 齐沪扬.对外汉语教学语法[M].上海：复旦大学出版社，2005：16.

语的影响,作为初学者的印度尼西亚学习者很难理解 b、d、g 与 p、t、k 这两类辅音对意义的不同区别作用,而一旦语音感知能力建立以后,就可以明确地区分两类辅音对意义的影响。汉语的韵律特征尤其体现为汉语的语音感。静态的单音节的学习只是学习的第一步,进入话语之后,单音节的字音要有变化,这就是动态的汉语发音。汉语学习者要想习得地道的汉语,必须掌握汉语语流及韵律结构模式。

2. 词汇感知与教学

汉语词汇系统非常复杂,词与非词之间的界限不明确,具体来说就是词和语素、词和短语界限不清。因此,汉语词汇学习首先必须建立汉语语素、词和短语的分界意识,即要建立正确的汉语词感。例如,"关门"与"关心"虽然结构一样,但前者是短语,后者是词语。在词汇单位分界意识建立的过程中,汉语书面语不分词连写会给学习者带来很大的困扰,词汇感知能力建立的标准之一就是看能否克服汉语词语连写所带来的困扰。词汇感知还包括对词与词的类聚关系和组合关系的准确把握,即语素构成词、词组成短语、词和短语构成句子的语言知识和能力的获得。

3. 语法感知与教学

我们应该首先明确,非母语者的汉语语法学习不同于母语者的汉语语法学习,重要的不是汉语语法理论知识的掌握,而是语法感知能力的建立。语法感知包括三种层次的内容:对组词成语、组语成句、组句成篇的内在规律性的掌握,如一组句子用什么样的语义和形式手段组合成一个语篇;对相关语法成分之间相互联系性与区别性的把握,如同一形容词处于状语位置和补语位置时意义上的差别(如"高兴地说"和"说得很高兴");对结构形式与语义之间各种匹配关系的把握,如"主体在外力的影响下发生位移"这样的意义与"把"字句这种结构形式的匹配等。

4. 汉字感知与教学

汉字感知能力的第一层次是对汉字字形与字音、字义结合和关联的能力,第二层次是对汉字部件进行拆分与组合的能力。汉字文化圈和非汉字文化圈两类学习者具有不同的汉字字感。汉字文化圈的学习者在日常生活和文化教育过程中或多或少地使用一些汉字,因而具有良好的汉字字感。对于这样的学习者,我们在教学中应该注意的是,他们所接触或使用的汉字与中国现代汉字之间存有差别,而这种差别会干扰其汉字的学习。而非汉字文化圈的学习者所使用的拼音文字与汉字在认知方式上具有本质上的不同,因此他们需要建立全新的字感:习惯笔画和部首的二维组合方式,习惯方块汉字与意义的直接联系。

(三)进行汉外语言对比

1. 汉外语言对比是成人第二语言学习的必由之路

与儿童第一语言习得者不同,作为成年人的汉语第二语言学习者已经获得了较多的知识与较高的技能,尤其是已经建立了母语形式与意义的心理网络,因此在学习中难免会把母语的语言成分、语言规则与汉语进行对比。这种对比可以出现在语音、词汇、语法各个要素层面。事实上,对比也是一种客观存在,外国人初学汉语会本能地通过其母语或媒介语的中介来进行思维和心译。这种对比可以产生正迁移,也可能因为简单比附而产生负迁移。作为对外汉语教学工作者,我们应该正确引导汉语学习者进行对比,帮助其避免因错误的比附而导致的负迁移。

2. 汉外语言要素之间存在广阔的对比空间

汉外语音系统的对比,可以给我们指出语音偏误的来源,寻找不同母语学习者学习汉语语音的特殊性和主要难点,对教学有很大的指导作用;词汇领域的汉外对比,可以使我们充分地、多方面地认识汉语和其他语言词汇系统及个别词语的特点,帮助我们部分地预判汉语学习者学习汉语词语可能出现的偏误;在语法领域,这种对比进行得更为多样和成熟,涉及的项目有词类对比、语序对比、句子成分和句式对比、虚词对比等,这些对比同样可以帮助我们确立语法教学的项目及具体的教学方法。

3. 汉外对比具有很大的参考价值

通过汉外语言对比,我们可以找到汉语作为第二语言教学的难点与重点,这对我们的教学设计有很大的参考价值。例如,邓守信总结了六类语法的对比情况:母语和目标语一致的结构、母语有但目标语没有的结构、目标语有但母语没有的结构、母语与目标语都有此语义结构、母语有此语义结构而目标语没有、目标语有此语义结构而母语没有,并根据六个界定困难的假设,确定六种情况的学习难度。根据这样的对比结果,我们可以更容易地对语法教学进行设计。例如,对于一、二级难度的结构,可以采用"零教学"。汉外对比在国别化的语言教学中更有优势,因为学习者母语相同,这种汉外对比的结果就更有针对性。通过汉外对比,我们可以确定哪些内容要采用"零教学",哪些内容是教学的重点和难点,从而避免教学的盲目性。

(四)了解汉语第二语言的习得规律

1. 汉语第二语言的习得过程中既有共性又有差异

同样的学习内容在不同的学习者（不同母语、不同年龄、不同学习环境）之间可能会存在同样的习得顺序和习得规律，同时会有一定的差异。另外，母语背景虽然对习得顺序不构成显著影响，却对习得阶段和习得速度构成影响，这些都证明汉语第二语言习得规律既存在共性，又存在个性。

2. 充分认识和掌握学习者的习得规律和特征

对于汉语教师来说，除了要对汉语的各种要素本身的规律有所了解之外，还应该充分认识和掌握学习者的习得规律和特征。汉语教师应该从以下三个方面对汉语要素的习得规律进行把握：第一，学习者语音、词汇、语法、汉字的习得过程；第二，不同母语背景对学习者的汉语语音、词汇、语法、汉字习得过程的影响；第三，学习者个人因素（年龄、学习动机、个性、认知特点、学习方法）对汉语语音、词汇、语法、汉字习得过程的影响。第一个方面探讨的是汉语各要素习得规律的共性特点，第二、第三两个方面探讨的是汉语要素习得规律的差异性特点。

3. 汉语第二语言习得规律有助于教学研究

汉语第二语言习得规律可以为我们的教学研究提供帮助。习得规律中的共性研究可以对大纲设计、教材编写、课程设置、课堂教学等起到积极作用，如不同语法项目的共同习得顺序可以为教材中语法项目的选择、排序等提供参考；而习得规律中的差异性研究更可以为课堂教学提供指导作用，如针对不同母语的学习者，相同语法项目的讲解可以采用不同的方式，对易错点的强调也要有所变化。总之，汉语第二语言习得规律的研究，应当成为对外汉语教学设计的一个重要理论支撑。

二、汉语要素教学的三个基本意识

(一)"教什么"是汉语要素教学的核心问题

1. 汉语要素教学是对外汉语教学的基本任务

对外汉语教学无论其具体的教学对象有何不同、教学阶段有何差异、教学模式有何变化、教学目的有何特殊之处，其教学的基本目标和任务都是为了让外国人在有限的时间内尽可能快地掌握好汉语作为第二语言的交际能力。而学习任何一种语言，都要以对这个语言的语音系统、词汇系统、语法系统乃至文字系统的感知、识别进而到掌握和运用为标志。因此，对汉语要素的教学也就成为对外汉语教学的基本任务。

汉字之于汉语的特殊性，使其成为对外汉语教学无法回避或忽略的一个关键因素。汉字不仅与语音、词汇甚至语法等诸多问题密切关联，对广大汉语第二语言学习者来说，更有其感知、辨识和掌握上的种种特殊性。汉字字量庞大、书写繁难、同音同形同义字繁多，不像其他拼音文字的几十个字母那样来得简单、易学。汉字教学在整个对外汉语教学系统中占有特殊重要的地位，也自然成为对外汉语教学的重要组成部分。

由此可见，汉语基本要素的教学（也就是所谓"教什么"的问题），应该是整个对外汉语教学最基本的、长期的任务，不解决好"教什么"的问题，就不可能搞好整个对外汉语教学。

2."教什么"是"怎么学"和"怎么教"的基础

对外汉语教学无论怎样变化，始终都离不开"教什么""怎么学"和"怎么教"这三个基本问题。尽管人们对这三个基本问题之间关系的认识还不尽相同，但我们坚持认为，"教什么"的问题依然是三个基本问题当中最核心的问题。因为只有了解了"教什么"，才能科学地观察"怎么学"，然后才能调整或重新设计出"怎么教"的方案来。从这个角度说，"教什么"是"怎么学"和"怎么教"的基础。

所谓"教什么"，是指对所教内容（即语言要素）内在特点和规律的把握。具体来说，对外汉语教学就是要把作为第二语言的汉语的基本要素（语音、词汇、语法和汉字）的内在特点及其系统规律掌握清楚，不然会造成"以其昏昏，使人昭昭"的局面。从这个角度说，一个专业的对外汉语教师，必须系统地掌握汉语作为第二语言的基本要素的内在特点和规律，必须熟练掌握汉语语音、词汇、语法和汉字的基本知识、基本理论及其教学的基本技能。只有在对"教的是什么"的问题搞清楚、弄明白的基础上，才能谈得上去讨论、解决"怎么学"和"怎么教"的问题。

在如何对待对外汉语教学"三个基本问题"的态度上，我们还应当防止以下两种认识偏差：第一，既然是以学习者为中心，就要以学习者"怎么学"为中心；第二，既然是对外汉语教学，当然就要以"怎么教"为中心。学习"怎么学"的规律固然重要，但这只是教学设计中一方面的参考因素；"怎么教"的问题固然是对外汉语教学的落脚点所在，但它不能是空中楼阁，而要建立在"教什么"和

"怎么学"的系统考虑基础之上。"教什么""怎么学"和"怎么教"中的任何一个问题，都不是对外汉语教学设计立足点的全部。一个科学的对外汉语教学的整体设计方案，必然是在对"教什么""怎么学"和"怎么教"这三个基本问题整体规划和系统考虑的基础上设计出来的，过分强调其中的任何一个方面，都会有失偏颇。另外，由于"怎么教"的问题不是一个单纯的理念或方法、技巧问题，它关涉"教什么"和"怎么学"这两个基本问题，必须以这两个基本问题的科学回答为前提。因此，"怎么教"的问题就成为更高层次上的系统设计问题。目前，在"教什么"和"怎么学"这两个问题尚没有很好解决的情况下，"怎么教"的问题也不可能有太好的解决方案。

（二）把握好汉语要素系统性的特点

1. 正确把握汉语各要素内部系统性的特点

任何一种语言，都是一个由多个层次和多个分支系统所构成的大系统语言。这些系统既彼此独立又相互支撑地运行着。对外汉语教师应当很好地把握汉语各要素内部的系统性，只有这样，才能在进行汉语的语音、词汇、语法和汉字教学时，做到既胸有全局、大局，又重点突出层次分明。汉字的系统性是我们必须充分认识的一个重要问题。汉字作为目前世界上仍在使用的仅有的一种表意文字，在世界语言的文字体系中是十分独特的，因而它在汉语第二语言教学中占有非常重要的地位。汉字字量之大、部件和结构之繁难、形音义关系之错综，尤其是其与汉语言的关系、其在计量统计上的种种集合对教学的制约，都是对外汉语教师必须面对的重要课题，处理不好汉字问题，也就难以处理好对外汉语教学总体设计的问题。

2. 正确把握各语言要素之间的相互制约关系

对外汉语教学是一个整体，除了要把握好语言各要素内部的系统性之外，还要在更高层次上把握语言各要素之间彼此相互影响、相互制约的关系。一个理想的对外汉语教学系统，应该是对汉语各基本要素进行集成优化的系统。因此，对外汉语教师对汉语各要素之间相互制约的系统性要有深入的了解和清晰的把握。汉语的音节和汉字之间、音节和词汇之间都有明显的配置关系，汉语的语法和词汇之间也有一定的选择关系。这种相互的配置和选择关系，在基础汉语教学阶段或是某种特定的教学模式中，需要对外汉语教师进行有针对性的教学设计。例如，汉语中哪些音节是常用的？哪些音节的构词能力强？哪个音节的汉字难写？哪个音节的汉字简单？哪些音节所构成的汉字多？哪些音节所构成的汉字少？这些都是对外汉语教师必须仔细考虑的音节与汉字、词汇之间的系统性关系。再从词汇和语法的关系来说，词汇和语法之间有着一种非常普遍的相互关系：某些结构或者句型只适合于这一小类的词语而不适合于那小类的词语；某些结构或者句型只要替换其中的某个成分的词语小类，该结构或句型的意义就会发生变化，形成不同的语义结构。这在汉语语法系统中是十分普遍的一种现象。我们常说，要教给学习者最典型的例句，而这"最典型的例句"的含义之一就是语法结构与词汇项目的理想配置。对外汉语教师必须要有语音、词汇、语法和汉字之间相互匹配、相互选择的系统观念和意识，只有具备了这样的观念和意识，我们在编写教学大纲、进行教学设计和教材编写或是处理课堂教学问题时才会有更加明确的方向。

（三）把握好汉语要素教学的针对性

1.充分考虑学习者不同母语背景的差异

对外汉语教师所要面对的一个挑战是，所教授的对象是把汉语作为第二语言的成年学习者。而他们所具有的本质特点是，作为成年人，他们已经熟练地掌握了自己的母语，因而在学习汉语的过程中必然要受其母语系统的影响。由于他们各自的母语系统与汉语系统并不相同，因而他们对汉语要素系统特征的感知也就不同，学习的难点和重点也不相同。这就给对外汉语教学提出了各种各样的有针对性的要求。从汉语第二语言教学的角度说，汉语的语音、语法和汉字都具有明显的系统性的特征，需要对外汉语教师进行有针对性的教学设计。相较而言，汉语词汇的系统性特征则不是那么明显。对外汉语教师无论是在进行整体的教学设计时还是面对具体的局部问题或是个体的教学对象时，都应当充分考虑汉语和学习者母语之间在语言类型系统方面的关系，从而进行有针对性的教学。

2.充分考虑学习者的不同需求

就对外汉语教学的针对性来说，充分考虑汉语和学习者母语背景之间的差异所带来的问题只是一个方面，而更为实际的应当是针对学习者的不同需求而产生的操作层面的有针对性的问题，即对外汉语教师必须针对学习者不同的需求而对汉语的基本要素有所选择、有所设计，这也是一种教学针对性。有了这种针对性，对外汉语教学就是有选择性和有目标性的，也会是更有效率的。任何一个汉语学习者的学习过程都要受制于他所采用的不同教学模式，由这种教学模式的不同而提出的对汉语要素教学内容的选择性也是一个非常现实的问题。那些参与汉语短期速成强化训练的学习者所要求的汉语教学内容，必然是大量的、快速的、集成性的；而那些在网络环境下自学汉语的学习者所要求的汉语教学内容，则可能是少量的、循序渐进性的。教学模式的不同，使得非常重要的指标即教学内容（汉语要素）的选择性和针对性也不同。对此，对外汉语教师要有明确的认识。

第四章 基于跨文化适应性的对外汉语教学过程

汉语记录着汉民族的历史和文化,透过汉语这个语言层面,可以考察汉民族的历史和文化发展轨迹,窥见汉民族绚丽多彩的文化形态。对外汉语教学的跨文化语境,注定其教学活动开展于一个多元文化场,促进不同文化交流成为其不容回避的现实需要。我们要在借鉴历史、审视现实的基础上,一边合理地继承,一边积极地修正,对文化进入对外汉语教学提出理念构想,开发新的路径,以期搭建未来对外汉语教学发展的平台。

第一节 文化视域下的教学目的

一、以"培养语言能力"为基础

(一)"语言能力"的界定

在语言学与应用语言学的研究中,"语言能力"这个概念使用得非常普遍,内涵也极其丰富。不同学者从不同的研究角度和目的出发,就会对其产生不同的理解和分析,所以迄今为止,"语言能力"的定义在语言学界并没有一个非常统一而精准的界定。语言理论界对"语言能力"的定义往往从研究者自身的理论视角和理论需要出发,并不囿于某个固定的概念。在语言教学领域,"语言能力"也是一个使用频率相当高的概念,并且有着不同的理解。例如,卡纳尔和斯温将交际语言能力分为语法能力、社会语言能力、语篇能力和策略能力四个方面;斯特恩的"语言能力"概念则包括语言知识、社会语言知识和运用这些知识的技能等。

就对外汉语教学中对"语言能力"的理解而言,"语言技能"主要包括听、说、读、写等方面的技能及语言技能的综合运用的能力;"交际能力"既包括语言形式的理解和掌握,又包括在不同场合、地点对不同的人进行成功的交际的能力;"跨文化交际能力"是指"来自不同文化背景的人之间进行交际时,具有强烈的跨文化意识,善于识别文化差异和排除文化干扰并成功地进行交际的能力"。这三种不同的观点实际上都是围绕着语言理解和运用的能力来展开的。对语言的理解需要对语言知识的掌握,对语言的运用离不开语言技能的训练和交际能力的培养。因此,在这里我们将"语言能力"界定为"语言的理解和运用能力",这样,语言技能、交际能力等都涵盖在"语言能力"的范畴之内,可以看作是语言能力中相互关联的几个不同层面。

(二)"语言能力"的构成

在外语教学界,Valette 和 Disick 将外语教学的目标按照由低到高的次序划分为五个不同的行为阶段:第一为通过模仿、背诵来习得目的语知识的机械记忆阶段;第二为以学习目的语的基本知识、规则及其他相关内容为主的学习知识阶段;第三为将所学知识运用于不同场合,即知识迁移阶段;第四为以外语及其文化知识为工具进行自然交际阶段;第五为运用获得的知识进行创造性的分析、评价或研究的创造阶段。该目标把语言的发展过程揭示为掌握语言知识→理解语言意义→内化语言知识→运用语言于实际→创造性使用语言。斯特恩在《语言教学的基本概念》中也认为,语言能力的获得要包含四个主要方面:语言形式的掌握、语义的获得、交际能力的培养及创造性地开发。他所理解的语言习得过程包括学习语法规则→理解语言意义→培养交际能力→创造性地运用语言。这两种观点都以语言习得的基本过程为线索,前一层面是下一层面的基础,下一层面是前一层面的提升。这两种理论都涉及对语言发展层次的理解,为语言学习者提供了更为广阔的思维空间。2001年,欧洲理事会历时9年制定了《欧洲语言共同参考框架:学习、教学、评估》,于2003年修订后正式出版。该书全面地描述了语言学习者进行有效交际所必须掌握的知识与技能、语言活动、语言运用的环境与水平标准,其中就有对语言能力的描述;该书将"语言能力"分为两个方面:综合能力和语言交际能力。综合能力包括知识、能力与技能、精神境界、学习能力;语言交际能力包括语言能力、社会语言能力和语用能力三个方面。欧洲理事会推出的《欧洲语言共同参考框架:学习、教学、评估》是欧洲各国外语教学和评估的标准,为欧洲语言教学的大纲设计、课程指南、测试和教材编写等提供了理论基础。

二、以"促进文化交流"为旨归

(一) 自觉推广本国文化

对外汉语教学作为传播中国文化的途径,要维护其所传承的文化,服务于文化的传播和推广,以实现中国文化的发展。同时,教学作为一种比较含蓄、柔和且易于接受的方式,更利于学习者接纳和认同异国文化,完成教育的教化功能。过去的对外汉语教学由于"语言工具论"的影响而导致了中国文化的缺失,严重削弱了教学的文化功能。因此,文化视域下的对外汉语教学应对教学和文化的关系进行重新审视,摒弃语言工具观,实现教学的文化自觉。对外汉语教师应该真实、客观地向外国学生介绍中国文化,消除外国学生对中国文化的陌生或误解;对外汉语教师所传播的文化既不能曲高和寡,难以消受,又不能以偏概全,自我否定;对外汉语教师应该让我们最好的东西进入世界文化的丰盛筵席,让外国学生品尝到独特的、营养的文化大餐,让中国文化得到接纳和赞赏。正如美国大学理事会及AP汉语与文化课程委员会发布的《AP汉语与文化课程概述(草案)》中所阐述的那样:"AP汉语课程同时把中国文化放到国际背景下来看待。学生对中国文化以及社会问题的学习必然受到全球化背景的影响,他们应该发展在全球重大问题背景下看待中国所充当的角色的意识。通过对中国文化产物、习俗以及观念与学生自身所处社会相关情况的比较,AP汉语课程帮助学生拓宽其国际视野。在此基础上,学生才能最终超越对中国文化产物以及习俗的知识性的学习,从而理解透过这些文化表象反映出来的中国式的世界观。"[①]文化的熏陶和影响是一个渐进的过程,我们要有足够的耐心和毅力,坚持不懈地传播我们的文化,将源远流长、博大精深的中华优秀传统文化扎根于外国学生的心中,使他们在了解和喜欢中国文化的同时,进一步加深与中国人民的友谊,实现语言和文化传播的交相辉映。

(二) 理解尊重异国文化

对外汉语教学为汉语学习者提供了一个获取多种文化知识、理解多元文化思想的机会。在多元文化发展和国际理解教育的理念框架下,对外汉语教学在自觉传播本国文化的同时,要求汉语学习者承认和尊重其他民族的文化,消除因文化差异所产生的不平等状况。在对外汉语教学中,对外汉语教师应使所有学生的语

---

① 陈绂.对国内对外汉语教学的反思——AP汉语与文化课及美国教学实况给我们的启发[J].语言文字应用,2006(S1):35—44.

言、文化和宗教都受到正视及尊重，通过承认文化之间的平等，公正地对待其他文化、种族和国家的价值与理念，培养具有多元文化理念与精神的个体。

我们要坚决摒弃第二语言教学中的文化单边主义，对外汉语教学也不例外。美国加州大学克拉申将外语教学活动看作双向文化互动的过程，这种文化互动模式不是以目的文化的行为为标准单向输入，而是强调多种文化的共同参与、不同文化之间的交流互动。他指出，外语学习是一个打破"界限"的过程，学习者在学习过程中认识到同一事件可以采用不同的参考框架来理解，应该保持平等地看待各种文化的态度，并培养汲取目的文化思想内涵的能力。"平等是人在实践领域中对自身的意识，也就是人意识到别人是和自己平等的人，人把别人当作和自己平等的人对待。"[①] 文化的平等是指一切人类文化群体在其本质上并无高低贵贱之分，而是拥有同等的地位和发展权利。尽管不同群体的不同文化拥有不同的形态与特征，有着不同的历史与成就，但任何文化都是人类某一特定群体生存方式的反映，是在漫长历史发展过程中所形成的民族特质。平等是文化多样性发展的基础，是文化之间和平共存的前提。因此，在对外汉语教学中，我们要立足中国文化五千年的文明传统，面对世界各国文化融合的客观现实，保持自身文化独立性的同时，审时度势，了解世界文化语境，审慎吸收其他文化内容，在借鉴的基础上更好地创造和发挥，而不是使之流于浮泛和庸俗。而且，面对来自不同国家和地区的不同文化背景的留学生，只有以客观、公正、包容、理解的态度来对待文化差异，才能解决文化冲突，赢得尊重。

第二节 文化视域下的教学内容

一、文化内容的选择

（一）文化资源的存在状态

什么是文化？这一概念本身就是有争议的。通常，人们把文化分为物质文化、制度文化和精神文化三大类。物质文化是指为了满足人类生存和发展需要所创造的物质产品及其所表现的文化，包括饮食、服饰、建筑、交通、生产工具等，是

---

① 中共中央马克思恩格斯列宁斯大林著作编译局. 马克思恩格斯全集：第 4 卷 [M]. 北京：人民出版社，1958：48.

文化要素或者文化景观的物质表现方面。制度文化是人类为了自身生存、社会发展的需要而主动创制出来的有组织的规范体系，主要包括婚姻家庭制度、社会组织、政治组织、等级制度等。精神文化是人类在从事物质文化基础生产上产生的一种人类所特有的意识形态，包括价值观念、宗教信仰、心理意识、行为规范、风俗习惯、民间技艺等。由此可见，文化是一个内容相当广泛的字眼，几乎无所不包。文化内涵的复杂性和文化分类的多样性，为对外汉语教学提供了广阔的文化资源，既有自然的，又有社会的；既有显性的，又有隐性的；既有虚无的，又有实物的；既有活动的，又有静止的；等等。从理论上说，这些文化资源都能成为对外汉语教学中的文化内容，因为文化教学是综合文化的教学，每一个文化点都包含了很多文化方面的内容。例如，介绍某一处名胜古迹，就融合了地理文化、气候特点、历史知识、建筑艺术、哲学思想、审美倾向、古典诗词等多种文化内容。各个方面的文化内容往往是有机而和谐地交织在一起，这是大多数文化存在的真实状态。因此，对外汉语教学中的文化也具有复杂多样的特点。

任何可能的文化资源都会因地域环境、传统习惯以及主体差异而产生不同。即便是在同一个大的文化背景下，不同的地区可供开发与利用的文化资源也不尽相同，其构成形式和表现形态也可能迥然有异。而且，文化资源也并非一直处于静止状态，而是随着社会的发展交互作用、动态生成。飞速发展的信息时代让不同人群、不同种族、不同文化之间的距离日渐缩短，在世界文化多元性日益彰显、不同文化交往日益频繁的过程中，文化间趋同的态势越来越明显。

（二）文化内容的选择取向

文化资源存在的广泛性、差异性和变化性，为我们选择进入对外汉语教学的文化内容带来了困难。例如，针对文化资源的丰富性，我们到底该选择哪些内容呢？是不是有关的文化信息都可以进入对外汉语教学当中呢？针对文化资源的差异性，我们又该选择何种文化进入呢？是差异大的还是差异小的？如果要进行文化间的对比，该选择哪一国的文化呢？选择的标准又是什么呢？教师是否对每一种外国文化都有较为全面正确的认识呢？针对文化资源的动态性，我们该选择当代文化还是传统文化？是主流文化还是个性文化？如何才能做到不偏不倚、公正客观地介绍呢？这些问题正是导致对外汉语教学界尽管经历了近几十年的研究和讨论，直到现在仍然没有一个统一的标准，也难以界定出一个适合对外汉语教学需要的文化纲目的重要原因。

基于上述原因，我们认为对外汉语教学中的文化内容是动态的，是一种复杂的物质的和精神的高级复合体,是超越具体文化形态并以鉴赏、批评、反思、生成为机制的建构性文化,它所包含的内涵、价值与意义永远处于一个不断增加或减少的状态中,各种文化的特质不断此消彼长,因而无法建立一个明确的、可供操作的具体纲目。正如张英所言:"与'语法''词汇'等纯语言类大纲不同的是,'文化大纲'应该是一个开放型的大纲……'文化大纲'的基本框架应该是一种有主干有分支的'树状'结构而非'线形'结构,即具有可选择性的'开放'形态。"她认为,"语法""词汇"等语言类大纲更多的是客观规律的反映,因而教学大纲是一个线性的大纲,可以从高到低按照一定的顺序排列;文化教学则不同,它大都是以内隐的方式,既可以存在于语言系统之内,又可以存在于语言形式之外,不同的学生个体对文化的学习需求有很大区别。张英既看到了文化内容本身的复杂性,又关注到了学生学习需求的多样性,为我们研究进入对外汉语教学的文化提供了参考。同时,我们发现仅选择部分文化进入教学内容中,无法满足学生的需要,文化这棵大树也显得枝疏叶稀。但是,囊括所有的文化内容会增加学生的学习负担,而且教学活动时间和空间的有限性也不允许,根本不具备现实的可能性。鉴于此,我们主张在一定原则的指导下,建立一种相对宽泛的文化内容。所谓"一定原则的指导",是指对外汉语教学中的文化内容不是盲目无序地进入,文化的选择必须符合一定的要求。

(三)文化内容的重点领域

1.具有普遍意义的核心价值观

文化是由人类价值观念所构成的知识体系,其实质是某一社会群体特定的价值观念和思维模式的反映。可以说,价值观念构成了文化与社会的主干,它直接影响人们的思维方式、交往规则,并对人们的社会生活起指令性作用。人类社会由诸多不同群体组成,这些群体因种族不同、国家不同、社会制度不同、宗教信仰不同、文化传承不同、生活习俗不同,产生了不同的追求与向往,进而形成了不同的价值观。所谓价值观,就是"关于价值的信念、倾向、态度等的系统的观点,起着影响行为取向、评价原则、评价标准的作用;具体可表现为经济、政治、道德、人生、人际关系、生活等方面的价值取向"。中华优秀传统文化博大精深,有着极为丰富的智慧资源,如果我们的文化能够对其他国家产生较强的吸引力,得到国际社会的普遍认同,甚至被吸收或纳入其他国家的文化体系中,那么这样的文化才能真正深入人心,也才算真正达到了传播中国文化的目的。当然,如何将中华优秀传统文化中的核心价值观发掘、提炼出来,形成具有普遍意义的核心文化，还有待文化工作者进行艰苦卓绝的探索和尝试。

２.影响语言理解和运用的文化

在对外汉语教学中，影响语言理解和运用的文化与汉语学习关系最为密切，汉语中所包含的文化内涵几乎无法穷尽，语言系统中的各个要素无不或多或少、或隐或现地蕴含着文化的信息，这些文化不但会影响学生对语言知识的理解，而且会影响学生对汉语语言的应用。在对外汉语教学中，教师不能只停留在语言表面的意义和用法上，还应该介绍语言中所包含的文化内容，尤其要呈现在真实文化语境中的具体使用情况，透过语言文化内涵开展对外汉语教学，消除汉语习得中的文化盲点。

３.中国特色文化艺术

世界上的各个国家和民族都不是完全相同的，都有自身独有的特异性，这正是此种文化的吸引力所在。越是民族的东西，就越容易吸引世界的目光。中华民族作为一个历史悠久的民族，有其独具民族特色的文化艺术，如饮食文化、服饰文化、建筑文化、器具文化、节日文化等，还有大量具体的文化形式，如京剧、功夫、剪纸、书法、民歌……这些特有的文化艺术形式不仅可以引发学生浓厚的学习兴趣，其承载的文化内涵和价值可以于无形中对学生进行熏陶，即便这些文化内容庞杂、专门性强，不可能全部纳入对外汉语教学的文化内容之中，但是对外汉语教师可以根据学生的需求和兴趣以及学生学习所在地的地域文化特点进行教学，这样学生就能够学有所趣、学有所依。

二、文化内容的组织

（一）以主题为中心组织文化内容

目前，国际上流行着两大教学体系：分科式教学和主题式教学。分科式教学根据各门科目的教学规律、教学原理和教学方法制订相应的教学目标和任务、教学内容、教学要求、教学过程和教学方式方法等。一般来讲，考虑学科知识的系统性，用最合逻辑的形式整理好是最容易明确教学内容、使教学工作有据可依的组织方法。分科式教学注重内容的分类、连贯、系统，适合知识的处理和传递，因而在我国，传统的教学内容大都是以这种形式来组织的。但是，这些内容都是事先规定好了的东西，是由外部力量规定学生必须掌握的东西，而我们在现实情境中了解和应用的知识往往不是这样呈现的，所以这样的教学难以引起学生的兴趣。主题式教学是要求教师在主题的指导下，根据学生的实际情况，有针对性地选取教学资源,从不同的侧面使学生学到各种知识,同时让学生参与到教学中来,让他们自己收集资料、提出问题、解决问题。

(二)以经验为中心组织文化内容

教学内容的构成不仅是学科知识,还包括学生的社会生活经验。然而,当前学校的各门课程均是以科目为结构设置的,把科学学科作为观念结构和世界知识的基础,把学生定格在预先设定的书本知识和科学体系中,满足于"科学知识"的传递,而不是把学生的实际经验和真实问题作为出发点,致使学生与现实生活的疏离感日益增强,社会意识逐渐淡化。在对外汉语教学中,汉语学习者本身就缺乏对中国文化经验的体会,如果文化内容的组织与学生生活、认知方式和心理等脱节,就会导致学生与目的语文化之间更加疏离。现代知识论认为,知识的获得是一个动态生成的过程,在这个生成过程中,个体已有的生活经验起着非常重要的作用。

以经验为中心组织对外汉语教学的文化内容,意味着文化的教学要回归生活世界,直接面向留学生的生活,与生活融为一体。文化教学的内容不仅要关注那些客观的、系统的普遍文化知识,更要关注那些主观的个体文化知识,关注学生在生活世界中的体验、生活经验,也就是要与学生的日常生活、学习生活和未来的工作生活结合起来,努力实现科学世界与生活世界的融合。对外汉语教学的文化内容要尊重汉语学习者的个体差异,为汉语学习者的文化自主选择创造机会,而不能将他们简单地视为教学活动中的文化接受者。每一个个体在接受知识与文化的同时,也在创造着新的知识与文化,外国留学生在与社会的交往中,在日常生活的体验中,在文化的自我反思与对照中,更要实现与文化的深层贴合,对文化进行自觉的开发。

(三)以活动为中心组织文化内容

对外汉语教学中文化内容的组织应考虑活动这一因素,以多种多样的方式进行。比如,文化表演、文化参观、文化案例分析、文化交流等活动形式,能使留学生充分参与和理解中国人的各种习俗活动和社会生活。通过这种亲身实践活动,汉语学习者对文化的认知有了综合性的探索与研究,便能将学校与社会、科学与人文、认识与情感有机结合起来。总之,以活动为中心的文化内容组织强调走出书本,走出课堂,走进当地社会生活,运用所学文化知识,去接触广阔的文化天地。

对外汉语教学中的文化组织也可以充分利用潜在课程的特点,在教学活动与教材编写中适当涉及文化内容，将其反映在语言学习和技能训练之中。同时，尽可能营造文化习得的教育环境，如在教室、走廊、宿舍的装饰以及课外活动计划的设计等方面都尽量考虑如何将文化内容结合起来，让教学环境散发出浓浓的文化氛围，使汉语学习者能在这种氛围中感受到新奇的异国文化，产生身临其境的感觉，就像置身于该种语言及其所代表的文化的包围之中。这种强烈的气氛所给予的正是对异国文化的介绍和体认，可以形成隐性的文化影响力，使汉语学习者受到潜移默化的影响。

第三节　文化视域下的教学实施

一、体验教学：在过程中强调文化感悟

在对外汉语教学中，文化的体验与过程紧密相关。体验作为一种活动，本身就具有过程的性质，无论是认识活动还是实践活动，都需要经历过程。对外汉语教学中的文化体验就是学生参与文化的活动过程，文化的思想观念与行为规约需要在过程中逐步体验。文化哲学大师卡西尔有个著名的观点：人只有在创造文化的活动中才成为真正意义上的人；也只有在创造文化的活动中，人才能获得真正的自由。换句话说，只有文化主体的参与意识愈强烈，其文化创造性才愈丰富。对外汉语教学中的文化追求应当是创造和建立一个自由开放的环境，生成和发挥汉语学习者文化创造能力的过程。汉语语言中富有文化生命力的部分需要在语言运用的过程中细细体味，各种文化的具体形态需要在实践的过程慢慢领悟，在体验的过程中学习者再进行文化的再创造。缺乏体验，无法实现文化的内化；缺乏过程，就会倾向体验的肤浅、空洞。

对外汉语教学中的文化体验要将课堂环境与社会环境相结合。课堂环境中的文化体验主要是指间接地观察和品味文化的内容，如通过观看真实记录与反映中国文化的电影、录像或其他视听材料，使学生接收到一些有关中国历史地理、风土人情、生活习俗以及自然环境等文化信息，使学生在感官上贴近真实的生活，在轻松愉悦的心情中品味文化内涵；借助一些图片、实物或者模拟实物等，说明、解释某种特有的文化现象，有助于学生领略浓郁的文化气息；通过展示一张中国餐馆的菜单，让学生了解中国饮食文化一角；或者打开一张世界地图，让学

生了解中国的地理、气候等文化信息。社会环境中的文化体验是让学生亲历文化的氛围,直接接触文化的内容。譬如,要让学生了解中国的节日文化,就可以选择某个中国传统节日,让学生深入普通的中国家庭,了解、体会中国人在这个传统节日中与其他国家不同的文化。在国内进行的对外汉语教学文化体验有得天独厚的文化环境,如中国悠久历史遗留下来的一大批名胜古迹、名人故居、历史文化名城等。只要我们把这些具有中国文化特色的点滴撷取出来,将文化和教学结合起来,就能创造最佳的语言文化学习环境。

二、对话教学:在平等中减少文化冲突

文化冲突是不同的文化形式在相互依存、相互碰撞的过程中或某一文化形式由一个阶段发展到另一个阶段时,因价值观念、思维方式、行为规范等差异而导致的文化形式之间的相互对立、相互排斥,甚至相互对抗的现象和过程。在教学过程中,文化冲突会自觉或不自觉地被反映出来。西方学者将文化适应过程分为各种不同的阶段,典型的有布朗的"四阶段说",即新奇兴奋阶段、文化冲突阶段、缓慢起伏的恢复阶段、基本或完全适应阶段。在文化冲突阶段,由于初期的新鲜感已经过去,语言隔阂、人地生疏、文化差异等所带来的影响总让人产生沮丧孤独、烦恼焦虑等情绪。文化冲击在学习者身上也会有不同程度的显现,其区别在于学习者母语文化与目的语文化差异的大小,个人性格、经历等的不同。在这个阶段,如果文化冲突解决不好,就会导致学生采取消极回避的态度,甚至对目的语文化产生敌意,或因承受不了心理压力而离开目的语文化环境。

对对外汉语教学来说,我们在课堂上见到的文化冲突不胜枚举,文化冲突不仅包括学生母语文化和汉语文化的冲突,还包括不同学生之间母语文化的冲突。对同一篇课文、同一个句子、同一个手势,拥有不同母语文化的学生均会产生不同的文化理解,这些冲突或明显,或隐蔽,都会不同程度地影响学生语言的习得和对文化的接收。对话意识有助于培养学生的价值选择和判断能力,不同的文化之间肯定会存在着一定的差异和各自的独特性,"文化之间的特殊差异性有可能导致文化冲突,但差异本身并不意味着冲突。它同样可以成为而且更应该成为相互交往和对话的理由:因为差异,才有相互了解和理解的必要;因为需要相互了解和理解,才必须展开相互间的交流和对话"。对话实际上是把学生的本民族文化和目的语文化通过语言有机地结合起来,这是实施文化教学的最好方式,也是培养学生化解冲突和解决实际问题的最佳办法。对话的结果是学生内部认知和

思维的变化，他们必须在两种文化中选择一种可供沟通的行为，这个选择的过程实际上就是文化创造力形成的过程。文化创造力的形成是学生主观能动性的表现，是其主动从外国文化中汲取营养的能力，这种主动摄取和机械模仿并不相同，"这种对话的过程不是线性的，而是螺旋性的：对话的收获主要不是来自'认识'，而是来自'理解'；这样的对话也不是一次完成的，而是伴随着经历的增长、生命的丰盈、阅读的丰满而不断地走向深刻、走向人与文的相互融合"①。对于教学而言，对话意味着共同参与，意味着相互建构，它不仅是教学活动方式的改变，更有利于在师生之间营造自由、民主的教育情境和精神氛围；对于学生而言，对话意味着心态的开放、个性的彰显、主体性的凸显、创造性的解放；对于教师而言，对话意味着上课不仅是传授知识，更是一起分享理解，是生命活动、专业成长和自我实现的过程。

三、对比教学：在比较中缩小文化差异

通过对比教学，我们可以寻找和探求不同文化之间的共性。毋庸置疑，在跨文化交际中，不同语言、不同文化之间的差异是造成交际障碍的主要因素，但大体说来，人类的思维仍具有较大的共性。不同民族的人们在生产生活过程中总会有或多或少相同或相似的生活经验，人们对自然界和社会的看法也大体相似，因此，即使是在完全不同的背景下产生的文化也会有许多共通之处，这些共性的因素，有人称之为"文化偶合现象"。"文化偶合现象"为文化的交流创造了前提，也能在语言和文化习得过程中产生正迁移。以汉英语言中的文化为例，汉语中有"王婆卖瓜，自卖自夸"的谚语，英语中虽没有完全等同的说法，但是有句谚语是"Every potter praises his own pot"（每个卖罐子的人都夸自己的罐子好）；汉语形容一个人"脾气很倔，不肯轻易改变主意"，可以说"犟得像头牛"，在英语中有"As stubborn as a mule（犟得像头骡子）"的说法；等等。由此可见，在汉英两种语言中，二者对同一观点的表述虽然有所不同，但反映的文化观念如出一辙。这些文化共通现象在对外汉语文化教学中具有明显的辅助作用，为理解两种不同文化奠定了良好的基础。

作为文化的对比教学，当然是一对一的对比最具针对性。然而，以国内对外汉语教学的实际看，单一国家学生组成一个班级的情况较为少见，更多的时候，

---

① 周庆元，黄耀红. 语文知识教学的现状审视与观念批判[J]. 福建论坛（社科教育版），2008(2):59.

我们面临的是具有各种不同语言文化背景的学生。在这种情况下，对外汉语教师如果能尽可能多地了解一些外国文化，固然是好，但是如果难以兼顾，那么对比的重点是差异和冲突，目的是遏止负迁移；对比的原则应是只比异同，不论褒贬，以共时对比为重点，着眼于解决交际中的现实问题，对比的应是主导（体）文化；对比的方法最好是一对一的对比，对比可以明比也可以暗比，对比应是多层次的交叉对比。在比较中，我们要克服片面的、模式化的、狭隘的"文化定型"论，不能为了塑造不同文化之间的对比性，有意识地将两种文化之间的特征进行夸张、扭曲，这样学生便会进入一种伪文化摄取的循环中。很多时候，困扰学生的并不是两种文化本身的差异，而是他们想象中的文化和现实中的文化所形成的强烈反差所造成的冲击。

四、适应教学：在调整中实现文化创新

文化适应是第二语言习得理论中的一个重要概念，它是指对一种新文化的思想、信仰、感情系统以及交际系统的理解、适应过程，是学习者与目的语社团的社会和心理结合。布朗的"四阶段说"实际上反映的就是学习者从接触一种新文化到逐渐适应这种文化过程中所必然经历的心理感受，但并不是所有的学习者都能完成这种文化适应，按照舒曼的观点，它取决于学习者的社会距离和心理距离。社会距离是学习者被目的语社团容纳并与之接触的程度，它由社会显性、结合方式、封闭性、凝聚性等一系列社会因素决定，可以影响学习者的态度和动机。心理距离指学习者对目的语社团的总体心理感受，它由语言震惊、文化震惊、动机、自我透性等心理因素决定。学习者在第二语言习得中，对目的语社团文化的适应程度将会制约其第二语言水平，所以帮助学习者克服社会距离和心理距离成为外语教育工作者需要重点考虑的问题。

文化的教学是一个不断持续的过程，其教学系统也具有开放性、动态性的特征。文化的教学应当是一种"循环式教育"，这种循环并不是简单的重复，而是教学情景在科学规律指引下的一种特定的转换方式。文化很多时候并非是纯粹客观的知识，它依赖情景，具有境域化的特点，只有将其放入一定的情景之中，它才具有文化的意义。这些情景范围广阔、内容丰富，远远超出了课堂和教室的狭窄天地，而是与社会紧紧联系在一起，充满了多样性和不确定性。不仅如此，对外汉语教学中学习个体有着自己独特的文化背景、个性特征、理想、信念、价值观和认知方式，因而表现出很大的差异性。因此，文化的教学不仅要正视差异客

观存在的事实,还要尊重这种差异性。对外汉语教师要在教学中进入不同文化背景的学生的系统里,倾听他们的声音,了解其文化,并允许来自不同文化背景的学生为自己的文化历史发声,透过交流与对话,增进彼此的了解,从而构建和谐课堂。文化的教学要致力消解话语权威,追求平等对话,实现师生之间、生生之间的多元互动。

第四节　文化视域下的教学案例

一、教学案例设计

"八仙过海学汉语"是针对没有汉语基础的美国初高中学生和社会上的汉语学习者所设计的一套汉语教学方案,它根据《国际汉语教学通用课程大纲》中的各级语言、话题和文化目标编写而成,将语言、话题和文化自然结合,整合了大量不同类型的语言和文化学习材料,满足了不同层次学习者的学习需求和学习风格,为学习者提供了有趣且富有挑战性的汉语学习材料。它充分利用多媒体等技术手段和不同资源形态,采用一整套交互性学习工具,提供多种学习功能,使学习者在非汉语环境中和课堂教学之外也能独立自主地展开学习。

(一) 设计思路

因为本套教学方案主要是针对没有汉语基础的中学生和社会学习者所设计的,因而在设计过程中主要考虑以下几个问题:①学生语言能力很低,但思维认知能力已经发展成熟,因此必须考虑方案对其认知能力的开发具有挑战性,同时兼顾语言能力有限对其学习的影响;②这类学习者学习汉语的目的主要是为了掌握基本的汉语交际能力和形成对中国文化的基本了解,因此要考虑如何将语言交流的话题和文化内容有机地结合在一起并体现在学习材料中;③这类学习者的学习需求和学习风格呈现出多样化特点,如何满足不同学习者的学习倾向和特点,为他们提供个性化的学习空间,也是需要考虑的问题;④这类学习者(尤其是社会学习者)的学习通常不能集中,分散在各个学习空间,因此要考虑借助技术优势支持他们自主学习。

针对以上问题,本套教学方案在教学设计中主要从以下几个方面予以解决。①设计开发有趣的学习材料:满足学习者低级的汉语语言能力和高级的思维认知能力，借助学生母语来帮助其学习。②体现语言和文化的自然结合：以人们在中国旅行和生活的经历为线索，将中国文化的各个主要方面融入语言学习材料中。③满足不同学习者的需求和风格：创造一个综合性的学习体系，为学习者提供大量多样的语言和文化学习材料，辅助学习者构建满足自我学习需求的学习路径和环境。④辅助学习者进行自我独立学习：充分发挥技术提供多种交互学习工具的作用，使学习者无论何时何地都可以自主独立地进行辅助性学习。

因此，本套教学方案的具体设计思路为：用一个美国高中生到中国旅游和生活过程中所记载的一系列日记的形式，将语言、日常生活交流情景与自然、文化等紧密结合在一起，既具有趣味性，又具有挑战性。其中，第一册和第二册是游记，记录该学生与朋友来中国旅游的所见所闻；第三册到第五册为该学生根据此后在中国做交流以及在中国公司做实习生的生活经历所记录的日记。在这些游记和日记中，汉语语言表达和中国民间故事，中华优秀传统文化和现代文化，中国不同地域、民族的风土人情等自然地串联在一起，体现了中国文化的方方面面。

（二）结构和内容

这套"八仙过海学汉语"共分为5册，每册有7—8个单元，每个单元包括5个部分：故事学习、深入探索、巩固提高、文化扩展、单元测试。

"故事学习"部分以一个美国高中生日记的形式体现，日记里记载了这位高中生的旅游和生活经历，同时插入对话，为学习者展示了丰富的语言和文化学习材料，并提供了多种真实交流语境下的使用机会。日记中夹杂了汉语和学生的母语，使母语能在学习者汉语水平能力低的情况下起到辅助学习的作用，随着学习的深入，汉语所占分量逐渐加大。这一部分利用多媒体课件为学习者提供两种浏览、学习方式：第一种方式，学习者一目十行地对故事有个整体初步的了解即可；第二种方式，学习者可以细嚼慢咽地对故事中的语言和文化内容通过链接进行重点学习，这些链接可以为学生随时提供查阅相关语言和文化扩展的信息。

"深入探索"部分又包括以下四部分内容。①常用词汇部分：帮助学习者掌握故事学习中出现的一些日常生活场景中常用的汉语词汇；②交际文化部分：以视频的形式描述一些日常表达形式中的文化内涵和适用场合，同时附带相关的练习题；③语法学习部分：集中介绍一些重要的汉语语法结构，后面也附带相关的练习；④成语典故部分：重点介绍故事学习中出现的成语故事背景及其在现实生活中的用法。

"巩固提高"部分就故事学习中的重要语言点和文化点展开各类听、说、读、写的练习，同时包括词汇和句型游戏练习。每类练习均从基本词汇和简单句型的操练开始，逐步过渡到这些词汇和句型在更为贴切的语境中的综合应用。

"文化扩展"部分包括与故事学习相关的中国历史、地理、文化和中国风情等方面的阅读材料和视频材料，每篇材料后面均附有阅读理解题、语法题和文化讨论题。该部分的阅读文章采用中文语序中夹杂英文的形式来呈现，目的是帮助学习者在阅读材料学习文化的同时，潜移默化地学习汉语语法。

"单元测试"部分位于每个单元的最后，为学习者提供了一个检测、了解自己当前学习状况的途径，知道自己还需要改进的部分，从而更好地调整下一步学习的导向。单元测试也为教师提供了每个学习者的学习状况，便于教师为学习者提供相应的帮助。

（三）学习工具

在这套教学方案中，为了满足学习者的不同学习需求和风格，提供了多种学习工具。比如，每个故事中的汉语词汇都用不同颜色标识（绿色代表已学单词，红色代表重点单词，蓝色代表额外可掌握的单词）；每个单元都含有大量的语言和文化学习材料和活动，以链接的形式由学习者自主选择；附带一系列外围辅助工具来辅导学习者自主学习（如汉字收缩工具、语音工具等）。它还提供了学生用书和教师用书，教师用书为教师提供针对每个单元可采用的一系列课堂交流活动和文化讨论课题，学生用书则为学习者提供扩展学习的语言和文化活动。

二、教学案例分析

尽管由于条件的限制，我们无法得知这套教学方案实施的具体情况和效果，但是从本案例的设计来看，我们认为这套教学方案在以下几个方面是具有特色的。

（一）关于教学目的

本套教学方案在设计之初目的就十分明确：针对美国中学生和社会学习者进行汉语语言和文化的教学，使他们掌握基本的汉语交流能力和对中国文化的初步了解。因而，方案的具体设计特别关注语言和文化的统整性，在整套方案资源的开发中时刻以此教学目的为导引，实现语言和文化之间的充分交集与互动。这套方案的目的从设计理念来说，不仅在于让学习者掌握汉语语言，还注重学习者对中国文化的感知与理解，因此在教学设计中不只局限于对汉语知识和技能的传授，还让学习者在贴近生活的中国文化环境下进行考察，使学习者既能得到汉语语言能力的培养，又能充实中国文化经验。这套方案主要是以一个外国人在中国游历的生活经验为线索,将中华优秀传统文化的经典方面融入语言学习材料当中,既兼顾了语言的理解和运用,又体现了文化的渗透和融合。应该说,这个教学目的涵盖了语言发展与文化熏陶两个层面。

(二)关于教学内容

中国的文化资源十分丰富,要将这么多的文化信息纳入教学中,必然面临一个文化选择的问题。以服务于教学目的为前提,如何将纷繁复杂的文化资源加以筛选,并系统有序地进入教学内容,是设计的重点和难点。从教学内容的选择看,这套方案涉及的文化内容包含了中华优秀传统文化和现代文化、地域文化和民间文化、知识文化和交际文化等,这些文化内容既有基本的文化知识介绍,又有价值观念的深入挖掘,基本抓住了中国文化的主要方面。从教学内容的组织看,它以游记和日记的形式将这些文化内容自然地串联起来,生动而不僵硬,具体而不空泛,有趣而不乏味,系统而不零碎;而且这些内容针对性很强,能够满足学习者的学习需求。因为学习对象是在非汉语学习环境中进行学习,考虑到他们无法真实接触中国社会现实,就采用在学习材料中创设真实情景的方式,尽可能不脱离生活实际,同时通过十分有趣的学习内容吸引学习者的学习兴趣,让学习者在学习中受到潜移默化的影响和熏陶。

(三)关于教学方式

在本套方案中,文化的输入过程不是简单的知识灌输或观念移植,而是先从学习者自身文化的视角出发来观察中国文化的方方面面,然后对中国文化的内容进行深层次的阐释和剖析,使学习者理解文化现象背后的历史背景和现实意义,通过具体可感的生活场景进行沟通,扩大和丰富学习者的经验,最后达到让学习者理解和接受的目的。在这个过程中,语言和文化的知识不是单方面传递的,而是引导学习者层层探索文化现象背后隐含的文化内涵,追溯历史,对该文化现象的形成、背景、人文活动、社会风气等有全面、深刻的了解。因此,这是学习者自主探究的过程,这种方式符合学习者的认知方式、心理特点和学习风格。另外,本方案还为学习者提供了极具个性化的学习方式,大量的文化补充材料链接在主体内容中,学习者如果充满兴趣,学有余力,完全可以借助这些技术工具自主地开展学习,形成更全面深入的文化探究。

综上所述,本套教学方案充分体现了语言与文化相结合的教学目的,教学内容新颖有趣,教学方法科学先进,应该说是目前对外汉语教学的一个良好典范,具有较好的借鉴意义和推广价值。

第五章 基于跨文化适应性的对外汉语文化教学

在华留学生的文化适应性在他们汉语水平与综合文化素养的提高、跨文化交际能力的增强等方面具有重要的作用。对于在华留学生来说，他们从汉语教学中得到的收获越多，他们的文化适应能力就越强。如果能够在对外汉语文化教学中注重对留学生积极的文化适应能力的培养，将有益于实现汉语教学的目标——提高留学生对汉语的接受、理解和适应能力，提高留学生的跨文化交际能力。

第一节 跨文化适应性与跨文化交际

一、跨文化适应性研究

（一）积极的文化适应能力

鉴于文化适应性的重要作用，留学生应该具有积极的文化适应能力。结合文化适应理论与跨文化交际学的相关观点，笔者认为积极的文化适应能力的内涵涉及以下内容：

留学生在文化适应过程中，能够清晰地认识到目的语文化与自己的母语文化之间的差异，以客观、理性的态度对待由文化差异带来的不同程度的文化冲突，能够灵活运用所习得的知识来缓解进而解决冲突；以保证自身母语文化身份不受损害为前提，留学生可以不断拓展自己的世界观，将目的语文化里的主流文化观念、文化习俗和交际规约适度地纳入自己的"情感—认知—行为"框架，逐渐建构起区别于母语与目的语文化身份的"第三身份"，进而不断提高自己在汉文化环境中的行为能力。阿德勒（Adler）对"多文化的人"（a multicultural person）所拥有的特点的阐释或可以概括积极文化适应能力所包含的能力层次：第一，在文化心理上具有适调性；第二，处于变化的状态，积极地对待各种跨文化体验；

第三，保持不定的自我，拥有灵活多变的文化参考框架。①留学生对文化教学的认可度将影响他们的文化适应性，这说明文化教学是培养留学生文化适应性的重要渠道。考虑到文化适应性的重要作用及其与文化教学的关系，我们提出在文化教学中应注重培养留学生的积极的文化适应能力，以提高他们的汉语文化水平，增强他们的跨文化交际能力，实现文化教学的目标。

（二）加强跨文化适应性训练的训练

1. 加强跨文化适应性的心理训练

（1）忍受模糊。新文化环境是一种高度模糊不清的情景，对任何事都要求有一个明确说法的人在这种情景中常会有挫折感。意识到存在大量没有答案的问题是正常的，要锻炼自己的耐心和学会与模糊共处，这对身处异文化中的人来说是极其重要的。（2）具有耐心。不同的文化具有不同的节奏。在我们的文化中，也许做事要有精确的时间表，在生意方面尤其不能浪费时间。但是在世界其他的一些地方要精确地掌握时间节奏是不现实的，如果把自己的时间观念带入新文化环境中不可避免地会导致挫折和失意。因此要锻炼自己的忍耐力，耐心是珍惜和把握时机的表现。（3）善于移情。很多人都曾提到移情能力在新文化环境中的重要性。一些人天生就具有领会和反映别人的思想、情感、意图的能力，遗憾的是一些人却不能。能够从别人的观点理解事情的人是最具吸引力的。尽管做到完全移情是不可能的，但也一定要努力地去倾听和理解别人的观点。（4）深入感悟。人们在如何看待他们的知识和悟性方面具有很大的不同。一些人认为他们知道的和感悟到的对所有的人都具有价值；一些人则相信他们的知识和悟性只对他们自己有价值。要清楚科学没有绝对，任何社会科学与行为科学都一样，文化也没有绝对的东西。每一种文化，在一定的范围内是独特的。换句话说，没有任何一种方法可以绝对预测出人们将会采取什么样的措施。一个人越是意识到自己知识的个别性，就越容易与其他人相处。这一点是进行跨文化沟通的任何一个主体都要时刻谨记在心的。（5）亲和尊重。在任何一种文化中，要想处理好人际关系，就要对不同文化背景的人有亲和心理，表示对别人的尊重是非常重要的。适应新文化的有效途径之一就是尽快提高对这些新文化中人们的亲和心理并从内心深处表达对他们的尊重。（6）懂得幽默。人们不论是在本国还是在国外，如果过于紧张就容易出麻烦，特别是那些身处新文化环境中的人，总是会犯一些错误。对自己错

---

① 张红玲.跨文化外语教学[M].上海：上海外语教育出版社，2007：131.

误的自嘲或许是抵御失望的有效武器。(7)避免"与世隔绝"。遭受文化冲击最严重的人是那些"与世隔绝"的人,他们把自己与异文化隔绝起来,只生活在本国侨居者的圈子中,要么扳起手指计算回国的日期,要么对异文化指指点点。出国的初期也许得到本国侨居者的支持是重要的,但绝不能使他们成为一道自己与异文化之间的"篱笆"。心态对身处异文化环境中的人而言也是很重要的。(8)培养冒险精神。很多到国外任职的人都把这一任务看作是接受一项艰苦的考验,而不是当作一件颇具刺激性的尝试或试验。在这一试验中,工作只是其中的一部分,全新的文化环境提供了一个令人兴奋的新世界:许多新地方要去,许多新人要会面,许多新习俗要学习,许多新食物要品尝……所有这些都值得你冒险和尝试。因此具有一定的冒险精神,去体验冒险的乐趣,是主动迎接文化冲击的一种乐观心态,可以缓解紧张情绪。文化冲击来自紧张情绪所导致的焦虑,因此,一定要想法缓解自己的紧张情绪。一些人通过慢跑、打乒乓球或者网球等体育锻炼的方式,另一些人则通过调节生物钟、针灸、放松、按摩、瑜伽、药物来做到这一点。(9)直面现实。直面现实是重要的心理品质。因为不能很好地理解当地的文化和语言,你会遇到各种各样的问题,如有一些人因为说不清的原因不能成为好朋友,还有一些人你不喜欢他他也不喜欢你,一些事情你永远也不会理解,诸如此类的问题都可能使你难过和伤心。对这些问题采取现实主义的态度是重要的,只有对问题有了清醒的认识,你才会想办法去解决它们。(10)充满信心。任何一个身处异文化环境中的人都会犯错误,都会有挫折感,但不管怎样,只要他怀有良好的愿望和善良的人性,最终总会被当地人所了解。因此,信心虽然很重要,但自傲决不可取,对当地人和当地文化一定要抱着谦虚和学习的态度。如果你能做到这一点,许多知识和友谊的大门都会向你敞开。

2. 加强跨文化适应性的技术训练

技术训练包括文化观念的超越性训练、对对方国家文化的理解训练、语言和非语言训练,以及其他方面有利于跨文化沟通的技术和技巧的训练。这方面的培训一般有三种方式:

一是知识提供方式。包括东道国和地区的文化和相关知识讲座、跨文化理论课等,培训往往通过授课、电影、录像、背景资料阅读等方式培训。时间一般为一周以内。培训强度较低,培训目标是提供有关东道国商业和国家文化的背景信息以及有关公司的经营情况等。

二是情感方式。培训内容一般除了第一种方法还包括文化模拟培训、压力管理培训、文化间的学习训练、强化外语训练等,培训方法往往使用案例分析、角色扮演、主要跨文化情景的模拟等。时间一般为期1—4周不等。培训强度为中等,培训目标为培养有关东道国文化的一般知识和具体知识,减少民族优越感(ethnocentrism)。

三是沉浸方式。除了以上的内容外,一般培训在东道国进行,与东道国有经验的经理会谈。培训内容包括跨文化能力评估分析、实地练习、文化敏感能力培训等。培训时间一般为1—2个月。培训强度较高,培训目标是达到能与东道国国家文化、商业文化和社会制度和睦相处。

训练又分为办班训练、文化顾问帮助训练和自我训练三种。办班训练以集中为主,聘请文化顾问进行指导和训练。文化顾问帮助训练则是聘请文化顾问,专门进行个别辅导,指导经理人如何跨越不熟悉的文化领域。有许多大的跨国企业运用"文化翻译",帮助新的外派经理和家人解决刚接触不同文化时所遇到的问题。"文化翻译"有助于外派经理顺利过渡到东道国社会,并解释出现的误解,协助外派经理更快地融入东道国的文化与生活。自我训练是外派人员或进入跨文化环境中的人员,在自己进入异质文化环境之前和整个过程中,不断了解目标国家的风土人情、文化、政治、经济等知识,加强外语学习,与那些在目标国家生活过的人交谈、学习,在思想和心理上做好克服文化休克的准备,并以开放的心态接受新的文化,结交那里的人们,同时,也要帮助家人做好准备。

3.加强跨文化适应性的能力训练

这里着重强调的是要把握跨文化沟通中的规律,有理、有利、有节地应对跨文化沟通中的各种障碍,以成功地进行跨文化的沟通。例如,应对文化休克时,必须把握文化休克发生发展的规律,才能有针对性地采取措施减轻文化休克。文化休克所引起的症状是复杂的,所以通常它是难于预测和控制的。这里需要指出的是,并不是每一个人都要经历所有症状,而是所有的人都将经历其中的一些症状。从事国际业务的人们在所经历的文化冲击的范围上有很大的不同,有些人的病症非常严重以致他们到达东道国后不久就被遣送回国,有些人则努力把身心的不适调整到最小。奥伯格在研究中总结了文化休克的一些规律,认为文化休克通常要经历以下四个阶段:

(1)蜜月阶段:当大多数人带着明确的态度开始到国外赴任时这个阶段就开始了。这一阶段的主要特征是欣快。就像度蜜月一样,所有的一切都是新奇的和令人兴奋的。这一阶段会持续几天到几周。

（2）敌意/僵持阶段：蜜月期并不会永远持续，在几周或几月内问题就会出现。在国内认为必定会如此的事情没有出现，大量的小问题却成为不可逾越的障碍，当你突然意识到这是文化差异问题时，失望、烦躁、恐惧会逐渐增大。这是一个充满危机的阶段。正是在这一阶段，上面提到的各种症状会逐渐显现。

（3）恢复/调整阶段：这是一个经历过危机并逐渐恢复的阶段。随着对新文化的逐渐理解，一些文化事件开始变得有意义，行为方式也逐渐变得适应并可预期，语言也不再难以理解，在第二阶段难以应付的生活琐事都能够解决。简言之，一切都变得自然和有条不紊，同时，如果一个人能时不时地对自己的处境进行自嘲，这就是充分恢复和适应的标志。

（4）稳定/适应阶段：这一阶段意味着一个人完全或接近完全地恢复了在两种不同文化中有效工作和生活的能力，几个月前还难以理解的当地习俗现在不但能够理解而且能够欣赏。这并不是简单地说所有文化间的疑难问题全部解决了，而是在异文化中因工作和生活引起的高度焦虑消失了。当然，很多人从来也没有达到这一阶段。对于处于稳定阶段中的人来说，这才真正是确定的、成功的经历。

根据这一发展规律，我们知道完全避免文化休克是不可能的，除非你选择待在家里而不进入到国际商业环境中去。要进行跨文化沟通，最重要的是对自己的动机和感觉有清醒的认识。那些适合到跨文化环境中发展的人一般说来具有以下特点：一是对国际商业问题和机遇具有现实的理解；二是拥有许多重要的应对跨文化问题的技巧；三是认为国际市场能为职业发展和个人进步提供大量机会。这样就可有针对性地积极应对文化休克，达到跨文化的真正适应。

二、跨文化交际研究

跨文化交际的双方可能在文化、政治、宗教、价值、伦理方面都有差异。跨文化交际的双方一定要注意这种差异，尊重对方的文化，不能有文化优越感，不能有文化歧视，要了解对方的文化，克服文化差异带来的交际障碍。

《国际汉语教师标准》要求，"教师应了解中外文明的特点及历史"，"能在不同的文化氛围下有效地开展语言教学"，"能够帮助学习者克服在语言学习过程中由文化的不同和交际失误而引起的各种困难"。这就要求汉语教师一方面要了解其他文化的习俗和交际习惯，对中外跨文化交际的基本规则有一定的了解，避免因文化不同而产生交际冲突；另一方面要通过隐性的语言教学，通过中外文化对比或中国文化专题介绍向学习者传授有关中国文化的基本知识,让他们了解中国人的文化特征和交际习俗,有效地进行跨文化交际。

(一)中国人交往文化的基本特点

1. 含蓄内敛,中庸平和

中国人做事讲究中庸之道,不喜欢走极端;做事留有余地,把握分寸;讲求"和为贵",不喜欢争斗。

在交往中,中国人多替别人着想,不愿意因为自己的诉求而给对方增加麻烦,不愿意用咄咄逼人的方式表达自己的观点或达到自己的目的。"与人为善"是一个普遍被人接受的社会习俗,而"己所不欲,勿施于人"更是成了一个行为准则。

"克己复礼"曾经是孔子最高的追求。"克己复礼"就是忍让克制,使自己的行为符合社会最高的道德要求,不要因为争斗而妨碍自身的修养,破坏社会的安宁。

"上善若水,水善利万物而不争",意思是说,应该像水那样,对万物有利,但不跟万物争斗。老子认为,一个人的德行如果能做到像水一样,就不会产生什么麻烦、过错,就能顺利、安然。

但是,中国人的这种中庸平和的交往方式常被西方人认为是缺乏主见。这种表现为一团和气的社会习俗虽带来了社会的和谐、安宁,但同时也抑制了竞争和发展,抑制了对真理的追求,使社会不良现象不能被有效地遏止。而西方人在交往中更愿意旗帜鲜明地表达自己的意见,不会过多地考虑表达或行为的方式是否会破坏和谐安定的气氛。其实,这两种交往方式各有各的特点,无高下之分。

2. 明确角色,承担责任

中国社会强调个人要明确在社会交往中的角色,要勇于承担社会责任。表现在社会交往上,就是人们要清楚上下、长幼、宾主、男女、内外的界限,清楚自己在社会活动中的角色和身份。而人们在社会活动中的角色和身份又决定了一个人的行为方式和手段,具体到交际双方座位的位置、发言的顺序,都要合乎一定的规范,否则就会显得失礼。

(二)几种中外交往习俗的具体对比

1. 称呼

在称呼方面中外是有区别的。中国人对上司、师长、年长者、客人忌讳直呼其名而要用称呼表现出对他们足够的尊重,如前辈、元老、令尊、老总、阁下;但朋友之间比较随便,可以直呼其名。在国外,博士、教授等也同样表达了对被称呼者的尊重，直呼其名在交往中也比较随便。不同的是，中国人贬己扬人的称呼习俗在其他文化中是少见的，如称自己为"老朽"，称呼家人为"贱内、小儿"，而称别人的家人为"令尊、太太、公子"。

2. 寒暄

中国人在与人交往时讲求亲密无间、不分你我。寒暄的内容和深度在其他一些文化中便显得过于亲热。例如，西方人普遍把年龄、收入、住址、婚姻、政治倾向看作个人的私事，不需要别人干涉和了解。英国人甚至忌讳别人过问他们的活动去向。美国人交往有三大忌讳：一是问年龄，二是问所买东西的价钱，三是问薪水。

3. 访问

一般来说，中国人的访问比较随意、自由。亲戚朋友间的访问不需要特别的安排，突然造访对主人并不是冒犯，"是哪阵风把你吹来了"是普遍的访问方式。但在其他一些文化中，这种不请自来的访问方式是不礼貌的。事先约定而按时到达在很多文化中是交往的基本礼仪，是礼貌的标志；我们那种串门式的访问在对外交往中要注意克服。

4. 宴请

中国人往往通过宴请来表达对客人的友好。因此，宴请常常会安排在高档饭店，吃很好很贵的菜；其他一些国家的人则认为这样过于隆重，根本没有必要这样铺张浪费。吃饭时有些人喜欢劝对方喝酒，双方喝醉了才显示出友情深厚；这在其他一些文化中则显得粗鲁和不礼貌。

5. 迎送

送别时把客人送得很远，有时甚至含泪告别，这些很能体现中国人的真诚；带官方色彩的欢迎欢送，有些会挂着、打着条幅，上边写着欢迎辞、欢送辞，甚至夹道迎送，这些都反映出中国人对客人的热情。但是，并非所有文化都接受和采用这种方式。在很多文化里，靠在门边，甚至坐在椅子上说再见并不表示主人缺乏诚意。中国人表面的热烈隆重，和其他一些文化中表面的平静，在实质上并没有太大的区别。

6. 送礼

送礼几乎是所有文化中表示友好的方式，但送礼和受礼的方式有所不同。法国人认为到别人家里做客时给女主人送上鲜花（不要送玫瑰花或菊花）或巧克力之类的小礼品是受欢迎的。能激起人们思维和美感的礼物特别受欢迎，但不要送印有你公司名称的礼品，因为这好像是在为公司做广告；也忌讳男人向女人赠送香水。

（三）非言语交际

《国际汉语教师标准》要求"教师应了解文化与跨文化交际的主要概念"，而其中一个基本概念就是言语和非言语交际。有研究显示，在某个情境中，有35%的信息是由言语传递的，其余65%的信息是由非言语传递的。还有研究显示，只有7%的情绪信息由言语传递，其余93%要靠非言语来传递。就如语言学家大维·阿伯克龙比所说："我们用发音器官说话，但我们用整个身体交谈。"

一般说的非言语交际包含手势、姿态、服饰、眼神、表情、体距、触摸和音量。

1. 手势

不同的手势在不同文化中有不同的含义。中国人认为手心向上招呼人是不礼貌的，如同召唤小狗或挑衅，但在其他一些文化中手心向上招呼人并没有这个意思。握手是世界上普遍的示好方式，但泰国的乡村人对此就相当反感。英国人忌讳4人交叉式握手，据说这样的交叉握手会招来不幸。这可能是因为4个人的手臂交叉正好形成一个十字架的原因。

美国人与客人见面时，一般都以握手为礼。他们的习惯是，手要握得紧，眼要正视对方，微弓身，这样才算是礼貌的举止。美国人在社交场合与客人握手时，还有这样一些习惯和规矩：如果两人是异性，要待女性先伸出手后，男性再伸手相握；如果是同性，通常是年长之人先伸手给年轻人，地位高的伸手给地位低的，主人伸手给客人。

2. 姿态

身体姿态也有很强的文化色彩。例如，英国人忌讳有人用手捂着嘴看着他们笑，认为这是嘲笑人的举止。又如，美国人忌讳有人在自己面前挖耳朵、抠鼻孔、打喷嚏、伸懒腰、咳嗽等，认为这些都是不文明的，是缺乏教养的行为；若喷嚏、咳嗽实在不能控制，则应头部避开客人再用手帕掩嘴，尽量少发出声响，并要及时向在场人表示歉意。在接受别人的馈赠或服务（如点烟）时，中国人通常要起身致谢，而西方人一般都坐着不动。同样，东方国家普遍表示尊敬的鞠躬也并不是所有文化的通例。

3. 服饰

服饰在社交中有很重要的作用。客观地说，现代中国人对服饰在社会交往中的作用认识不足,不少人胡乱穿衣,身着T恤、牛仔裤出席盛宴(典礼、音乐会等)的情形时有发生,这在许多文化中都是失礼的。在有的国家,社交服饰是非常考究的,人们在不同的场合需要穿着不同的服饰。

4. 眼神

眼睛是心灵的窗户,可以表现心中所想。在交往中,眼神也是很重要的交际因素,如美国人对握手时目视他方的举动很反感,认为这是傲慢和不礼貌的表现。西方人习惯于用眼神交流。例如,说话或倾听时应该看着对方的眼睛,这意味着尊重和礼貌。对于比较含蓄的东方人来说,要做到这一点是比较困难的,如果我们长时间盯着一个人,那么此人反而会有些不自在。例如,有一位中国女子,虽然在美国生活了多年,但还是没有学会像美国人一样使用眼神。在一个会议上,她感到长时间与发言的男士保持眼神交流有些不自在,就将目光移开,只是有时看看对方的眼睛并以点头来表示对他的赞同。她的朋友发现了,在事后表达了不满,称她的行为是无礼的,甚至怀疑她根本没有在听。她感到十分委屈,同时更意识到眼神交流在美国人眼中的重要性:说话时不看着对方眼睛除了被认为是无礼外,还会被认为是要有意躲避什么。找工作面试时,看着对方的眼睛更为重要,不然会给对方留下一个不诚实或心不在焉的感觉。

5. 表情

中国人含蓄、内敛,表情远没有西方人丰富,似乎更接受喜怒不形于色的含蓄方式。在我们的文化中,能控制自己的情感,展现给别人一个平静的表情是有修养和坚毅的体现。

《世说新语·雅量》中有一个故事,说的是关系东晋王朝生死存亡的淝水之战。前秦苻坚大兵压境,东晋谢安以征讨大都督身份负责军事,战事最紧急的时候他平静地与别人下棋,当侄儿谢玄大败敌军的喜讯传来,他却好像没发生什么似的,神态安详,仪态从容,可见他控制感情的能力极强。这种文化至今影响中国,因此在交往中我们不会像西方人那样把所有的情感完全表达出来,更不会夸张地表达。面对这种差异,我们要相互理解。含蓄不是无情,不是冷漠,因为中国文化推崇忍耐,把爱和恨都藏在心里;完全让内心感情表达出来不是幼稚,也不是软弱,因为西方文化鼓励直接表达自己的情感。

6. 体距

人和人的身体距离多远才会让双方感到舒适,每个民族的标准是不同的。"私人空间"的原理告诉我们,当人被过分接近时,会产生不快及焦躁感。"私人空间"变得狭小不足时,会产生压迫感,从而使人不能冷静、客观地做判断,甚至会对侵犯者采取攻击态度。我们要了解和体会不同民族"私人空间"的界线。例如,西方人同别人谈话时,不喜欢距离过近,一般以保持在50厘米以上为宜;而阿拉伯人交谈时的距离就近得多。超过或没有达到合适的身体距离都会让人感到不舒服。西方人心理上的"私人空间"范围比中国人大,距离也远一些。中国人的文化心理状态使我们将自身空间范围仅局限于身体的本身,范围较西方人小,距离也较西方人近一些。

7. 音量

人在不同的交际场合,与不同的交际对象交谈时,音量是不一样的。而不同的音量在某种程度上表现出了说话人的修养和态度。在跨文化交际中,人们对交往对象的语音十分重视。在语音方面的基本礼仪规范是:与别人进行交谈时,尤其是在大庭广众下与别人进行交谈时,必须有意识地压低自己说话时的音量并轻柔些,只要交谈对象可以听清楚即可。如果粗声大气,不仅妨碍他人,而且也说明自己缺乏教养。

每种文化都有自己的交际模式,有约定俗成的习惯,对此我们要有清楚的认识。我们不能以一个民族的文化生活习俗和道德标准去衡量另一个民族的同一行为现象。对于历史文化现象,只要是这个民族习惯的、接受了的东西,我们就应该将其看作一种正常现象。

第二节 价值观与文化

一、价值观和道德标准

价值观包含着对人的内在价值和外在价值的观点,包含着对怎样做人、怎样实现个人价值的看法。怎样做人,实质上就是怎样对待自己,以及怎样对待与自己构成相互作用的其他三组基本关系。这三组关系是:人与他人的关系、人与民族和国家的关系、人与自然环境的关系。一个人的人生价值正是通过对待自我以及与他人、民族、国家和自然的关系而实现的。文化最根本的差异实际上就是价值观的差异,价值观的差异更深刻地反映了一个民族与其他民族的交往习俗的差异,更深刻地反映了一个民族对人生、社会、宇宙的看法。当今世界上的许多冲突说到底就是价值观的差异造成的。我们不否认人类存在共同的价值观，但同样也要承认各民族的价值观存在很大的不同，我们不能把自己的价值观强加给其他民族。

学者罗伯特·科豪尔斯在《美国人的生活价值观》一文中将美国人所有的价值观总结成短短的 13 类，并且将这 13 类价值观与其他一些国家的价值观做出如下的对比（表 5-1）：

表 5-1

美国的价值观	其他一些国家的价值观
人定胜天	命中注定
变化最好	传统最美
争分夺秒	清静无为
平等公正	等级地位（崇拜权威）
个人主义	集体利益
一切靠自己	讲究出身血统
竞争第一	合作为上
展望未来	回首往事
积极行动	尊重现实
不拘小节	一本正经
直接、开放、诚实	迂回、规矩、面子
现实主义	理想主义
追求物质享受	崇尚精神安慰

由于受文化的影响，人们一般都会本能地把自己的价值观当成合理和正确的，而把与自己不同的价值观当成怪异的，这很容易影响到我们的跨文化交际，要注意克服。

二、历时文化和共时文化

在中国文化教学时要特别注意历时文化和共时文化的区别。历时文化是"从纵的方面考察某一文化或文化现象的起源、发展、演变，以及阶段性和规律性"；

共时文化是"从横的方面考察某一文化或文化现象在某一历史阶段的表象和特征"。"跟第二语言教学密切结合的,主要是当代共时文化。原因是,语言教学的主要目的是使学生用目的语进行有效的交际。脱离当代共时文化的教学对实现这一目的没有多少帮助。"

例如,美国一位华人祖父想给孙子讲"二十四孝"中的"恣蚊饱血""割股疗亲"的故事,结果孩子们捂住耳朵不听。孩子们认为,中国人的祖先太虐待自己的孩子了,孩子没有人权保护,太可怜。在西欧,有的教师教当地人学汉语时,说的都是清朝的事情,结果学习者以为现在的中国人还是留长辫子、穿长马褂。作为汉语教师,应该多讲在文化接触中已经发展变化了的当代中国文化,多讲当代中国社会中的交际习惯和礼仪规则,只有这样,才能让学习者把学到的东西用于真实的交际之中,跟当代中国人进行有效的交际。

第三节　汉语教学中的文化教学

一、文化教学的内容

汉语教学中的文化教学包括两方面的内容:一是对外汉语教学,即语言课中的文化教学;二是文化课教学。语言课的文化教学和文化课的文化教学这两门课性质不同,所承担的任务也不同。一般来说,我们应该对初级水平的学生实施语言课中的文化教学,而对中高级水平的学生实施文化课教学。

语言课,属于第二语言教学范畴,其主要任务是通过听、说、读、写等技能和语言运用能力的训练来培养交际能力。交际能力的培养需要借助一定的语言材料,而语言学习材料必然包含思想文化内容,通过对这些内容的学习,学生就能对这些语言材料包含的文化内容有所了解;但语言课的中心不是文化教学,当然也无法系统学习文化知识。

文化课的主要任务是系统学习文化知识,这是为中高年级和汉语言本科学生开设的专门课程。这一课程可以包括两大内容。第一,中国文化与中国国情。《国际汉语教师标准》要求,"教师能了解和掌握中国文化和中国国情方面的基本知识,并将相关知识应用于教学实践,激发学习者对中国文化的兴趣,使其在学习汉语的同时,了解中国文化的丰富内涵和中国的基本国情"。第二,中外文化比较与世界文明。《国际汉语教师标准》要求,"教师应了解中外文化的主要异同","了解世界文明的基本知识并能在教学中适当加以介绍"。当然,如果在海外,学习者汉语水平不够,也可以使用母语介绍相关知识。

语言和文化有着密切的关系,但并不等同,它们有各自的特点。在语言教学中要注意文化教学,但不要把什么都和文化联系起来。我们要特别留意的是那些在跨文化交际中因文化差异而造成的交际障碍和语言现象,更要注意语言教学中的文化现象和文化差异。不管是语言教学还是文化教学,教师都要对中国文化有一个比较清晰的认识,一个对自己的文化缺乏了解的人是很难得到别人尊重的,而对别国文化历史有了解的人就更容易向别人介绍自己的文化。教师要有比较广博的知识面,如社会基本知识、科学常识、世界历史地理、时事政治、时尚名人等,至少要对你所教的学习者所在的国家有一个基本的了解,不要犯常识性的错误。另外,教师不要厚此薄彼,不要有偏见。在国外的人对自己的国家民族一般都比较维护,因此教师不要做伤害学生民族自尊心的事情。虽然各国的文化有所不同,但没有高低贵贱之分。

二、向学生介绍中国文化的基本知识

(一)中国历史介绍

在语言学习中介绍中国历史与中国历史课不一样,我们并不需要学生去记忆我们的历史年表,也不需要学生去接受我们的历史观,但是我们可以在语言学习中穿插历史。中国是历史悠久的文明古国,历史故事、寓言、传说数不胜数,其中有非常多的材料适合进行语言教学。

介绍历史最好从学生已知的知识开始,如由象棋上的楚河汉界联系到楚汉相争。一个简单的楚汉相争的故事里就有很多可以说的材料。初级的学生可以听简单的故事介绍,复述、复写故事;中高级的学生可以在这个故事里学到诸如"四面楚歌""鸿门宴""项庄舞剑,意在沛公""约法三章""韩信点兵,多多益善""成也萧何,败也萧何"等汉语熟语,如果再联系到电影《霸王别姬》,就更加自然有趣,能引得学生感慨唏嘘。更进一步,可以给学生讲李清照的诗:"生当作人杰,死亦为鬼雄。至今思项羽,不肯过江东。"并把故事引申到对更深的历史、文学知识的介绍。日本、韩国的许多学生对这些历史都有一定的了解,如"阿房宫",大多数韩国学生都可以说出来。

介绍历史要有趣味性,如萧何月下追韩信的真诚、刘邦"吾翁即若翁"的泼皮形象、鸿门宴的惊险、乌江边的悲壮。历史知识介绍要针对不同学生采用不同材料。日韩学生大多对《三国演义》《西游记》有一定的了解，有的还了解得很多，如故事中关公的忠义英勇、诸葛亮的智慧等学生很容易接受。我们要很好地利用，这样，在进行语言教学的时候就能使学生在不知不觉中接受和了解了中国文化、中国历史。

西方学生对中国历史的了解相较日韩学生就要逊色一些，因此可以多用现实一点的事例。例如，介绍改革开放给中国带来的巨大进步时，可以通过中国人民在艰苦条件下援助非洲建设（如坦赞铁路）来说明中国人民的慷慨、真诚。要利用一些中性的通知观念，如在西方社会有一定影响的学者有关中国传统文化的论述来介绍中国文化，比较著名的有林语堂的《中国人》等。要持客观、公正的态度向学生介绍灿烂的中华文化，介绍中国人民仁慈、和平、谦逊、友善、忠诚、智能、有气节、尊老爱幼、舍生取义等美德，介绍时一定要注意，不要进行政治宣传，而用事实本身说话。要综合利用古代文献、历史故事、现实情况等，教师要对这些历史故事有比较清楚的了解，才能针对不同程度的学生选取不同难度的材料，以适应不同阶段的教学。

（二）中国地理介绍

地理可能是最现实和最有用的中国情况介绍了，学生一般比较感兴趣。掌握好地理知识对了解中国文化很有帮助。因此，教师要利用学生的兴趣来介绍中国地理知识并由此介绍相关的中国文化知识。例如，在进行地名介绍，通过"为什么叫'湖南''湖北''山东''山西'""什么湖的'南''北'""什么山的'东''西'"等问题，教学生学"东西南北"，学"东南、东北、西南、西北"，学各省的名字，学省会的名字。介绍各地的基本地理特点，是"干燥"还是"潮湿"，是"高原"还是"平原"时，可以介绍那里的语言、民族、饮食、经济。可以利用可能的机会介绍中国的地理知识，如在一些学生来中国旅游之后，或在假期前向学生介绍旅游的地方。

（三）中国民俗介绍

中国人口众多，地域辽阔，各地、各民族风俗千差万别，要充分利用大量鲜活有趣的材料进行教学。一般来说，可以从节庆、饮食、婚丧、语言、艺术等多个方面来介绍民俗。要注意的是，民俗的介绍不是为介绍而介绍，而是要为语言学习服务，不能脱离学习者的语言水平。正如《国际汉语教师标准》所说，"能根据学习者的反馈及时调整所涉及的中国民俗文化的内容"。

如介绍黄河旧时的牛皮筏子时就把"吹牛皮"这个惯用语给介绍了;讲旧时结婚的吹吹打打时就把"吹喇叭,抬轿子"给介绍了。"鬼门关""阎王殿"正好可以借此介绍中国人的鬼神观;"老皇历"就可以引出中国历法。总之,要把民俗介绍和语言学习结合起来,如介绍山西人爱吃醋可以把"吃醋"带出来,介绍饮食也可以把"吃香喝辣"的意思向学生说明一番。总之,"要能根据教学环境、教学目的、学习者的背景、语言水平选择民俗文化材料,并以恰当的教学方式与教学手段介绍和讲授"。结合语言教学的民俗介绍在中高级的教学中有很大的发挥空间,民间俗语、惯用语也大量反映了各种民俗。

三、介绍中国和中国文化的基本态度

(一)反对民族虚无主义,反对文化沙文主义

对自己的文化要有深入的理解,要客观、真实、公正。鲁迅先生、柏杨先生对中国文化中的丑陋现象的批判可以作为我们客观、公正评价中国文化的材料。教师应该给学生一个客观的形象,要敢于批评中国文化中的糟粕,对于中国存在的不足要勇于承认,因为每个社会都会有这样那样的不足,不必忌讳,但原则问题要旗帜鲜明。教师的客观能培养学生的信任感,信任的关系对教学是有利的。

(二)注意文化教学内容的现实性和可接受性

教师要注意向学生展示中国现实的文化风貌,不要把明显落后于时代的文化内容当成中国文化的特点来介绍,同时要避免空洞的说教,要注意寻求中国文化中那些包含人类共同感情的东西,不要把我们的文化(包括政治观、价值观、道德观)强加在学生身上。我们也不愿意接受我们不能接受的文化。教师一定要有一个宽容的文化观,因为中华民族的特点是兼容并蓄,博取各国所长。中华民族在历史上就接受了大量的外来文化,唐朝的开放气度使它成为当时世界上最先进的国家。我们对外来文化,如宗教、科学、服装等都应有一个开放的态度。在中国历史上,由于宗教、文化冲突而导致战争的情况并不多,这跟世界上其他国家的情况很不相同。

第四节　中国文化精神内涵

一、中国文化精神的特点

关于中国传统文化的基本精神与特色，学界见仁见智。钱穆先生认为，中国文化精神与民族性格主要是由儒家奠定和陶冶的，中国传统人文精神源于"五经"。周公把远古宗教转移到了人生实务，主要是政治运用上；孔子进而完成了一种重人文的学术思想体系，并把周公的那套政治和教育思想颠倒过来，根据理想的教育来建立理想的政治。经周、孔的改造，"五经"成为中国政（政治）教（教育）之本。经学精神偏重于人文实务，同时保留了古代相传的宗教信仰之最高一层。中国人文精神是人与人、族与族、文与文相接相处的精神，是"天下一家"的崇高文化理想。中国文化是"一本相生"的，其全部体系有一个主要的中心，即以人为本位、以人文为中心。传统礼乐教化代替了宗教的功能，但不与宗教相敌对。中国文化精神，要言之，只是一种人文主义的道德精神。

中国注重教育的传统精神源于"五经"。中国古人看重由学来造成人，更看重由人来造成学。中国人研究经学，最高的向往是学周公与孔子的为人，使人格达到最高的修养境界。中国古代文化及其精神是靠教育薪火相传、继往开来的。中华民族尊师重道的传统由来已久，而儒家则把教育推广到民间，扎根于民间，开创了私家自由讲学的事业，奠定了人文教育的规模和基础。中国人教育意识的自觉不能不归功于儒家。

中国传统注重融和合一的精神源于"五经"。中国古人的文化观是以人文为体，以化成天下为用。"五经"中的"天下观"，是民族与文化不断融凝、扩大、更新的观念。中国文化的包容性、同化力，表明中国人的文化观念终究是极为宏阔而具有世界性的，这源于儒家的一种取向，即文化观念深于民族观念，文化界限深于民族界限。中国文化与中国人性格中的"和合性"大于"分别性"，主张宽容、平和、兼收并蓄、吸纳众流，主张会通、综合、整体，这些基本上都是儒家所提倡和坚持的价值。

钱穆得出中国历史文化的指导精神即儒家精神的结论，是有其可靠的根据的。他极其深入地考察了中国古代思想史，十分肯定地说："中国思想以儒学为主流。""儒学为中国文化主要骨干。"在先秦思想史上,开诸子之先河的是孔子,他的历史贡献,不仅在于具体思想方面的建树,更重要的在于他总体上的建树。孔子既是王官之学的继承者,又是诸子平民之学的创立者,更是承前启后开一代风气的人物。正是这一特殊的历史地位,决定了孔子在先秦诸子学说中的重要地位。整体说来,诸子之学标志着春秋以来平民阶级意识的觉醒,是学术下移民间的产物。钱穆认为,中国古代是将宗教政治化,又将政治伦理化的。换言之,就是以王权代替神权,以师权来规范君权的。平民学者的趋势只是顺应这一古代文化大潮流而演进,尤其以儒家思想为主。因为儒家学者最看重学校与教育,将其置于政治与宗教之上,他们已不再讲君主与神的合一,而只讲师道与君道的合一。儒家思想只讲一种人生,就是天下太平、世界大同的人生,这就是人道或平民道。

以上主要是国学大师钱穆先生的看法,值得再三咀嚼。接下来,笔者综合张岱年、胡秋原等前辈的论述,提出中国文化精神的六大特点:

第一,和而不同,厚德载物。中国文化重视人与自然之间,各族群与民族之间,人与人之间的和谐统一的关系。所谓"天人合一",是经过区分天人、物我之后,重新肯定的人与自然的统一,强调的是顺应自然而不是片面征服自然。在观念上形成了"协和万邦""天下一家"的文化理想,既重视各民族及其文化、宗教的分别性、独特性,又重视和合性、统一性。在人与人的关系问题上,善于化解、超越分别和对立,主张仁爱、"和为贵"与协调性,有民胞物与的理想,厚德载物、兼容并蓄、爱好和平,从不侵略别人,反对以力服人,主张"远人不服,则修文德以来之"。

第二,刚健自强,生生不息。中国文化凸显了积极有为、自强不息的精神,强调"苟日新,日日新,又日新",革故鼎新、创造进取。所谓"发愤忘食,乐以忘忧""天行健,君子以自强不息",就是指人要向天地学习,以刚毅的精神,生生不息,奋斗不止,绝不懈怠。中国人因此创造了世界上独特的文明,而且是世界上唯一未中断的文明。中国无数的仁人志士奋发前行,不屈服于恶劣的环境、势力与外来侵略者的凌辱压迫,使刚健坚毅的精神代代相传。

第三,仁义至上,人格独立。我们以仁义为最高价值,崇尚君子人格,肯定"三军可夺帅也,匹夫不可夺志也""富贵不能淫,贫贱不能移,威武不能屈"的大丈夫精神,弘扬至大至刚的正气、舍我其谁的抱负,乃至"不识一个字,亦须还我堂堂地做个人",强调人人都有内在的价值与不随波逐流的独立意志,及

"知其不可而为之"的气概，守正不阿、气节凛然，甚至杀身成仁、舍生取义。

第四，民为邦本，本固邦宁。中国文化强调"天视自我民视，天听自我民听""民之所欲，天必从之""人无于水监，当于民监""民为贵，社稷次之，君为轻"。民本主义肯定人民是主体；人君之居位，必须得到人民的同意；保民、养民是人君的最大职责。

第五，整体把握，辩证思维。中国古代不缺乏抽象思维，有明确的概念、范畴，包含了抽象过程。中国思维有两大特征，一是整体观，二是阴阳观。整体观从整体上把握世界或对象的全体及内在诸因素的联系性、系统性，反对头痛医头、脚痛医脚；阴阳观重视事物内在矛盾中阴阳的对立与平衡。

第六，经世务实，戒奢以俭。中国是有现世与实务精神的国度，强调知行合一，践形尽性、经国济民，兼重文事武备，明理致用，反对空谈高调；又有尊重劳动的精神，倡导勤俭节约，力戒骄奢淫逸，鄙视不劳而获。

综上所述，中国传统文化精神的特质是：和而不同，厚德载物；刚健自强，生生不息；仁义至上，人格独立；民为邦本，本固邦宁；整体把握，辩证思维；经世务实，戒奢以俭。笔者认为以上六条可以成为中国梦的文化底蕴，即中华民族伟大复兴的历史文化基础。

二、中国文化精神内涵

从整体上看，中国文化的基本精神是以人文主义为内核的文化精神，有以下几个基本方面：

（1）自强不息。正是这种精神鼓舞着中华民族不断进步，巍然屹立在世界民族之林。

（2）正道直行。这是中华民族坚持真理、追求真理、崇尚气节的精神源泉。

（3）贵和持中。"行中庸"，做事不走极端；"和为贵"，不尚争斗。但这有抑制竞争的弊端。

（4）民为邦本。虽然重民的实质是作为肯定君主专制主义的补充而存在的，但我们不能否认它提醒着统治者要把民心向背当成政治统治的重要指标。

（5）平均平等。虽然我们历史上从没有出现过真正意义上的平均、平等，但作为一种思想，它深植在中国人的心中。绝对平均主义在中国社会有深厚的思想基础。

（6）求是务实。中国人立身行事讲究脚踏实地，鄙视华而不实的作风。

（7）豁达乐观。"知足常乐""安贫乐道""车到山前必有路""天无绝人之路"等观念使中国人乐于守成，但有时会造成自我满足、不思进取的心态。

（8）以道制欲。中国人的行为以"道"为准则，情不驳道，欲不逾道，这已成为全社会的共同人生态度。

总的来说，教师要掌握比较丰富的文化知识，并在此基础上有选择地对不同的学生采用不同的教学材料和教学方法。要培养学生完成跨文化交际的能力，教师自己就要对跨文化交际有清楚的认识。在语言教学中，把语言体系本身蕴含的反映民族文化特色的民俗语义教给学生至关重要，这样就能在跨文化交际中减少信息差，增进互相理解，才算真正掌握了一门外语。外语教学不能脱离文化的教学，否则所学的外语将永远达不到"自在"的彼岸。训练学生跨文化交际能力是为了避免他们在交际中出现障碍，因此要培养他们的两种能力：一要能发现进行中交际的不全面成功，二要能发现交际故障存在并知道采取怎样的补救措施。但语言教学不是文化教学，更不是文化宣传，对此我们要有清醒的认识。在文化教学中，既要克服虚无主义，也要克服沙文主义；要客观、公正地评价各种文化现象，以理服人；要在介绍灿烂伟大的中华优秀传统文化同时，尊重其他文化。

第六章 基于跨文化适应性的对外汉语词汇教学与口语教学

汉语词汇浩如烟海,结构系统庞大而繁杂,但是掌握词汇是学习汉语的基础,因此,词汇教学在对外汉语教学中具有举足轻重的地位。在对外汉语教学中,从初级层次到高级层次,在听、说、读、写各类技能课程中,词汇教学无处不在。留学生词汇量的大小直接影响他们的口语、听力、阅读水平,而留学生对汉语词汇的准确理解与得体应用,更是跨文化交际达成的重要保证。词汇教学研究一直是国内汉语教学界的重点研究对象。近年来,关于"文化词汇"的研究逐渐增多,不难发现,这些研究的立足点主要还是在汉语词汇本身——这一点本无可非议。但是,如果能在教学与研究中将"留学生的跨文化适应性"作为一项重要的思考维度,结合留学生对中国语言文化的适应状况来展开教学与学理上的探讨,我们相信,这将有助于教学更有效地开展。下面,我们就从跨文化适应性的角度,对词汇教学与口语教学的开展进行讨论。

第一节 对外汉语词汇教学中的教学策略

一、词汇教学的基本单位

关于词汇教学基本单位的问题,学术界历来都有字、词和语素三种看法,且持有这三种看法者相互对立。笔者认为,这里面固然有理论语言学界对字与词的界定尚未统一的原因,但另一方面也是更为重要的,即与对对外汉语这一学科实用性的特点认识不足有关。对于"词"的定义,不同的语言学家看法不一。王力提出,词是语言最小的意义单位。这个定义明确了词的两个特点——"最小"且

"有意义"，但词和语素的界限似乎无法据此加以判定。邢福义认为由两个音节单位组合而成的是合成词，由三个音节单位组合而成的为短语，这个定义是按音节数量的多少来作为词和短语的区分标准的。实际上，合成词并非都是双音节的，如附加式合成词"笑眯眯""红通通"等为三音节，重叠式形容词"花花绿绿""林林总总"等为四音节，由两个音节单位组合而成的也可能是一个单纯词或短语，如音译词"沙发""苏打"为单纯词，"我家""白布"为偏正短语，"父母""花草"为并列短语，"淋湿""打死"为动补短语等。短语也不全是三音节的，可以是双音节的，如前例；也可以是三音节以上的多音节的，如"我家的一只小狗"。吕叔湘把词看作是"语言的最小的能够独立运用的意义单位"，这一定义着眼于"最小的能够独立运用的"和"意义单位"，兼顾了语法和意义两个方面，我们在据此标准划分语素、词和短语时虽仍无法保证界限的截然分明，但只能"立足于语言学界认识较为一致的理论基础之上，从较为严格的语言学角度出发，从汉语本身的特点出发决定词的切分"。因而吕先生的观点是目前相对全面合理且被学术界和多种语言教材广泛采用的一种说法。

对外汉语教学作为一门以培养学生将汉语作为第二语言进行交际为目的的学科，具有实用性的特点。在汉字、词语和语素三者中，只有词语才是"最小的能独立运用的意义单位"，它们并非在任何情况下都是一一对应的关系，只有当由一个汉字记录一个由单音节语素构成的词时，三者才是一致的。现代汉语词汇的特点之一是以双音节词为主，这一特点可以从各大词典中得到印证。然而这并不意味着我们可以把汉字、词和语素三者截然分开，在词汇教学中完全将汉字和语素排斥在外。虽然双音节词是现代汉语词汇的主体，但在《等级大纲》所列的1033个甲级词中，单音节词有462个，约占45%，这说明在对外汉语学习的初级阶段，单音节词出现的比例是不容小视的，这也在提示我们，在初级阶段，三分之一的情况下汉字、词和语素是一致的。《等级大纲》所列的甲级词中的双音词，如"汉语""春天"，或三音词，如"办公室""文学家"，甚至更多音节的词，如"出租汽车"，在让学生了解其基本义后可以采用汉字（语素）教学的方法加以替换、扩展（如由"汉语"扩展到"英语""日语""法语"等，由"办公室"扩展到"教室""休息室"等）。这不仅有助于学生理解汉语中合成词的构造方式，巩固记忆，还可达到帮助他们建立词汇关系网，扩大词汇量的目的，可谓一举多得。但有一些双音节合成词，如"点心""大夫""介绍"等，由于其词义的整体性和凝固性，在教学中不对语素进行具体切分而将其作为一个整体来教授的效果会更好。可见在教学中合理地将三者联系起来，针对不同词语找准不同的切入点是十分必要的。

二、词汇教学中的难点

对外汉语初级阶段综合课词汇学习的三大难点按照难度由高到低的顺序分别为近义词辨析、词语搭配和词语的语法功能。汉语中有相当一部分的近义词由于意义相近而难以辨别从而成了学生汉语学习过程中的一大难点，并受到大多数教师的重视，这在实践中也得到了很好的印证。在教学实践中，我们发现，对以汉语为第二语言的外国学生而言，他们的"近义词"范围甚至比以汉语为母语者的要大。例如，"食堂"与"饭馆""餐厅"，"浇（水）"和"倒（水）"这两组常被学生视为近义词而混淆，从而被词典所收录；或是教师在备课时做了充分准备，在处理时常能得心应手，一旦涉及学生临时对近义词辨析提出的近义词辨析时，教师则难以回答或是把握不住分析的重点。由此看来，在对外汉语教学中，近义词的辨析对象应着眼于学生在目的语学习过程中的易混淆词，其中除了汉语本体研究中的同义词或近义词以外，还应包括意义相关甚至以汉语为母语者认为意义无关但留学生在理解过程中因种种原因产生误解的易混淆词。

在对外汉语词汇教学中，词语搭配和语法功能是很多学生学习起来比较困难的内容，也是较多教师公认的难点。分析起来，原因有二：一是由于对外汉语教学这一学科的教学对象为没有汉语基础的外籍学生，他们在进行词汇学习时无法与自己的心理词库相联系，因而在接触每一个具体词语时，无论是词义，还是词语搭配和语法功能，对他们来说都是完全陌生的。词汇义中的概念义可在教材或词典中找到（附属义可在某些有关用法的词典中找到），但词语搭配和语法功能学生不一定都知晓，而这两点往往会对词语运用恰当与否有着很大的影响。此外，词语搭配和语法功能是教学中的难点也和对外汉语教学应用型的学科性质有关。吕必松先生曾指出，对外汉语教学的目标是培养学生运用所学语言进行交际的能力，在确定培养目标和教学要求、选择教学内容和教学途径以及规定教学法原则时，都要以有利于学生在最短的时间内最大限度地形成所需的语言交际能力为出发点，因而与汉语本体研究和教学不同，对外汉语教学重在让学生运用汉语进行交际。词语搭配和语法功能往往会对词语运用恰当与否有着很大的影响，这一点却多被以汉语为母语者所忽略。这是由于以汉语为母语者在学习正规的词汇知识前已建立了一个心理词库，在学习时只需将新的知识与心理词库相对应，再进行适当调整或补充即可。而词语搭配和语法功能即使一时空白，但学习者时刻置身于汉语语境之中，掌握起来也常是自然而然，甚至无须学习的。可喜的是，词语搭配和语法功能两方面已受到了较多教师的重视，且在自初三起的教材中可以发现在解释词语时针对这两方面做出的相应的说明。

部分留学生在学习词汇义时感觉到了明显的阻碍。汉字是记录语言的书写符号系统，字义其实是汉字书写符号形体结构所表现出来的意义，通常仅指字的本义；而词是能独立运用的最小的语言单位，词义则主要是通过其能指，即语音形式来表达的。但根据习惯，我们常把合成词中的语素的意义称为字义。由于合成词的词汇义与构成它的语素的意义，即习惯上称的"字义"多有联系，如果字义掌握不好，则很可能会影响到对词义的理解和记忆，因此我们说字义和词义的难度是一脉相承的。而且单音节词由于由单个汉字组成，所以词义和字义实则是同一的。

此外，在谈到词汇义的掌握是词汇教学的难点时，有一些留学生提到了离合词的运用问题。离合词作为汉语词汇里一类特殊的词历来都是让学生困惑且出错率极高的。这不仅与离合词由于自身可"离"可"合"的特点而在运用中易出现偏误有关，而且与汉语教材对离合词的处理大多既未做单独说明，课后也无针对性的练习以巩固学习效率也是不无关系的。部分学生指出词汇学习的难点是词语的语体色彩和语用功能，这两方面的内容不能忽视，因为识别和运用词语的不同语体、语用功能对留学生与中国人的交流有重要的作用（特别是对中高级学生而言）。以语体色彩为例，词语的语体色彩总的可以分为口语语体色彩和书面语语体色彩，中国人依靠语感和交际中的实践来理解，所以不同语体色彩的差异对我们来说并不难理解，但是对外国人来说就很难辨别了，常常出现"口语书用"和"书语口用"的情况，而且也无法准确地理解中国人说话的真正含义，进而影响交流。因此，在词汇教学的时候，要对书面语和口语教学两头抓，向学生说明纯口语的用法和口语中不能用的书面语用法。学生使用的汉语教材中出现的主要是偏书面的词汇，这往往会导致学生走上街头的时候，听不懂中国人说的话，产生交流甚至是文化方面的不适应，所以有必要编写专门介绍口语表达的汉语教材，选择常用的、合适的词汇作为教学的对象，系统介绍词汇意义与文化意义，引导学生恰当地使用这些词汇，最终目标仍然是培养留学生的语言文化适应性。

汉语词汇中存在大量的文化词汇，它们隐含着汉民族的思维模式、生活方式与社会文化方式，留学生在学习时，常常因为无法理解其中的文化意义而遭遇理解与运用上的障碍，产生文化上的不适应，影响交流的进行。鉴于文化词汇的重要意义，早有学者提出关于文化词汇教学的建议，如王衍军指出，在汉语本科三、四年级的课程体系中应增加一门"文化词汇"课，以加强文化词汇的教学。在教学上，应结合汉民族文化背景，根据语义场理论，采用多种教学策略，注重实践性，提高留学生实际应用汉语的能力。我们认为，设立专门的文化词汇课程，或者在词汇教学中加大对文化词汇的讲解、培养学生实际运用的能力是有必要的，这有助于学生从词汇这一切入点理解汉文化，由点及面，增强学生对语言与文化知识的接受能力，提高其对汉文化的适应水平。

第二节 对外汉语口语教学中的教学策略

外国人来到中国，面对的首要挑战就是如何与中国人交流。"学说中国话"是外国人在中国必须掌握的生存技能，因此，汉语口语教学的重要性不言而喻。在国内汉语教学界，口语教学研究自 20 世纪 80 年代后期起迅速发展，研究成果比较多，并且出现了在语言学理论指导下的口语特点研究、在心理学理论指导下的口语习得和认知研究、在教育学理论指导下的教学理论和方法研究。伴随着跨文化传播（交际）学在国内学界的兴起，我们认为，在跨文化的视角下研究口语教学将是一个具有创新意义的尝试。下面我们将结合留学生的跨文化适应性，从口语教学的原则和方法、口语教学策略两个角度，来系统探讨对外汉语口语教学的开展。

一、初级口语课的教学原则和方法

从对外汉语教学实际来看，初级阶段是整个教学的开始阶段，此阶段的学习对学生今后的学习具有极为重要的铺垫作用。"万丈高楼平地起。"对于将汉语作为第二语言来学习的留学生们来说，由于学习的是非母语，因而此阶段的教学更加不可忽视。吕必松先生指出："口头表达训练是促进语言习得的手段之一。在对外汉语教学中，过去只是在初级阶段开设一门口语课，以会话体为主，现在有些学校，虽然开设了中级口语、高级口语或类似的课程，但是对这门课的性质和任务还缺乏统一的认识，还没有形成口头表达训练的明确目标和完整体系。"那么，与教师教学密切相关的教学原则和方法也必然有待进一步研究。因此，开展有关初级口语课的教学原则和方法的研究和讨论是十分必要的。

我们一般把掌握了800个左右的常用词,并学过汉语的基本语法结构,其程度在HSK考试2至3级,能进行简单的日常交际的留学生的学习阶段看作是初级阶段。下面笔者将结合留学生的适应性以及教学实践,就初级阶段对外汉语口语课的教学原则和方法谈一点粗浅的看法。

(一)初级口语课的教学原则

1."i+1"原则

这里的"i"代表留学生已有的汉语水平,"+1"指略高于留学生实际水平的语言输入;将二者组合在一起,则构成了对留学生来说可懂且有效的输入。根据领会教学法(comprehension approach)(罗勃特·W.布莱尔),我们正是通过可懂的输入习得语言的。对教师来说,要想使课堂上对学生进行的输入是可懂而且有效的,就必须做到对学习的"i"有一个清晰明确的认识,而且随时注意随着学生学习阶段的变化,"i"也处于不断的发展变化之中,因而,教师的教学也应随之做出相应的调整。尤其在初级阶段,教师应有意识地控制课堂用语及语速。考虑到初级阶段留学生的特点,教师在课堂上应特别注意课堂用语要简单易懂,尽可能地避免使用专业术语和复杂语法,用留学生已掌握的词语和语法点来解释生词、课文,回答留学生的问题;在语速方面,教师应有意识地放慢语速,清晰、准确地发好每一个音。

2.针对性原则

(1)教材和课堂话题的选取。欧洲文化合作委员会于20世纪70年代推出的大卫·威尼金斯(David Wikis)的"功能大纲"(functional approach)或称"意会大纲"(notional syllabus),与第二语言教学的传统大纲不同,它不是以教一定数量的词汇和结构(语法点)为主要目标,而是以交际为核心,把培养学生的交际能力作为主要目的。随着对外汉语教学的发展,对学生交际能力的培养也受到相当程度的重视,并被推到首要的地位,因而,"以交际为核心,培养学生的交际能力"也同样是我们对外汉语教学的目的。结合前面我们提到的"i+1"原则,为了交际,首先要让留学生接受输入,而课堂教学则是信息量相对集中的一种重要的输入途径。谈到口语课的课堂教学,自然离不开教材和话题的选取。对于一部优秀的教材,首先在用语上应以规范的现代汉语结合一定的语境反映社会生活的真实面貌;各课情节内容应具有吸引力,能激起学生学习的欲望;各课应含有相应数量且有交际价值的语法结构,让学生学有所获。经过教学实践,我们认为

对教材和课堂话题的选取,以下几点尤为重要:

一是与现实生活相结合。这是指教材和课堂话题与社会生活的联系是否紧密,反映的是否是社会生活的真实情况。若我们选取的教材和课堂上的话题练习与社会生活联系紧密,学生就能体会到学以致用的乐趣,自然更能促进教学的进行,有利于教学的开展。目前,出现在初级口语教材中的话题大致有以下几类:与人相识——自我介绍与为他人介绍;问路、找路,买东西;谈家庭状况、体育活动;打电话去餐厅;气候、季节;乘车、买票;去邮局或医院。

任何事物都有两面性,现实生活也不例外。正是由于两面性的存在,才使得现实生活成为真正的生活、完整的生活。同样,教学内容也包括其积极的一面和消极的一面。消极的一面固然不值得提倡,但是我们不能因为教学对象是外国学生就采取回避的态度,相反,我们应该正视它。比如买东西,公平交易自然是我们追求的,但是现实生活中确有一些欺骗行为的发生,若我们对此一概持回避态度,那么我们的学生一旦在日常生活中遇到类似行为,就会感到教材中描述的情景并不真实,甚至有可能在课堂中采取与教师不合作的态度,这样一来,我们不仅没能维护好作为教师的形象,反而适得其反。因此,诸如此类的外国人在华生活中可能会遇到的反映社会消极面的场景在教材中适当地出现一些,其实并无坏处,如果编排得合理,用语得当,也许还会提高教材的实用性和趣味性。对于这一点,《朴通事》就是一个极好的范例。目前,越来越多的教材注意到了现实生活的全面性。

二是与文化背景相结合。北京师范大学语言学家许嘉璐教授认为:由于语言是一种特殊的文化,是文化的重要载体,所以语言理解就包含着文化理解;同时语言理解需要文化理解,语言理解的层次越高,需要的文化理解也就越高。对于非汉语背景的学习者而言,汉语学习初级阶段的文化定位表现为"文化因素"或"文化知识背景";目的语学习越往高层次发展,接触的文化越高,学习的内容越以专门文化的面貌出现。

对于母语为非汉语的教学对象而言,由于学习者的母语文化与目的语文化之间存在系统的差异,因而在其学习和使用汉语的过程中,始终贯穿着由母语语境向汉语语境的迁移,这种迁移能力就是跨文化交际能力。鉴于此,我们在对外汉语教学中,在培养学生口头表达能力的同时就必须注意到影响跨文化交际的诸多因素,如文化因素、心理因素、交际环境因素、人际关系因素等。其中尤以文化因素为主,了解留学生对汉文化的适应程度是培养他们交际能力的重要前提。

根据所做的文化适应调查，我们发现，一般的日常交际对留学生来说并不太难，但是，当交际内容涉及较为深入的话题时，或者交往中出现较为复杂的社交规约时，由于显著的文化差异，留学生遇到的交际阻力就明显增加了。因此，在口语教学中，从初级阶段开始，我们就要注意培养留学生对汉文化的认知，引导他们理解与接受汉文化知识。

反映在对教材和话题的选取上，我们应该有意识地在其中渗透一定的文化知识。从大的方面看，文化知识可以分为五类：生活文化（如招呼、称谓、饮食、居住、交往等）；习俗文化（如婚姻、丧葬、年节、忌讳等）；国粹文化（如四大发明、中医、武术、国画等）；制度文化（如政治体制、行政体制、经济体制等）；观念文化（如中和观念、家庭观念、尊老爱幼的思想、勤俭节约的美德等）。由于前两者的运用范围较为广泛，且内容相对简单具体，对外国学生来说较易理解，因而我们认为在对外汉语教学初级阶段，应该以教授前两者为主。在教学中可采用与留学生本国文化对比的方法。当留学生的词汇量和对语法知识的掌握到达一定程度后，教师应在讲解中注意将某些文化传统的来源告知留学生，以扩大留学生的文化知识面，并帮助他们加深对异国文化的理解，增强他们的适应性。

三是与学生实际相结合。根据实证调查结果，在对中国生活的整体感受方面，参与调查的大部分留学生都对中国的印象较好，但由于语言文化上的差异，有时候他们会不理解中国的交际文化，在生活中出现一些负面情绪。按照汉语水平，初级留学生进入新环境后，大多数人都处于"兴奋期"，对在华生活的积极感受比较多；但在中、高级留学生群体中，仍然有一部分人的文化适应状况较差。因此我们认为，在口语教学的话题选择上，如果能贴近留学生的文化适应状况，与留学生的实际生活密切相关，就能引起他们的共鸣，激发他们主动开口的欲望，从而推动教学的开展。在留学生的各种实际情况中，其知识水平尤其重要，因为我们的教学对象主要是成年人，他们虽来自外国，汉语表达能力不强，但这并不影响他们的思维能力。对于零起点的留学生，我们的教学理应从基本的诸如形式单一的"a、o、e"和意义简单的"你好""汉语难吗"这样的内容开始，但如果教学内容一直停留在过于简单的阶段，那么留学生便会感到教学内容过于简单，我们的教学也就失去了它的意义。因而我们在教学中应全面考虑初级阶段教学对象的特点，在此基础上，根据他们在汉语学习中的各个小阶段，确定与之相适应的教学内容。

（2）针对不同的留学生，教师的教学侧重点应不同。不同的教学对象，他们的自然特点、社会特点、目标需求、心理需求、学习环境和学习条件是不一样的，具体说来，他们的年龄、身份、国籍、使用的母语、背景文化、兴趣爱好、学习目的、现有水平、学习时限、对汉语及文化的适应状况等都是不同的，这就要求教师能针对这些情况各不相同的留学生展开具有不同侧重点的教学。例如，针对日韩等东南亚国家的留学生开展教学时，由于日韩与中国同属"汉字文化圈"，因此对汉字的学习和掌握于他们而言就显得比欧美国家的留学生容易得多，且他们的性格由于受到本国文化传统的影响，大多数比较含蓄内敛，在课堂中不太喜欢主动开口。通过对留学生进行这样的横向比较，教师在教学中就应树立起这样的观念：对欧美留学生来说，汉字的教学是一个难点；而对日韩留学生来说，启发和引导他们主动开口是一个难点。诸如此类的情况还有很多，都应引起教师在教学中足够的重视，这里不一一列举。

3. 精讲多说原则

练习是语言习得的主要途径，因而讲解和指导留学生操练必须贯彻精讲多练的原则。反映在口语教学中，这一原则可概括为精讲多说。这里的"精讲"包括两个方面：一是指内容，即课堂上教师所讲的内容应少而精，是去粗取精的结果。教师在课堂上的讲解，最重要也是最基本的要求即正确、简单、明了。尤其是在初级阶段，由于对外汉语教学对象的汉语水平不太高，所以教学内容的通俗易懂便成了一个需要十分注意的方面。二是指方法，即教师应使用简单可行的方法将课堂内容讲清楚、讲透彻。为达到这一目的，教师在教学中可采用一些直观的手段，如向留学生出示实物或印有实物的图片，或在讲解的同时辅以相应的形体动作帮助留学生理解等。同时，教师应多采用启发式的教学方法。启发式的核心是充分发挥成年留学生认知能力强的特点，调动他们的积极性，训练他们用汉语进行思维的能力。例如，留学生对某一个词的意义不能理解，此时教师不必忙于直接告诉他们，可以采用先以语素为单位进行拆分，然后引导留学生逐一理解其中的语素，最后将它们合在一起的方法，或是采用设置一些语境帮助留学生根据上下文对其意义进行猜测的方法。

"多说"也包括两方面：一是指学生的"说"于教师的"讲"而言，所用的时间相对较长；二是指"说"的内容的全面性，即应该练的都要练到。大量、有效的练习可以加深学生对所学内容的理解，便于他们正确运用所学内容。

在组织留学生进行口语操练的同时，有两点需要注意：一是"说"应与一定的语境结合；二是"说"的目标要明确，或是练习对词语的使用，或是掌握对语法点的运用等。

（二）初级口语课的教学方法

口语课的教学目的是提高留学生的口头表达能力和交际能力。汉语交际既是汉语学习的目的，也是汉语学习的方法。留学生通过汉语交际活动，获得汉语交际能力是学习汉语的最佳途径。而留学生要获得汉语交际能力，不仅要接受汉语这种目的语的输入，更重要的是要将这种输入转化为自己的能用于表达和交际的语言材料。也就是说，留学生要通过对材料的理解和重组，创造性地运用自己所学的内容。

根据训练的内容，我们可将口语课的教学方法划分为语音训练、词语训练、句子训练和成段表达训练四类。根据参与练习的留学生的数量，我们可将口语课的教学方法划分为独白性训练和会话性训练（其中又包括两人会话与多人会话）两类。"说"是语言生成能力的集中体现。生成能力是指在特定的功能意念下生成目的语的能力。"理想的教学应在确切的意念指引下，造成最接近真实的'用'的语境，学习者处于'用'语言的状态。""把'用'当作'学'的手段，把'学'和'用'统一起来。"但是，处在初级阶段的留学生的词汇和语法储备都非常有限，因而对他们的要求也不应一步到位。在此阶段，我们应引导留学生在对单个的词语、句型操练已达到熟练的程度后，进入简单的成段表达的训练阶段。下面我们将对按照训练的内容划分的几类适合初级阶段口语课的教学方法进行具体的论述。

1. 语音训练

口语是有声语言，无论是听还是说，都是以清晰准确的语音为前提的，因此语音训练的重要性是绝对不容忽视的。吕必松先生在《对外汉语教学概论》中提出了三种方法：以音素教学为纲，以话语教学为纲，音素和话语教学相结合。

以音素教学为纲是目前对外汉语教学界主要采用的方法。笔者认为，这是因为这种教学方法较有利于初学者对目的语的识记。语音教学中我们可运用的具体的教学方式有图表演示、反复示范、循环模仿等教音法，独唱合唱、说读结合等练音法，夸张、对比的提示法和手势体态的演示法等纠音法。在教学中我们无论运用哪一种方法，采用哪一种具体方式，都应把重心放在音素的发音部位和发音方法上。

2. 词语训练

在对目前有关口语教学法的论著进行总结、概括的基础上，我们根据口语课中词语训练重点的不同，将词语训练的方法分为以下三类：

（1）训练单个词的形—音—义的关联的，如直接法（指物说词或根据动作说词等）、认读法（根据板书念词语等）、释义法（对指定词的意义进行阐释）。

（2）训练对不同词的聚合、组合关系的把握的，如语素法（让学生说出一个含有与所给词相同语素的词）、替换法（用近义词替换句中的某个指定词语）、联想法（说出与指定词语相搭配的词或其反义词）。

（3）训练母语与目的语的关联的，如翻译法（将汉语词与母语词对译）。

上述方法中直接法和认读法是两种基本方法，具有直观、通俗易懂的优点，尤其适合于零起点及稍高于该水平的留学生。释义法是词语训练中一个必不可少的方法。在初级阶段尤其要注意的是，对于非抽象词，较宜采用提供实物或利用动作帮助学生理解的方法；对于抽象词，较宜采用设置情景而让留学生利用情景来理解的方法，不宜采用用另一个抽象的词解释生词的方法（若在英语中有外涵、内延均与之相对应的词，对于英语水平较高的学生，也可用英语词对其进行解释）。

口语课词语训练的目的是要帮助留学生建立起具有某种关联、纵横交错的词语网。对于初级阶段的留学生来说，训练的目的具体表现为让他们通过课堂上对词语的学习，明确在词语网络中哪些是具有相同、相近或相反义项的词，哪些是可以搭配使用的词，在需要时能熟练自如地从词语网络中提取词语，并将之正确地连缀成句，直至成段，而非让他们死记硬背许多单个的词。

3. 句子训练

依据难度由浅入深的顺序，口语课的句子训练大体可分为以下三种：

（1）机械练习。这种练习方法主要以模仿为主，模仿的内容包括句重音、语调、语速、停顿等，句式变换、对句中的词语进行替换的练习等也属此类。由于该类练习对学生要求较低，也不要求留学生必须具备一定的知识积累，因而我们认为它主要适合于零起点与学习时间在四五个月以下的学生。

（2）造句练习。即用指定的词语造句或将对话补充完整。该类练习对留学生的要求较上述第一类练习来说稍高，且需建立在学生具有一定的词汇和语法构成知识的基础之上，因而较适合于学习时间在半年左右的留学生。

（3）交际练习。包括情景问答、自由问答等。该类练习对留学生的要求是这三类中最高的，它不仅要求留学生能运用相关的语法知识将已知词语组合成句，而且必须在同时正确理解对方的话语。因而该类练习开始进行的时间应略晚于上述第二类，可与第二类配合进行。有效的交际练习也应结合一定的情景，而非孤立地进行。加强情景会话练习，可以使学习者运用会话技巧，根据不同的情景，将学过的对话方式以及话语结构做纵向的迁移，让他们在真实的语境中也能熟练自如地与人交际。在课堂上，教师应多运用模拟实景的方法来开展教学，尽可能地把模拟的情景和现实生活中的情景统一起来，让留学生学以致用。

4.简单的成段表达训练

由于事件包含的命题之间具有先后、因果、推理、转折等关系，反映在语言形式即句群中也有相应的联系，这种联系的表现形式为使用关联词语连接两个句子，或不依靠关联词语连接，而依靠句子之间的内在联系组合成句（如紧缩复句等）。一般说来，成年人用母语思维时，都具有一定的条理性和逻辑性，但若使用目的语思维，则可能因为思维方式的差异，或因为对目的语的使用水平有限，使所表达的内容比较混乱。因此，为提高口语能力，成段表达也是一个必须注意的方面。由于成段表达不仅涉及词语，而且涉及对语言结构系统的全盘把握，因而此项训练大多在中级阶段才开始进行。但我们更提倡在初级阶段就着手进行简单的成段表达训练，然后再逐步过渡到中级阶段较为复杂的成段表达训练，这样，留学生就不会因感到初级与中级的跨度过大而难以适应。简单的成段表达训练可分为三种：看图说话或讲故事，连句成段，复述及转述短文。在用这三种方法进行练习时，我们应注意留学生的表达中句与句之间的顺序是否合理、恰当，尤其是语段中的连词运用得是否正确。

（三）需要注意的问题

1.有计划、有重点地对学生进行纠错

在学生进行口语练习时我们不应轻易打断他们的话语。因为任何人在说话时都有一个组织的过程和思维连续性的问题，尤其是初级阶段的留学生，他们组织一句话需要较长的思考时间，出错率也较高，且一部分留学生口头表达的欲望还处于有待激发的阶段，如果此时教师多次打断他们的谈话，则不仅会打断他们的思路，甚至还可能挫伤他们的学习热情，阻碍他们今后的学习。但这并不意味着教师对学生在表达中出现的错误就统统听之任之。教师在对待留学生表达中的错误时，应把握两点：一是纠正留学生常犯的错误，二是纠正留学生带有普遍性的错误。教师在纠正错误时适宜采用操练的方式，比如，教师可先重复一遍留学生的错误或将之写在黑板上，让留学生自己辨别，然后指出正确的形式，让留学生进行操练。

2.把握好生词和语法教学在口语课中的地位和时间比,避免出现反客为主的情况

口语课的目的就是训练留学生的口头交际能力。因而如果在口语课中补充、讲解过多的生词或语法,那么口语课则与综合课无异。不同的课型有不同的侧重点,教师应清楚地认识到这一点,并在课堂教学中有意识地突出不同课型的不同特点。

3.适当突出"口语体"的特点,但不排斥对书面语体的学习

口头语言和口语体都可以简称为口语,因此二者常常被混为一谈。吕必松先生对此专门做了解释。他指出,口语和书面语是一种语体概念,口头语言和书面语言是一种语用概念。口头语言以口语为主,但不限于口语;书面语言以书面语为主,但不限于书面语。"我们据此进一步认为,口语应专指口头语言,至少在语言教学时如此。"以汉语为第二语言进行的交际是跨文化交际,跨文化交际的特点决定了书面语体在口语教学中有着不可忽略的地位。对于交际中必需的书面语体的语言形式,包括某些出于礼貌原则而需使用的词、句子和句式,如"父母亲"与"爸爸妈妈"的区别,"您贵姓"和"免贵,姓李"的问答方式等,在教学中也应有所涉及,而不应采取一概排斥的态度。

4.处理好"听""说""读""写"四项技能的关系

杨惠元先生认为,口语课应以训练口头表达能力为主,把说和听、说和读、说和写结合起来,为了说而听,为了说而读,为了说而写。听的训练、说的训练、读的训练、写的训练既有所侧重又有联系,这样才可以全面有效地提高学生的交际能力。为提高留学生的口语能力,教师必然要求他们加强阅读,扩大词汇量,接触新的句式句型,增加语言和文化知识;同时,"说"的训练也应与"听"的训练相结合,多听可以培养留学生的语感,这也正是我们强调在课堂中尽可能地使用汉语进行教学的原因之一;"写"则可以帮助留学生更有条理、更有逻辑地建构"说"的框架,从而更清晰地通过"说"来表达自己的思想。因此,"听""说""读""写"四项技能是紧密相关、密不可分的,教师要全面把握四者的关系,避免在教学中将它们割裂开来。

二、初级口语课的教学策略

(一)语音教学策略

语音作为学习一门语言不可回避的环节和学习语言的基础,其重要性是显而易见的。但由于汉语语音知识涵盖了声母、韵母、声调、变调、儿化、轻声、语

调等各方面的内容，范围较广且内容庞杂，因而要全面熟练地掌握它并非一件易事。

汉语的送气音与不送气音的对立，鼻音与边音的对立，前鼻音与后鼻音的对立，声调与变调，同一个词由于轻声和非轻声的差别可能导致词义的差别等都可能给学习者带来一定的障碍。由于对外汉语的教学对象绝大部分是成年人，他们已经形成了某种语音系统（多为其母语语音）的发音定势，因而要准确掌握第二语言汉语的语音系统，摆脱洋腔洋调的普遍现象就更是难上加难，以至于"几十年来，外国留学生中，汉语普通话说得很标准或比较标准的，人数不多，也可以说很少"[①]。不少教师和学者认为，从这些年来对外汉语教学的效果看，口语表达的流利程度有所提高的同时，语音的标准性却有所下降。如此看来，如何改变这种现状，选取合理优化的教学策略便成为对外汉语教师面临的一个迫在眉睫的问题，也是帮助留学生与中国人在交流中相互适应的重要途径。

合理的策略的选取与教学内容息息相关，因此我们有必要对汉语普通话语音的特点进行分析，以达到有的放矢地选取相应的教学策略的目的。

1. 汉语普通话语音的特点

汉语普通话语音由音质要素（元音和辅音）以及非音质要素（即声调）构成。音质要素和非音质要素共同组成我们听觉能感受到的最自然的语音单位——音节。在实际运用中，为了拼合方便，我们习惯把音节开头的辅音称为声母，把剩下的部分称为韵母。韵母主要由元音构成，有的韵母也由元音加鼻辅音构成。韵母按结构分为单韵母、复韵母、鼻韵母三类；按开头的元音发音的口形，又可分为开口呼、齐齿呼、合口呼和撮口呼四类。

普通话音节结构有以下特点：

（1）一个音节最多可由四个音质要素组成，即声母、韵头、韵腹和韵尾。

（2）元音在音节中占优势。一个音节必定有元音且最多可有三个连续出现的元音音素。

（3）音节可以没有辅音。在音节末尾出现的辅音仅限于n和ng，没有复辅音。

（4）大多数音节包括声母和韵母，少数音节为零声母音节，即以元音开头的，没有声母而只有韵母和声调的音节。声调和音节一一对应，具有辨义作用。汉语普

---

① 程棠.对外汉语教学目的原则方法[M].北京：华语教学出版社，2000：20.

通话的声调有阴平、阳平、上声、去声四个调类,调值分别为 55、35、214、51。

汉语普通话音节结构比较整齐,其构成有较强的规律性可循,对在不同位置出现的音质要素具有较为严格的限制,因而汉语普通话音节的总数仅有 410 个左右,相较于英语的 10000 多个音节而言,是非常少的。

2. 汉语普通话的语音现象

(1) 变调。在语流中,当两个或两个以上音节连续发出且无明显语音停顿时,其中一些音节原有的稳定的调值往往会受后面的音调声调的影响而发生变化,即"变调"。我们可将变调分为以下几种:二字组连续变调(由于双音词在汉语词汇中占优势,因而二字组的复合词的变调也是所占比例最大的一类变调)、三字组连续变调、四字组连续变调、"一""不"的变调、"七""八"的变调、单音节形唇词重叠式的变调。

(2) 轻声。除了变调外,普通话中还存在轻声和儿化的语音现象,它们均会导致原字发音的改变。对于轻声的定位,学术界观点不一:有人认为"轻声是汉语的第五调",也有人认为"轻声是和中音、重音相配合才存在的",还有人认为轻声是与包括阴平、阳平、上声、去声在内的非轻声相对立的一个调类。我们认为最后一种观点符合语言事实。汉语的声调只有阴平、阳平、上声、去声四个声调,而不包括轻声。"轻声"中的"轻"也不是和"中音"或"重音"相对的,而是与"非轻声"相对的。"中音"是与"高音"和"低音"相对的概念,而"重音"是"在语句里念得比较重,听起来特别清晰完整的音",其特点表现在扩大音域和延续时间上,同时增加强度。"重音"是与"非重音",即在自然的状态下发出的音相对的。轻声是四声在一定条件下的特殊音变,它在物理属性上主要表现为音长变短,音强变弱,但它也可以变调。由于轻声的音变情况比较复杂且轻声音节的音高还会因受前一个字声调的影响而变化,加之学术界对应纳入普通话的轻声词尚无统一确定的标准,教材对这个问题的处理方式也比较混乱,因此,外国学生在学习中更易产生混淆。一般说来,"上声字后的轻声字的音高比较高,阴平、阳平字后头的轻声字偏低,去声字后头的轻声字最低"。而且轻声不仅会引起音高的变化,改变原来的音值,有的还会影响声母和韵母,引起音色的变化。轻声引起变化的情况主要有:使不送气的清塞音和清塞擦音浊音化,如"哥哥"的后一个"哥",声母有时会变成浊塞音 [ge];使韵母中较高或较低的元音向央元音靠拢而导致韵母变得较为含混,如"棉花"的"花"念轻声时为 [huɑ];有的使韵母脱落,如"豆腐"的"腐"念为 [fu] 等。

（3）儿化。儿化是现代汉语语音中不可忽略的一个重要部分，它是和轻声一样的现代汉语中重要的特殊音变，在汉语北方方言中已有三百多年的历史。由于儿化必须遵循若词根语素的韵母跟卷舌音不能同时共存，则必须改变原韵母的结构使之适于卷舌的"可共存发音的同时性"原则，因而会引起原韵母发音的变化，且韵母不同，发音规则也不同，普通话里除了 e 和 er 外，其余的韵母都可以儿化。

（4）重音。重音主要包括词重音和句重音两个方面，且以前者为基础。作为现代汉语语音系统的一个重要特征，重音的运用与句法结构、语义及语用表达关系密切。正确地掌握重音，除了有助于帮助留学生解决说汉语时"洋腔洋调"的问题以外，还可以增强其语言的表现力和感染力。

虽然汉语普通话由于"音节之间的相对轻重感觉很微弱，从语音实验的角度来看，也无法得到明显的'后中论'的证据"，"汉语是以单音节词和双音节词为主的语言，重音的作用远不如西方语言重要"的特点，有无词重音的问题曾受到一些学者的否定，但赵元任提出的"在正常重音的词语里，其实际轻重程度不是完全相同的，它们是同一音位的重音变体"的观点为近些年来声学实验的数据所证实，汉语有词重音的观点受到诸多学者的认同。

有关汉语句重音的研究，不同学者就其定义、分类、本质等提出了不同的看法。鉴于本研究的主要对象初二年级的外国留学生使用的教材为《汉语教程》，因而我们将尽可能地以该教材为依托，采用其观点。在定义方面，我们采用"……在说话人看来是比较重要的……重读的成分"的提法，在分类方面，我们采用教材将其分为语法重音和逻辑重音的方法。关于句重音的本质，较为集中的观点为：它是说话人话语焦点在语音形式上的体现。

关于影响重音的因素，自 20 世纪 70 年代以来，学者们通过大量声学实验和听辨分析，发现音强、音长、音高、音色或它们综合的结果都可能影响重音，这使得"轻重音仅通过音强来表现"这一传统观念得到了更正。重音的分布情况也是广受语言学界关注的一个课题。在词重音方面，目前较有影响的是宋欣桥和林茂灿两位学者的观点。林茂灿等的声学实验结果认为："正常重音可以分为重音（强音）、中音和次重音三个等级，在没有对比重音条件下，两字组的基本模式是重轻和中重。在没有对比重音和弱重音条件下，三字组的重音模式为中、次中、重，对四字组来说，末字最重，首字次之，中间又次之，即中、次中、重。多字组末字或中间字可能出现弱重音。"宋欣桥指出，单音节词绝大多数重读，双音节词以中、重为主，三音节词以中、次轻、重为主，四音节词以中、次轻、中、重为主。两位学者的观点总体是一致的,这也成为词重音教学的重要参考。句重音方面,徐世荣指出"意群重音"跟语法关系密切,并对不同句法成分进行了重音分析。"意群重音"即语法重音,他认为"主谓"之中,谓语重读;"主谓宾"之中,宾语重读;"无主句"中,宾语重读;"主谓补"中,补语重读;"主谓补宾"中,宾语重读;定语和状语一般都重读;"兼语式"中,兼语后的谓语重读;复指成分中,"主名"比"加名"重;"联合结构"中,几个并列成分同重。胡裕树、高桥洋、郭锦桴得出的规律均与徐世荣的相似。叶军考察了常见句法结构中语法重音的分布情况,也证实了徐世荣关于"意群重音"的观点。

(5)语调。关于语调,学术界主要有狭义和广义两种不同的解释。狭义的解释是语调是句子的音高变化。这种主张源于英国 L. E. Armstong-I.C.Ward 学派提出的英语语调以升、降为主体的理论。著名语音学家丹·琼斯继承和发扬了这种理论,他在《英语语音学纲要》一书中明确指出:"语调可以定义为在连续语言中……也就是声带振动时发出的乐音在音高方面的变化。"我国持这种观点的学者也不少,如徐世荣认为,语调"是指全句的高、低、抑、扬"。一般说来,狭义的普通话语调可分为升调、降调、平调和曲调四种:升调常用于表达情绪高涨或表示呼唤、命令、疑惑等语气;降调常用于表示说话人情绪低落、感叹、反诘等语气;平调常用于叙述、说明或日常对话;曲调可分为降升调和升降调两种,主要用于表达讽刺、惊疑、意外或委婉的语气,同时也可用于表示夸张。广义的解释是语调跟句子的音高、音量、音长、音速的变化都有关系。如周殿福提出,"我们平时……称句调为语调","句调不仅和高低以及长短有关,和声音的轻重、快慢、停顿以及这些因素在程度上的变化都有关"。罗常培、王均在其《普通语音学纲要》中也说:"跟句子的句型或情感有关的语调叫口气语调。口气语调跟声音的高低、强弱、长短、快慢都有关系,而高低抑扬的变化尤为显著。"鉴于语调的内涵可分为上述狭义和广义两种,因而产生了"语调"和"语气"两个概念:前者指句子的音高变化,后者指广义的语调。在研究方法上也分为两种:一种使用现代的语音实验仪器仅对音高变化进行研究;一种则将之作为汉语口语不可分割的部分,对每一个句子高低、快慢、停顿、重音、变音、变调以及语气词的变化进行研究。

上述两种观点在关于语调的定义上,均认可语调与音高之间的关系。鉴于语调问题在对外汉语初级阶段虽有所提及,但一年级一级学生只要求具有初步的辨别和理解能力,一年级二级学生才要求说话语调基本正确,因而我们未将其作为重点研究对象。在这里我们与《汉语教程》保持一致，取其狭义定义，且仅对句末升降调进行简要分析。

3. 教授语音的宏观认识

（1）关于整体音节的教学。整体认读音节是指在音节中，声韵母的内部构造不是拼合关系，因而在认读时不用拼读而直接认读的音节。整体认读音节并非《汉语拼音方案》中所列的特殊音节，而是在教学中为了增强操作性以便学生学习和掌握而划分出的一类将声韵母视为一个整体，并直接加以认读的音节。

在对外汉语初级阶段综合课教学方面，对外汉语拼音教学中共有7个整体认读音节，分别是:zhi、chi、shi、ri、zi、ci、si。这7个音节之所以被处理为整体认读音节，主要是因为汉语拼音采用的是以字母来表示汉语音位的办法。这样的处理在简化了书写形式的同时，也增加了音节学习的难度，于留学生而言，加上母语的影响，更容易导致发音的偏差。汉语拼音字母中的"i"这一书写形式由于同时表示舌面、前、高、不圆唇元音 [i] 和舌尖前、高、不圆唇元音—i[ɿ]，以及舌尖后、高、不圆唇元音—i[ʅ]，使得—i[ɿ]、—i[ʅ] 极易与 [i] 相混而误将分别出现在舌尖后音声母和舌尖前音声母后的—i[ʅ]、—i[ɿ] 发为 [i]。

（2）教授声调的顺序。在对外汉语初级阶段综合课教学方面，学术界就教授声调的顺序提出了诸多不同的看法，如按阴平、阳平、上声、去声的顺序，或按阴平、去声、阳平、上声的顺序，或按阴平、去声、上声、阳平的顺序进行教学，还有主张针对不同国籍的学生采用不同顺序进行教学的。鉴于声调作为一种音高变化具有区别意义的作用，它是汉语语音的一个重要的外显特征，故汉语声调的教学历来都是一个重点兼难点。因而对外汉语教师一直认为声调教学颇有难度。绝大多数对外汉语教师仍然按照与教材安排一致的四声顺序进行教授，其主要原因是这样的安排不仅易于操作，而且有利于学生唱四声并记住四声的顺序，部分教师在教授时会加入口诀来帮助学生记忆调型的变化，如"一声平，二声扬，三声拐弯，四声降"。

笔者认为，由于目前对外汉语教学中大多数为国籍混合的班级，采用针对不同国籍的学生按照不同顺序教授声调的方法操作起来难度过大，且易引起课堂秩序的混乱，其实施受到相当程度的限制。按照传统的阴平、阳平、上声、去声的顺序安排教学的方法虽无法保证与所有学生由易到难的认知顺序相一致，但与教材一致的安排不仅有利于教师顺利进行教学，学生的课后复习也有较强的可操作性，而且阴平、阳平、上声、去声的顺序原则也与自然数的顺序一致，因而便于学生记忆。

（3）重音。《汉语教程》将重音的教学安排在声母、韵母、声调、轻声、变调等语音基础知识学习之后，分词重音和句重音两个大类进行介绍。词重音分两册五部分介绍了双音节词、三音节词、三个音节以上的词的词重音分布情况，单音节动词重叠式AA、双音节动词重叠式ABAB以及数量词组的词重音分布情况；句重音分两册十二部分介绍了简单主谓句、代宾语的句子、代定语和状语的句子的句重音分布情况，介宾词组作状语的句子、动词后有宾语的句子的句重音分布情况，"……，好吗？"问句的句重音分布情况，双宾语句的句重音分布情况，逻辑重音的句重音分布情况，带"几"的问句的句重音分布情况，兼语句的句重音分布情况，带动词"有"或"是"的存在句的句重音分布情况，带能愿动词的正反问句和答句的句重音分布情况，带状态补语的句子的句重音分布情况等。总体而言，教材将句重音分为语法重音与逻辑重音两大类。绝大多数对外汉语初级综合课教师认为重音教学难度较大，因此将之作为一个专门的知识点，循序渐进地教给学生。

笔者分析，对外汉语初级综合课教学是以汉语为第二语言的教学，对学生，尤其是母语为非声调语的学生而言，无论是开始阶段的声母、韵母、声调、轻声、变调，还是词重音、句重音，以及下一部分将提及的语调学习，都是从零开始的，这些知识点辐射的范围广泛，其难度也不小。

（4）语调。《汉语教程》将语调的教学安排在声母、韵母、声调、轻声、变调等语音基础知识学习之后，分两册六部分穿插在词重音以及句重音之间。具体内容包括：升调和降调、特指疑问句的语调、正反疑问句的语调、选择问句的语调、省略问句的语调、句尾用"吧"的疑问句或祈使句的语调、感叹句的语调、表示提问的疑问句的语调。绝大多数对外汉语初级综合课教师认为语调教学的难度较大，因此将之作为一个专门的知识点教授给学生。

（5）对学生在整个语音学习中出现的偏误的态度。赵元任曾指出："（学习外国语的）发音部分最难也最要紧，因为语言的本身、语言的质地就是发音，发音不对，文法就不对，词汇就不对。"[1] 由此可见语音的重要性。在将汉语作为第二语言的学习中，上述声韵母、声调、轻声、变调、儿化等语音方面独有的特点会为学习者增加学习难度而导致错误频频出现。如何对待学生在语音学习中出现的种种错误便成为我们亟待解决的问题。学术界就此看法不一，大致可分为两派：

---

[1] 赵元任.语言问题[M].北京：商务印书馆，1980：25.

一派以斯金纳（Skinner）、华生（Wahson）等早期行为主义理论者为代表，他们认为，语言学习是外界环境刺激强化的结果，正确的语言形式应该通过正强化得以固定与巩固；反之，错误的语言形式应该通过负强化进行淡化和消除。因而对学生的错误也应该自始至终地严格要求，尽可能地达到规范、准确，有错必纠。另一派以内在论者为代表，其认为学习语言的最终目的是为了交流，在教授发音时力求准确，但偏误是学习过程中不可避免的，它会随着语言学习的深入自然消失，因而不必采取有错必纠的态度，而只纠正典型的、有代表性的、影响交际的错误即可，应让学生在今后的学习中逐渐意识到并学会自我改正发音错误。随着二语习得理论的发展，这一派的观点得到了更多学者的支持，如克拉申认为，教师课堂上大量的纠错行为不仅不能有效地促进学习者成功地习得语言，反而会增加学习者的焦虑，妨碍学习效果的实现。大卫·纽南提出语言教学应该注重语言的内容而不是语言的形式，它的基本目标是让学生学会流利的使用语言，只要学习者的语言没有阻碍交际的实现，那么其语言就是可接受的，学习者的语言错误就可以被忽略。

国内持这一观点的学者也不少，如罗晓杰和孙琳认为，随着交际法的盛行，语言错误出现逐渐弱化的趋势，即对语言形式的关注减少，对"学习者表达的思想及获取信息的能力"的关注增多。有学者提出教师应把握纠正学生偏误的分寸，要有选择性地抓住重点纠错，而重点即是指那些直接影响交际的错误及与本课所教内容直接相关的错误。也有学者主张对课堂纠错采取柔性原则，即对影响交际的错误要加以纠正，而对那些由于不熟练而产生的错误只需加以指点，不应一概"有错必纠，有错即纠"。

笔者认为，在对外汉语教学中，虽然对错误的放任会使学习者放松对语言学习中出现的错误的警惕，久而久之，这些不正确的语言特征一旦"永久性地成为一个人说或写一种语言的方式"，即"化石化"，则会对语言学习产生较难改变的负面影响，但对错误采取每错必纠的态度，则不仅会打断课堂进度，无法保证教学计划的完成，而且还会影响学生语言的流利度，甚至可能造成学习者的焦虑并挫伤其学习积极性。因此，对错误的纠正必须本着适度的原则，教师应对学生在语言学习中出现的错误做一清晰的分类，对学习者常犯的与当前教学内容直接相关且严重影响交际的错误及时进行纠正。可见，只纠正学生出现的典型的次数多的错误的态度是符合第二语言学习规律的。

（二）成段表达教学策略

鉴于对外汉语教学的目的是培养学生以汉语为第二语言的交际能力，因而交际绝非仅限于单个的字、词或句的运用，更重要的是成段表达。然而目前的事实是我们的汉语教学往往教到句子层面则止，对句子与句子之间的连接和过渡却只字不提或轻描淡写，"句群教学在对外汉语教学中尚属探索阶段"是我们无法回避的事实。在这样的形势之下，在把握句群的组合方式的基础上，培养学生的成段表达能力便成为每一位对外汉语教师应悉心探究的一个终极课题。

教师对于引入成段表达练习时段的看法差异较大，除了因为前文提到的目前对成段表达练习的重视远不及对拼音、汉字、词语和语法的重视外，还和汉语的句群组合方式有关。在汉语句群主要的两种方式"意合法"和"关联法"中，明显区别于印欧语系语言的是前者，即汉语的句群组合不像印欧语系语言那样"严格地强调关联词和关系词的使用"，"常常是众多小句按逻辑和时间的顺序逐步交代，层层展开，表现为一连串的联动句和流水句"。这对习惯了使用关联词和关系词来进行句群组合的西方学生来说无疑是难以理解和运用的，他们的表达除了用词和语法会出现错误以外，句子之间的连接也往往不符合汉语的表达习惯。

针对尚处于初级阶段的在华留学生而言，我们无疑不能在其缺乏基础的汉语语言知识的条件下就开始大量引入成段表达能力的训练，但完全回避的态度也是不可取的。我们主张把引入成段表达练习的时间安排在第一学期结束后，即学生已积累了最为基本的汉语语言知识的阶段是较为适宜的。教师应在充分认识到培养成段表达能力的重要性的前提下制订合理的教学计划，有意识地随着学生汉语语言知识能力的提高而逐渐加大对他们成段表达能力训练的力度。其实，对以汉语为第二语言的初级阶段的学习者而言，由于他们置身于目的语的环境中，在日常生活中就能接触地道的汉语表达，这对其逐渐习惯和学会使用汉语思维是十分有利的；此外，初级阶段的学生学习汉语的积极性普遍较高，运用汉语进行表达的欲望也较强，因此，教师若能意识到这些有利条件，抓住有利时机，引导学生运用学过的词语和语法结构，围绕与日常生活密切相关的话题循序渐进地培养学生成段表达的能力，则不仅不会增加他们的学习负担，反而可以为他们中高级的学习以及交际的发展起到良好的促进作用。

第三节　对外汉语口语教学中的会话研究

会话是语言使用的基本形式，应该在语言研究中得到重视，但是在国内学界，长期存在一种重书面语、轻口语的倾向，关于会话不同于书面语的特点往往被忽视。近年来，尽管学界对会话的关注度有所提高，但有代表性的研究仍然比较少。我认为，基于留学生跨文化适应性的角度，对他们的会话特点进行研究，有益于了解他们对日常交际的应对能力以及存在的主要问题，从而展开有针对性的教学。基于这样的立场，我们对中、高年级留学生在口语课堂中的会话修正现象进行了系统的考察与分析。

会话修正是话语、访谈等言语交际中双方轮流发话时出现的一种互动现象——当双方意识到会话中存在的听、说、理解方面的问题后，大多会进行意义协商，共同解决问题。会话修正对二语习得具有重要意义。二语习得者修正会话时也在重新组建语言结构，从而改变其对知识的存取行为，促进二语的习得。

1977年，谢格洛夫等人发表的《会话中修正结构的自我更正优先》一文被认为是会话修正研究的开始，他们的研究关注修正的结构及功能、自我引发及修正的优先性、修正与语法的关系等。随后，卡巴斯尔、范·赫斯特等人研究了二语习得中的自我修正现象。例如，卡巴斯尔指出会话修正之于句式建构的重要性，认为出现在第二话轮、第三话轮的自我修正对语言习得最有利；范·赫斯特结合二语习得的特点对自我修正进行了更为具体的分类。近年来，国外学者更多地运用会话分析方法研究二语教学中的会话修正现象，利博舍尔与迪普德讨论了在二语课堂的互动反馈中，教师与学生对会话修正策略的运用以及意义协商过程中对角色的维护问题；Nassaji通过实证研究分析了第二语言学习者在互动反馈中的即时修正行为与学习模式的关系，指出学生间的修正比教师对学生的修正更有效，不同类型的修正策略对二语习得产生的效果不同。

国内关于会话修正的研究多集中于外语教学界。陈立平发现男生的隐性修正行为多于女生，女生的显性修正行为和修正标记语的使用显著多于男生；基于语料库的研究表明，在大学生英语口语自我修正中，相同信息修正和语言错误修正所占比例最高，反映出"重语言形式，轻交际内容"的特点。童淑华等的调查表明，处于不同学习阶段的学习者在使用各类自我修正频数方面有显著差异。王晓燕等研究了外语环境下"同伴他启修正"模式特征及其对语言实践的影响，认为"同伴他启修正"既有助于语言习得，又有利于认知能力和社会行为能力的提高。

　　对外汉语教学界关于留学生会话修正的研究还很少。戴云娟描述了汉语学习者的会话修正现象，但未进行更深层的探讨；刘峰分析了高年级留学生在汉语口语表达中进行自我修正的模式和特点，发现留学生在汉语口语表达中自我修正频率较高，但多集中于相同修正与错误修正，整体表达能力较薄弱。根据对国内外文献的梳理，笔者认为，第一，总体来看，国内关于会话修正的研究大多是对国外研究的"移植"，研究领域较为狭窄。第二，研究内容主要集中于自我修正，尤其是对修正类型的分析、关于修正的引发策略与修正结构的研究很少。第三，这些研究大多将语言学习者视作一个整体，忽视了这个群体的内部异质性。第四，大多数学者都选择将定性分析作为研究手段，进行定量研究的文章寥寥无几，一些缺少数据支持的文章在观点论证上还比较薄弱。

第七章 留学生跨文化适应性研究

长期以来，我国高校的留学生管理多侧重于为来华留学生尽可能地提供舒适的生活服务设施，照顾他们的生活习惯和宗教习俗，但是对他们在华所面临的社会文化适应问题和参与中国的社会文化生活的需要没有高度重视。目前，来华留学生人数不断上升，对留学生的教育和管理必须根据新的形势进行调整和改革。本章就留学生跨文化适应性问题进行了研究，在此基础上进一步思考文化适应的特性，并提出需要进一步探讨的问题。

第一节 来华留学生跨文化适应问题

一、来华留学教育发展的历史

（一）来华留学教育的发展历程

来华留学教育有着悠久的历史。唐朝时期，我国经济文化繁荣发达，是全球最强盛的国家，周边有很多国家纷纷模仿、学习。日本为了学习我国的经验，曾多次派出遣唐使团。清朝时期，以俄罗斯为代表的国家派遣使团来华接受留学教育。但清朝来华留学教育的文化交流范围、使团规模较小，影响有限。真正现代意义上的来华留学教育是指针对外国来华留学生开展招收、培养等活动的高等教育，开始于中华人民共和国成立，起步于改革开放之后，发展于高校法人地位确立之后，壮大于高校扩招之后。

1. 1950—1965 年：来华留学教育初创期

中华人民共和国成立初期，高等教育水平与经济水平远远落后于西方国家，在留学教育领域竞争力不足，来华留学生多数来自社会主义国家。1950 年应捷克斯洛伐克和波兰的要求,我国接受了首批留学生进入清华大学中国语文专修班进行汉语培训。自此,中华人民共和国来华留学生教育开始出现。第一批留学生共计33名。第一个建交高峰后,周边邻国及广大发展中国家开始派遣留学生来华学习。1959年我国首次接受来自非洲国家的留学生。发达国家也有少量留学生来华,但以民间渠道为主。截至1965年,我国共接受来自70个国家和地区的7259名来华留学生,生源中社会主义国家的来华留学生有6591名,占来华留学生总数的90.8%。

2.1966—1977年:恢复期

这期间,来华留学生教育一度中断。1971年我国恢复在联合国的合法席位及1972年尼克松总统访华后,我国外交出现第二个建交高峰,一些国家开始派遣留学生来华学习。1973年我国恢复接受来华留学生,当年共接受44国383人,来华留学生教育进入了恢复发展阶段。但本阶段来华留学生教育的招生、学制、教学管理、生活管理等均受到当时政治气候的影响,加之留学生生源素质差,致使教学质量难以得到保证,管理过程中涉外纠纷时有发生,发展十分缓慢。1973—1977年,共有来自69个国家和地区的2066名留学生在我国接受留学教育,其中来自日本、英国、美国等发达国家的留学生数量明显增加。日本、英国、美国等19个发达国家共向我国派遣留学生623名,占留学生总数的30.2%。

3.1978—1989年:来华留学教育起步期

十一届三中全会后,我国开始实行改革开放的基本国策,教育事业重新受到重视,来华留学生教育也进入了改革发展阶段。1983年,教育部发布《为外国人举办短期学习班费用的试行规定》,短期留学生开始纳入留学生范畴。1989年,国家教委发布《关于招收自费外国来华留学生的有关规定》,自此,与来华留学生教育发展密切相关的一系列重要的政策问题相继得到解决,极大调动了高校发展留学生教育的积极性;同时,民间学术界开始涉足对外国留学生教育理论的研究,我国在留学生教育管理工作方面开始了由经验型管理向科学型管理的转变,促进了来华留学生教育事业的发展。享受政府奖学金的公费来华留学生,从1978年的1900人增加到1989年的6379人。1979年至1989年共11年间累计有26000余名留学生自费来华学习,是改革开放前28年来华留学生总数的2倍多。为保证来华留学生的质量,国家教委于1989年发布《汉语水平考试HSK大纲》,开始对来华留学生实施汉语水平考试。这一时期来华留学生教育工作逐步形成了一套比较完整、符合我国国情的方针、政策。

4.1990—1998年：来华留学教育快速成长期

中共中央、国务院印发的《中国教育改革和发展纲要》指出，建立"与社会主义市场经济体制和政治体制改革相适应的教育新体制"。为此，我国政府加强了宏观调控功能，突出了学校的法人地位，扩大了高等学校办学自主权，并对来华留学生的教育管理体制进行了改革，使来华留学生教育事业初步纳入了法制化、科学化、规范化的轨道，为来华留学生教育的发展创造了必要的内部条件。与此同时，国际上冷战结束，和平与发展成为时代主题。作为一个经济高速发展并拥有巨大市场潜力的大国，我国与世界各国在各个领域的交流与合作得到进一步加强。这一系列的发展和变化，为来华留学生教育的发展提供了良好的外部条件。这期间来华留学生的数量取得了快速且稳定的增长，来华留学生数量从1992年的1.4万余名，发展到1996年的4.1万余名，年均增长速度超过30%，留学生层次也明显提高。截至1998年，来华留学生总数达43084人次，其中，自费来华留学生数达37996人次，占来华留学生总数的88.19%。这一时期来华留学工作发展的一大标志是自费留学生人数大幅度增加，成为来华留学生的主流。

5.1999年以后：来华留学教育蓬勃发展期

1999年，我国开始实施高等教育扩招政策，庞大的在校生规模为容纳来华留学生奠定了坚实的基础。进入21世纪，世界高等教育国际化程度不断加深，教育部于2010年发布《留学中国计划》，计划"到2020年，全国在内地高校及中小学校就读的外国留学人员达50万人次，其中接受高等学历教育的留学生达到15万人，使我国成为亚洲最大的留学目的地国家"，开启了我国从教育资源大国迈向教育强国，从人力资源大国迈向人力资源强国的征程。从2001年到2009年，来华留学生人数年均增长率超过20%。截至2017年，来华留学生人数已达48万余人次，其中接受高等学历教育的留学生数达21万余人次。随着我国高等教育规模不断扩大，高等教育水平不断提升，留学生管理规范等政策法规不断完善，我国成为亚洲最大的留学生目的地国家有望实现。

（二）来华留学教育的发展现状与主要问题

1.现状与优势

世界留学生教育发展的一条基本规律是留学生生源向高等教育相对发达地区流动。我国的高等教育水平和发达国家相比还有差距，但少数本科的质量有优势，与许多发展中国家相比，尤其是与我国的周边国家相比在很多方面优势明显。目前，我国已经与188个国家和地区建立教育合作交流关系，与46个重要国际组织开展教育合作与交流，与47个国家和地区签署了学历学位互认协议。

2.来华留学教育中存在的主要问题

（1）招生管理方面。①招生宣传针对性不强、宣传效率有待提高。相较于英国、美国、澳大利亚等国高校，我国高校在招生渠道方面有限，"教育营销"的规模和力度不够，宣传的针对性不足，未能有效将本国、本校的优秀教育资源和教育产品积极推销给国外的优秀学生。虽然近年来我国在世界各国设立孔子学院，大大提升了我国教育的宣传力度，但仍有少数国家对孔子学院的运营怀有疑虑甚至敌意。官方来华留学生咨询网站推广力度不高，国家留学基金管理委员会——留学中国网、中国留学服务中心——留学中国网、中国教育国际交流协会缺乏较高的国际知名度，且与一些商业网站区分不强，留学生面对的信息杂乱，筛选困难。国内高校大都未建立起完善有效的留学生招生宣传体系，针对性不强，持续性差，同质化严重，导致了生源的流失。

②招生渠道窄，多依靠留学服务机构，导致学生国别地区分布不均衡。除了中国政府奖学金外，我国留学生招生的民间途径有校际交流、依托留学服务机构、受理个人直接申请三种。由于教育主管部门和高校自身的招生网站不完善和体系力量薄弱，国际上一些影响力小、留学生教育尚处在起步阶段或者发展初期的学校，通过留学服务机构招生占生源来源的很大一部分比例，留学服务机构不但向高校收取中介服务费，而且在部分国家，尤其是在不发达国家，有些留学服务机构不仅向高校收取中介服务费，还向学生收取巨额中介费。这明显增加了学生来华留学的费用，严重影响着我国留学生教育的可持续发展。并且通过中介招生会导致生源国别分布相对集中，尤其是欧美发达国家生源比例较低，不利于真正意义上的高等教育国际化程度提高。

③准入门槛较低，生源质量参差不齐。一些留学生教育发展处在起步阶段的高校，为了提高本校来华留学生人数以应对上级教育行政部门的考核，未能完全建立公平高效的留学生筛选机制，导致后续培养中问题层出，严重影响了教育质量，损害了我国教育的国际声誉。

（2）在教学管理方面。对国内很多高校而言，招收海外留学生的历史较短，未能设置合理的、适合留学生的教学管理制度。

①国际化师资力量不足。教学是留学生教育的核心环节，师资力量是教育质量的根本保证，但是除了一些名校外，我国大部分高校师资国际化程度不高，教师的跨文化交际能力有待提高，很多学校开设的全英文授课专业和课程实施质量

不达标,影响了留学生教育质量。由于缺乏拥有跨文化沟通和教学水平的专业留学生教师团队,校方无法跟进留学生的学业及生活情况,也就无法及时解决留学生在学习和生活中所遇到的困难。

②课程设置和教学方式需要重新定位和调整。在高等教育国际化进程中,课程设置国际化至关重要。在全球化进程中洞察世界发展的新趋势、新需求,培养留学生的国际化视野和跨文化交际能力,提高留学生的国际竞争力,要求高校课程设置进行重新定位和调整。我国大部分高校尚处在摸索阶段,留学生课程内容、教学方法和理念与国际先进水平尚有较大差距,相关文凭含金量有待提高。

③管理机制不畅,管理人员的专业化亟待提升。在留学生管理方面,高校的招生部门、国际教育学院、教务处、学生处、研究生处和二级学院等部门需要合理分工,通力合作,制定统一的规范的工作流程,否则很容易出现各部门只考虑自己利益,各自为政、相互推诿扯皮的现象。目前,我国各高校还普遍存在留学生管理教师队伍数量不足的问题,无法提供专业化的留学生管理和服务。随着留学生规模的不断扩大,留学生管理中也出现一些新的问题:留学生参加集体活动和学生组织的积极性降低;留学生的心理问题层出不穷;境内外学生交流融合不够;等等。因此,留学生管理教师的工作职责需要涉及思想教育、心理咨询辅导、民族宗教以及国际关系等不同方面,这就导致教师及相关管理人员工作繁杂,语言交流、管理服务等压力较大。

(3)就业、实习方面。①实习和社会实践部分无法满足留学生需求。受我国教育大环境和传统的重讲授轻实践的教育模式的影响,我国高校中本国的学生参加社会实践和实习的机会本就不多,留学生在中国的实习和社会实践,除了需要对接企业之外,涉及的部门更多,语言问题是很大的障碍,这也是来华留学生教育满意度的重要影响因素。

②很多来华留学生想在中国就业却缺乏相应的信息资源和机会。保护本国学生就业是世界各国制定外来人员就业政策时首要考虑的因素,同时,合理吸收和利用留学生资源也逐渐成为各国国际教育的政策热点。

2017年1月,由人力资源社会保障部、外交部、教育部联合发布的《关于允许优秀外籍高校毕业生在华就业有关事项的通知》,允许符合条件的优秀外籍学生毕业后无须拥有工作经历即可在华就业,首次在政策层面松绑。《中国国际移民报告(2018)》提出:中国作为世界经济强国,目前处于汇丰全球职业发展排行的世界第二,外国人移居到中国可以获得各类职业与收入上的优势。亚洲是最受外籍人士欢迎的地区，居住于此区域的外籍人士年薪超过25万美元的比例几乎是在欧洲该比例的3倍。而中国又是亚洲地区最受外籍人士青睐的国家，在中国的外籍人士年薪超过25万美元的概率是全球平均值的4倍以上。

根据浙江工商大学国际贸易本科生对在杭留学生的调查，毕业之后想留在中国工作的留学生群体占比达到了51.02%，而所在学校能为其提供就业相关帮助的比例仅占22.45%。主要原因是我国来华留学教育一直以"扩大规模"为导向，高校将关注点放在需要考核的招生人数上，忽略了要为他们提供职业生涯规划指导、就业政策解读和实习就业信息咨询等服务。

二、来华留学生适应状况及适应特点和影响因素

留学生生源国家与中国的地缘政治关系、经济文化、往来现状、友好程度等对留学生适应中国生活、接纳中国文化有着很大的影响，同时，来华生活时间的长短对留学生适应来华生活也有着很大影响。短期来华的留学生和在华生活3年以上的留学生适应程度最高，而在华生活1—3年之间的外国留学生适应情况最差。来华留学生跨文化适应特点和影响因素主要包括以下五方面。

1. 自然环境和日常生活适应

许多来中国已经超过一年的留学生谈起"初来乍到"时的情形，仍然记忆犹新。中国有句老话叫"在家千日好，出门一时难"，每个初到异国他乡的人面临的第一个挑战都是对自然环境和日常生活的适应。初到中国，没有朋友，语言不通，没法和当地人交往，是"人生"；气候不适应，饮食不习惯，受不了拥挤的生活环境，是"地不熟"。于是，"水土不服"的各种症状都出来了。文化人类学者奥伯格把这种现象概括为"文化休克"。他认为，文化休克是突然失去所熟悉的社会交往符号和象征，不熟悉对方的社会交往符号，从而产生的一种突如其来的忧虑，和无所适从的深度焦虑症，就像突然离开自己生长的文化茧壳，会有一种很不舒服而且不适应的感觉。与同龄人相比，留学生要承受更大的心理和社会压力，在"初来乍到"这个阶段会有很多反常的表现，比如对环境非常敏感、非常想家，甚至会因为一些很小的事情感到不快。一些"外部环境"方面的因素也会经影响到留学生在中国的适应状况。

2. 语言适应

留学生初到一个语言与自己的母语完全不同的国家的时候，语言障碍是最大也是最难克服的问题。语言上的困难在留学生的学习和适应方面占很大的分量，

语言问题不仅阻碍了留学生的文化适应过程，而且影响了他们与东道国的有效交往，导致他们产生消极思想。有的留学生在本国学过汉语，认为来中国在语言上可能没有障碍，实际却不然。中国地域辽阔，语言环境错综复杂，从课堂上和书本上学的汉语和来到中国接触的"活的汉语"千差万别。

语言困难不仅影响留学生的日常生活，而且影响他们的学术参与。如果学生的语言水平没有达到所要求的标准，就很难理解掌握课堂上所学的内容和概念，并难以参加班级讨论，更无法参加学校开展的各种学术活动。大多数情况下留学生参与中国大学的学术活动程度很低，语言困难是主要障碍："听不懂"，即使是"知其然"，也"不知其所以然"，所以干脆就"不听了"。本地学生没有任何语言问题，留学生在理解专业问题时却首先要翻越"语言障碍"这座大山。陌生的口音、俚语、谚语、成语和当地文化，都成为留学生理解的障碍。一些对我们来说耳熟能详的词汇却使留学生百思不得其解。留学生在攻读学位课程时，需要通过一些语言水平测试，但是这种语言能力还不足以应付课堂上的学习。因此，"学习和使用汉语""理解中国的笑话和幽默"成为他们的社会文化适应问题中比较困难的方面。特别是"理解中国的笑话和幽默"，不仅是一种语言能力，而且是一种文化能力。中国的笑话和幽默有着丰富的文化内涵，有的仅从字面上理解，难以猜出其含义，但是一经解释，就"味同嚼蜡"，没有什么意思了。

3. 人际交往适应

人际关系不仅是人类日常生存必要和必然的手段，而且可以满足人与人之间相互交流思想和情感的需求。留学生来华希望"体验融入中国社会的乐趣"，和中国人交朋友，学习汉语，了解中国文化，体验中国的生活。实际上，留学生和中国学生以及和当地居民的交往非常少。

一方面，中国人一直被认为是友好、礼貌、热情好客的。这种民族特性对跨文化交际来讲非常重要。然而，这并不是说中国人具有这样一种民族性就具备了跨文化交际能力，来中国的外国人在这里就会有"宾至如归""如沐春风"的感觉。比起近邻日本，中国人的"排外"思想并不强，特别是改革开放以来，许多中国人有机会走出国门，看外面的世界，对外国也有了较为客观的认识，很多学生也想和外国人结交，通过他们了解外面世界的一些情况。但也有留学生感到"和中国人交朋友"比较困难。和西方国家相比，中国人的人际交往仍旧保持了比较浓厚的乡村特点，主张"内外有别"，具有较强的亲缘性和人情味。中国人的自我概念具有关系性，很容易把周围喜欢的人"当成自家人"。中国人交朋友讲究"投缘",如果"志趣相投",他们会很快将陌生人纳入"自家人"圈子。研究中日韩比较文化的学者金文学在一本书中写道:"中国人甚至会把路上认识的人也带到家里,招待酒饭。如果在火车上遇到谈话投机的人,中国人也往往会彼此交换地址和电话,然后请对方来家里做客。"中国人不愿意在很浅层的点头之交的关系上面花费时间,即使是生意场上的往来,也是在双方建立良好的朋友关系的基础上展开。那种和不熟悉的人一起喝杯茶,偶尔聊聊天的情况并不多。中国人一旦和你熟识,把你划入他们的"朋友圈",他们就会期望能够进入彼此的圈子,像亲人一样以姐妹或兄弟相称。实际上,这种保留了"浓厚的乡村特点",有着"较强的亲缘性",富有"人情味"的交际方式成了一些留学生们"喜爱中国的理由"。在中国的时间长了,这些留学生就感受到了中国社会的"浓浓的人情味"。中国人看重关系的"亲疏远近",在人际关系中遵从"内外有别"的原则:按照家人——熟人——生人三个圈子,从内到外,越来越生疏。在处理人际关系上,中国人区别对待"自己人"和"外人"。对"圈内人"中国人非常有礼貌,非常乐意提供帮助。西方人不大理解中国人的习俗和交际方式,这是不难说明的。几千年来,中国人绝大部分住在乡村,少数住在小城市。一个家族的人经常见面,彼此互相关心,几乎无话不谈。在西方工业国家,这样做就不行了,因为人们大部分住在城市里,彼此不相识,相互间也不闻不问。

另一方面,留学生的逐步适应并不表明他们对所在国的一切都适应,只是适应某些主要方面。例如,每天都要面对的购物、住宿、饮食、交通方式等,随着时间的推移这种帮助不再需要,但是另外一些更大的不适应逐渐浮出水面,如对交际风格的不理解,价值观冲突,对所受不公平待遇的容忍,可以说,处在不同学习阶段的留学生的适应期不同,面临的问题也不同,心理压力也不同。因此,人们必须关注留学生的适应问题和留学生适应的长期性问题。而留学生回国会面临回国再适应的问题。欧美留学生许多是抱着一种"锻炼在异文化中的适应能力"的目的来中国学习的,所以他们把生活上许多的不便看作是一种"挑战",在应对挑战的过程中锻炼自己的能力。因此,在了解他们的适应状况时,来自欧美国家的留学生都表现出很高的适应性。另外一个重要的社会环境因素是,英语是中国的第一外语,在中国的受关注度很高。来华留学生在中国很容易找到语言伙伴,进而和这些语言伙伴发展成为朋友。

4.性别和国别

具体来看,女性来华留学生比男性遇到的社会文化适应问题要多。社会适应困难程度由高到低的国别依次是：韩国、日本、东南亚地区、非洲、中亚地区、欧美国家、拉丁美洲国家，可见，女性和来自韩国、东南亚、日本的来华留学生是遇到社会文化适应问题较多的群体。此外，从来源国别因素来看，文化距离假说对社会文化适应并不适用。按照文化距离假说，两种文化的要素和特征愈相近，人们进行跨文化适应愈容易。较欧美和拉丁美洲国家而言，韩国、东南亚地区以及日本应是与我国文化特征较为相近的国家，但来自上述三国或地区的来华留学生在社会文化适应中比那些来自文化距离更大的国家遇到的问题很多。

总的来看，韩国、日本、东南亚国家来华留学生的社会文化适应水平不及欧美、拉丁美洲的来华留学生，其原因十分复杂，其中以下几种因素较为突出：其一，来源国文化的作用。生活在集体主义文化中的韩国、日本、东南亚等国家来华留学生通常与同胞的关系较生活在个体主义文化中的欧美、拉丁美洲等国家的来华留学生学生而言更为紧密，在一定程度上会阻碍了他们与中国社会的接触，降低了社会文化适应水平。其二，我国社会对待来华留学生的整体态度。以中国大学生为例，基于强烈的英语学习动机，中国学生倾向于同欧美国家的来华留学生学生交流来促进英语学习，这增加了欧美国家的来华留学生学生与中国人的接触机会，有利于他们对中国社会和文化的学习。其三，个体因素，具体如期望、动机等。欧美、拉丁美洲等国家与我国文化的距离较大，学生出行前对中国社会生活的期望较韩国、日本等国家的来华留学生更为现实与充分。此外，较韩国、日本、东南亚国家的学生而言，欧美、拉丁美洲等国家来华留学的动机中，选择喜爱汉语及了解中国习俗等项目的较多，这说明欧美、拉丁美洲等国家学生的内部动机更强，在社会文化学习中更具主动性。

5. 来华留学生跨文化适应性的其他影响因素

"网络"概念最早起源于物理学。在19世纪60年代左右，社会学以及人类学的研究中逐渐引入了网络的概念，由此发展出了社会关系网络（social network）的概念。社会关系网络的概念与应用对于了解人类社会、人类行为与人际关系，具有突破性的进展。社会关系网络分析方法作为社会关系网络理论的分析工具被广泛应用于各个研究领域。社会关系网络学者们都青睐于用点（point）来表示行动者（actor）个体或群体，用联结（tie）来表示行动者之间的联系（relation）。当我们把网络中的某一个中心点作为行动者时，该中心点可以称作"自我"，把自我联结的一套结点称作"他人"。自我、他人及这些行动者间的所有联结为一个自我中心网络（ego-network）。对自我来说，自我与他人之间的关系是直接关系。因此,"网络"即指一些特定行为者间的一套特定联结。从这些联结可以理解行为者的社会行为。

在社会关系网络理论的发展过程中,最为经典的理论为格兰诺维特的弱关系的力量(the strength of weak ties)和伯特的结构洞理论(structural Hole)。格兰诺维特提出了"弱关系的力量",认为弱关系在群体、组织之间建立纽带关系。伯特的结构洞理论认为,群体之间的弱联系就是市场的社会结构中的洞。这些社会结构洞为那些其关系横跨这些洞的个体创造了竞争优势。网络就是行动者之间的一种关系,在大多数情形下它指的就是社会关系网络。社会关系网络是指一种或者多种人际关系相联系的人组成的集合。根据此定义,"人"指的是个人,比如来华留学生,他(她)的老乡、老师、当地的朋友等;"关系"是指这些人之间的相关性。一般而言,有三种社会关系网络形式——整体网络、多模式网络以及个人网络。出于研究需要,本书只关注来华留学生的个人网络。个人网络是由一个主角色(即来华留学生)和一些与主角色有关系的人组成的。来华留学生社会关系网络的关系模式可以用社会关系网络结构特征来说明。来华留学生社会关系网络包括这几个维度:网络规模、多样性、密度、紧密程度、联系频率以及所提供的支持等。

社会关系网络是由一个或多个行动者之间的关系所组成的一个相对稳定的社会集合,是一个影响来华留学生于跨文化情境中对异文化适应程度的重要社会环境因素。个体可以凭借着自己的社会关系网络来获得各种资源的支持(如友谊等情感支持、金钱等),使生活中所遭遇的危机和难题都得以解决,并且确保日常生活的正常运行得到维持。有研究指出,良好的社会关系网络被认为有利于减缓生活压力,有益于身心健康和个人幸福;相反,社会关系网络的缺乏则会导致个人的身心疾病,使个人日常生活的维持出现困难。

2000年,沃德和兰纳调查了东道国和母国文化对旅居者的适应状况的影响,他们认为这两种文化都能成为旅居者有效的社会支持资源,其中来自东道国的社会支持对留学生的认知和情感上的帮助影响更多。这是因为,与东道国文化背景的人进行接触和交往,不仅能得到有效信息,还能在情感上、道德上得到支持,同时也能帮助留学生提高语言能力,减少过渡期的压力,促进他们对异文化的适应。然而1988年的研究发现,留学生会更倾向于寻求自己本国同胞的支持,向东道国同学寻求支持的更少。大量的调查和研究证明,和东道国同学建立联系能有助于留学生的社会心理适应。

文化距离（cultural distance）的概念，是由巴比克、考克斯和米勒于1990年提出的。他们认为，文化距离是旅居者体验到的压力与适应问题的调节变量，旅居者在跨文化适应时，当生活变化给人带来压力时，其母文化与东道国文化的差异性会起到调节作用。民族文化差异被定义为某个国家的文化规范与另外一个国家的文化规范之间的差异程度。若按照社会文化特征对文化进行划分，可划分为一个或远或近的连续体。例如，澳大利亚和新西兰在文化上比较接近，文化距离就小；澳大利亚和日本在文化上差异较大，则与日本的文化距离就比较大。文化距离的假说是用以预测旅居者的文化与东道国的文化之间距离的，距离越大，其跨文化适应就越困难。因此，一个澳大利亚的生意人在奥克兰工作会比在台北工作来得得心应手，这也得到了实验研究的支持。因此大家普遍达成共识的是：文化距离越大，适应就越困难；反之亦然。

文化距离测量的方法可以大致分为三种：基于文化维度分值计算的文化距离、文化群距离以及感知文化距离。其中基于文化维度分值计算的文化距离里有科古特（Kogut）和辛格（Singh）在霍夫斯塔德（Hofstede）提出的五个文化维度（权力距离、个体主义与集体主义、男性气质与女性气质、不确定性规避和长期取向与短期取向）的基础之上提出的指数计算法（cultural distance index）；文化群距离（cultural cluster distance）则有克拉克和皮尤提出的一种代替科古特和辛格的五个文化维度的聚类方法，他们把文化距离定义为：所在国（母国）所在的文化组别与目标国所在的文化组别之间文化差异的程度，据此可以把世界上的国家分为五类文化群；感知文化距离（perceived cultural distance）指的是调研对象对母国和目标国之间文化差异程度的主观感知，主要通过调研对象感知到的文化差异进行测量。由于不同人对他国文化了解、适应的程度不同，所以运用感知文化距离直接测量可以更直观地体现个人层次的差异。

留学生在跨文化情境下对文化的适应问题的产生是由于其自身的文化与东道国文化之间存有差异。从理论上分析，不同人的文化和社会背景、生活方式、性格、受教育情况、宗教信仰、政治信仰、经济条件、爱好等都存在着不同程度的差异，因此，在交际时双方对信息的理解不可能达到百分之百的认同，由此会产生误解，甚至可能造成冲突。在这样的差异下，来自不同文化背景的个体之间的沟通和交往就越困难，越难以相互理解和包容，旅居者对新文化的适应也就越困难。

第二节 南亚留学生来华跨文化适应问题

一、影响南亚留学生跨文化适应的因素分析

（一）南亚留学生来华留学的动机

南亚留学生选择来中国读大学，其原因和目的主要体现在以下方面：首先是经济因素。即中国高校的学费是南亚留学生选择中国大学就读的首要考虑因素。出于对较低的学费标准、较容易的入学标准、将来的职业发展等这类外在环境因素的考虑而选择来中国留学的这类留学生的大学生活是以学习为目的的，他们把在中国留学期间的大部分时间都用在学习专业知识上，学成后大多数会回国找工作或者继续出国深造，他们较少主动参与当地社会文化生活，因此在进行跨文化适应方面较为被动，跨文化适应能力自然比较低。其次是语言和文化目的。中国的大学之所以会对南亚留学生产生较大的吸引力，原因之一是他们想学习汉语、了解中国文化。对于南亚国家的留学生来说，中国是相邻于他们国家的东方大国，有着五千年悠久的历史和博大精深的文化，其神秘的异域色彩吸引着来自南亚的留学生前来了解和探寻这里的文化和历史，而留学是他们来到中国亲身体验中国文化的最好方式。与此同时，现有留学生或是希望学习中国的文化和语言，或是热衷于利用空闲时间在中国旅游，体验中国的历史文化。对于他们来说，来中国留学的目的不仅仅是学习专业课知识，获取学位，他们更希望在中国留学期间尽可能多地学习和体验中国的文化，结交中国朋友，扩大自身的国际化视野。出于这类目的而选择来中国留学的南亚学生在跨文化适应方面会表现得非常主动，他们在日常生活适应方面会以积极的态度去习惯中国的饮食、天气、公共环境等，在人际交往适应方面会主动结交中国朋友，与中国朋友进行跨文化接触和交流，在不断学习和互相交流的过程中，他们的跨文化适应能力也得到了很大的提高。

（二）语言沟通障碍

语言是人与人之间沟通的重要桥梁。对于旅居者来说，他们来到一个非母语的国家后，语言沟通上的障碍是他们在异国生活中最先遇到的难题。南亚留学生在来中国留学之前，大部分未接受过任何关于汉语的培训课程，汉语对于他们来说是完全陌生的语言。在大学的学习生活中，学校对留学生采用的是全英文授

课模式，虽然留学生也有汉语学习的课程，但是他们的汉语学习内容主要是针对 HSK 汉语水平考试的内容，留学生在日常生活和人际交往中实际运用汉语沟通交流的机会很少，这导致南亚留学生的整体汉语水平并不是很高。通过进一步访谈发现，部分南亚留学生觉得学习汉语对于他们来说还是相当困难的。如果大学所在城市的国际化程度较低，在日常生活中能用英语交流的当地人就会比较少，所以南亚留学生与中国人的语言沟通存在较大的障碍，这也阻碍了南亚留学生更好地适应本地生活，进而影响了他们的跨文化适应能力。而对于那些对汉语学习抱有浓厚兴趣的留学生来说，他们在日常生活中会主动利用任何与当地人用中文沟通交流的机会，主动结交中国朋友，中文水平越好的留学生，在参与中国的社会文化生活方面越有自信，在跨文化适应过程中也能够通过语言沟通，获取更多信息，减少由于语言不通而产生的困惑和疑虑，从而有着较高的跨文化适应能力。

（三）生活习惯的差异

生活习惯上的差异对留学生的社会文化适应的影响是显而易见的。在饮食方面，南亚国家的人三餐用餐时间都比中国的晚 1—2 个小时，这就造成了留学生在中国生活时，为了适应中国的用餐时间不得不做出改变，从而产生不适应的情况。在气候方面，南亚国家属于热带气候，全年高温，留学生初来中国面对第一个冬季的寒冷天气时，会表现出不同程度的适应问题。另外，南亚国家的年轻人习惯晚上学习，认为晚上十二点过后往往是最能集中精力复习功课的时候，他们习惯于半夜一两点甚至两三点就寝；中国人的生活方式遵循早睡早起的健康的作息规律，大部分中国高校会在晚上十一点半熄灯，这就导致南亚留学生在熄灯后仍然不能入睡，需要打着应急灯来学习，这也是造成他们社会文化不适应的一个方面。在中国日常生活中的方方面面的差异都需要南亚留学生花费一定的时间去适应，这在一定程度上也影响了他们的跨文化适应过程。

（四）文化价值观差异导致跨文化交际能力不足

中国是一个有着五千年悠久历史的文明古国，在漫长的历史长河中积淀下了稳定的文化规约和社会制度，这些中国人潜移默化共同遵循的行为规范和价值观形成了中国传统的文化价值观。而南亚国家的文化与中国文化差异较大，对于大部分留学生来说，来中国留学是他们的第一次出国经历，他们大多是高中毕业后直接到中国开始自己独立的大学生活，在出国前对中国及所留学的城市缺乏相关的认识和了解，对中国的历史、政治、经济和文化等社会知识几乎一无所知，亦没有接受相关的跨文化培训，对于中国社会文化的认识全靠他们自身去接触和感受,这在一定程度上加深了他们进行跨文化适应的难度。文化价值观的差异影响了他们在中国的跨文化交际能力,使他们在与中国人交往的过程中会产生一些困惑或误解,形成一定的刻板印象。刻板印象是指人们对某一类人、事物或现象产生的比较固定的看法,这些看法并不一定能够透过现象看到本质,容易在认识上造成偏差。当留学生看到中国学生从不主动和他们说话聊天的时候,他们可能会认为中国学生是因为害怕南亚国家的人而与他们保持距离;当中国人习惯性地婉转地表达想法的时候,南亚留学生会因为中国人说话处事过于直接而造成误解。诸如此类的差异性也在南亚留学生与中国人的交际过程中产生了一定影响。

二、加强南亚留学生跨文化适应能力的建议

南亚留学生在中国留学的过程中,在日常生活环境适应、学习适应、人际交往适应等方面存在着不同程度的适应困难。通过对影响南亚留学生跨文化适应因素的分析,我们发现南亚留学生在日常生活环境中存在着语言、饮食、气候、生活习惯差异等方面的问题;在学习适应方面的不适应性较小;而在人际交往方面存在价值观差异、社会支持网变化、跨文化交际能力弱等问题。总的来说,留学生在整个适应过程中最大的影响因素是南亚国家与中国的文化差异,文化差异是南亚留学生在中国生活学习状况的关键。为此,提出以下五点有针对性的有效策略。

(一)加强对南亚留学生跨文化交际能力的培训

留学生自身跨文化交际能力的提高是促进其跨文化适应的一个重要方面。培养跨文化交际能力可以通过跨文化交际培训的形式展开。跨文化交际能力培训是指在不同文化背景的群体或组织中进行的为降低或消除由于文化差异引起的文化冲突或各种障碍的培训活动。跨文化交际能力的培养是为了使相互接触的两个不同的文化群体能够形成跨文化交际的意识,增强跨文化交际的能力,使得双方在互相交流的过程中相互理解、包容并蓄,从而促成双方构建良好和谐的共处关系。

首先,应该对南亚留学生进行关于留学目的地的文化知识及相关管理规定等的培训。在南亚留学生来华之前,接收学校要尽可能多地为留学生提供关于该校及其所在城市的基本状况,包括当地的历史文化、气候饮食、政治经济发展状况、交通设施和公共环境、基本语言用语等基本情况。学校可以通过校网站发布信息,留学生可以通过上网了解即将要面对的新环境的基本概况,便于他们对

目的地的情况做到心中有数,这样就可以对即将要面临的环境变化有事先的准备和心理预估,不至于来到中国这个陌生的国家后,由于突然面对一切陌生的环境从而产生巨大的落差和文化冲击。高校可有针对性地组织留学生进行入学教育培训,这样能够更高效、更集中地使留学生尽快认识和熟悉新的环境,在短时间内帮助留学生尽快适应新的生活。培训可以由班主任或专职培训教师为留学生讲解学校关于留学生管理的规章制度、校园环境、学习及考核形式、如何利用和使用校内外资源等,这些内容对于初来乍到的留学生来说都是陌生的,如果让他们自己去摸索,是需要花费较长时间的。而如果将这些内容通过培训的形式传达给留学生,便能够帮助他们在短时间内熟悉身处的环境,熟悉新的环境是留学生较好地进行跨文化适应的第一步。其次,针对南亚留学生在中国高校的日常学习生活,高校可以定期开展一些培养留学生跨文化交际能力的培训。这类常规培训可以包括必要的心理辅导,以缓解他们在异文化环境中遇到文化冲击时所产生的心理压力;培养留学生的文化移情能力,帮助他们学会积极主动地了解中国文化,学习运用"他者"的眼光看问题,站在异文化的立场上去看待和思考问题,从而消除困惑和疑虑,建立包容和理解的开放态度;邀请留学生参加中国重大的传统节日庆典,并搭建南亚留学生与中国学生相互认识和了解的交流平台,帮助留学生在实践中运用跨文化交际能力。

(二)提高南亚留学生的汉语水平

对于留学生来说,如果他们的中文水平很好,他们就可以去中国的很多地方旅游,可以更深入地了解中国文化,可以结交很多中国朋友,但是由于语言不通,他们的生活圈子变得非常狭窄。这说明语言问题是南亚留学生在留学的过程中一个很大的适应难题。建议高校在汉语课程设置上以南亚留学生对汉语的实际运用能力为导向进行汉语授课,对外汉语老师在中文课上,除了教授关于HSK考试的内容外,可以向留学生教授更多关于中国的历史文化、政治经济、人际交往方式、中国价值观念等的内容,并将这些知识与实际生活运用结合起来,这样留学生就可以在日常生活中运用所学的语言知识,这不仅能够提高他们的汉语语言运用能力,而且能使他们更了解中国的文化知识,从而更好地适应在中国的学习生活。另外,对外汉语老师不仅应是留学生在中国的语言老师,更是可以帮助他们解决生活中遇到的困惑和难题的生活导师。对外汉语老师应具备跨文化交际能力,并将其运用在课堂教学中,这样就能够潜移默化地影响留学生的跨文化交际能力。

（三）对南亚留学生实行无差别管理

中国高校可以学习和借鉴欧美国家对留学生的管理办法，对留学生与本国学生实行无差别管理。无差别管理能够尽可能地为留学生创造接触东道国的机会，有利于他们提高跨文化适应能力。一般情况下，中国的大学对南亚留学生的管理思路主要在于为其提供舒适的生活服务设施，照顾他们的生活习惯和宗教习俗。南亚留学生住单独的留学生公寓，有专门的印度食堂，与中国学生分开上课，虽然与中国学生身处同一座学校，学习同一专业，但是很少有相互沟通交流的机会，这种对于留学生的"隔离式"管理，不利于他们的跨文化交际和适应。在实行无差别管理的具体构想方面，笔者建议中国的大学可在专业学习方面，将南亚留学生与中国学生"混合编班"。鉴于大学目前对南亚留学生实行的是双语教学模式，在此种情况下，可将同专业的南亚留学生与中国学生组织到同一课堂上进行学习，便于双方在专业学习方面和语言沟通方面有更顺畅的交流平台；在住宿管理上，可开展试点模式，将南亚留学生与中国大学生安排在同一栋宿舍楼或是同一间宿舍中，使双方在日常生活方面可以有更多的互动和交流；在日常的文化交流中，让南亚留学生和中国大学生学会面对和解决文化冲突带来的障碍和矛盾，以提高双方跨文化交际的能力，促进文化融合。对南亚留学生实行无差别管理可以为留学生与中国学生的认识了解搭建很好的交流平台，对留学生结交中国朋友、提高跨文化交际能力、了解中国文化、深入当地的文化生活、学习和运用汉语等方面都有很大的帮助。

（四）加强对南亚留学生的社会支持

社会支持是重要的社会资源，能够缓解个人的生活压力，促进心理健康发展。南亚留学生来到中国留学，离开了他们熟悉的社会支持网，能否在新的环境中建立新的健全的社会关系网关系着他们能否在中国心情愉快地学习生活。南亚留学生在中国的社会支持主要来自本国同胞、老师、同学、管理人员、服务人员、家人及其他国家的朋友等。刚来中国初期，面对语言不通、原有的社会支持网络瓦解、新的社会关系还未建立这种种情况，留学生很可能产生焦虑、孤独、思乡等情绪。留学生刚到中国的前3个月或半年内是其进行文化适应的关键时期。在一个陌生的环境中，甚至连去哪里吃饭、怎样点餐、在哪里购买生活必需品、怎样用中国的手机卡和家人朋友通话这些关系到生活最基本需求的问题都存在困难，这时帮助留学生建立起全面可靠的社会支持，对他们度过适应关键期起着非常重要的作用。

南亚留学生来华初期主要的社会支持来自本国同胞的高年级学长学姐,他们会帮助新生熟悉环境。在社会支持方面,建议高校管理人员在考虑尽量满足留学生的基本生活需求外,应该投入更多的情感性支持,帮助他们度过适应困难期。高校可以开设一些针对留学生的心理健康咨询或是辅导项目,心理咨询可以对留学生在跨文化适应过程中出现的问题进行有针对性的心理辅导,制订恰当的辅导方案;开展讲座可以帮助留学生了解日常生活信息、生活设施及场所、与当地中国人的基本交流等内容。高校可以为留学生与中国学生的互动搭建交流平台,如组织留学生与中国学生的校园活动、运动项目,或是安排留学生与中国学生在同一班级上课,这些都可以为留学生认识中国朋友创造良好的机会,中国的同龄朋友会给留学生在生活、学习上带来多方面的帮助和情感支持,也能够帮助他们更好地深入中国当地的社会文化生活。

(五)举办多样化的交流平台

南亚留学生能参加的全校性的活动以及自己学院的活动较为有限,如果碰上活动时间与自己的时间冲突,就会错过活动,而要想参加下一次的活动要等很久。因此各学院举办文艺表演活动时应该将报名者的范围扩大,不再局限于自己学院的学生,应该主动邀请留学生参与,让留学生接触不同专业的中国学生,掌握多样的知识和信息。在表演形式上,单纯的唱歌跳舞可以让中国学生和留学生一起合作,以互相学习对方的歌曲和舞蹈。在表演类型上,演讲、猜字谜、猜灯谜、成语接龙或者你画我猜等有趣的具有汉语特色的节目也应该被设置在内。高校也可举办运动会,分学院、分国别进行体育运动的比赛,既能培养留学生的集体意识,特别是在接力、拔河、篮球、广播操等集体比赛项目中,同学们齐心协力,大大增强了集体凝聚力,又能带给留学生精神上的愉快感受,减轻焦虑状态,获得生理和心理上的满足。学校也可以每学年举办一次文化周,每个国家布置一个展区,在展区内张贴宣传画,摆放自己国家的特色美食、小饰品,供往来的全校师生参观品尝;在文化周中也可设置一些趣味小游戏,并配有小礼品,以此吸引中国学生和留学生一起参与游戏,增进彼此的感情。学校的杂志和报刊可以增加英文版面,或者采用双语进行编辑,使留学生能更好地了解自己学校发生的事情,真正融入校园中。学校可以举办小型的国际电影节,每周组织一次观看电影的活动,每周播放一个国家的电影,各个国家轮流进行,让各个国家的留学生有机会介绍自己国家的电影,通过电影这种艺术产品来传播各国的特色文化。学校可以成立一个专门的留学生俱乐部,组织留学生到中国的各风景名胜区春游、秋游，俱乐部还可为留学生提供一些做教师助理、参加慈善活动、参加实习的渠道和机会。南亚留学生在中国生活学习产生的积极的或消极的影响在很大程度上会影响其母国人民对中国的看法，因此留学生在中国生活的满意度的意义重大。

第三节　非洲留学生来华跨文化适应问题

一、来华非洲留学生的跨文化特征

（一）来华非洲留学生的交往行为特征

社会交往一直是社会学研究的主要议题之一。人们相互之间的社会关系，正是在各式各样的社会交往中，通过彼此的社会行为而实现的。非洲留学生在来华学习、生活的过程中发生什么样的社会交往，必然决定着他们所获得社会支持的种类和多少，并进一步影响到他们跨文化适应的状况。因此我们首先对来华非洲留学生交往行为的特征进行分析。

对留学生的交往行为进行研究，划分出他们借由交往行为而形成的交往圈（朋友圈），进而做出具有代表性结论的是学者博克纳。博克纳对留学生所形成的交往圈的划分是依据他们交往对象的不同而进行的。依据交往对象的不同，博克纳将留学生的朋友圈（friendship network）由内向外划分为三种类型，即单一文化圈、双文化圈和多元文化圈。简单来说，单一文化圈主要是指留学生与自己本国学生同胞交往而形成的，一般来说，这一文化圈的交往较为频繁，而且它所能提供的社会支持也起着基础性的作用，深深影响着留学生的跨文化适应；双文化圈主要是指留学生在东道国与当地的老师、学生、工作人员以及居住地社区的其他人员等建立起的交往网络，双文化圈的形成体现着留学生的母国文化与东道国人们的本土文化之间的互动与交融，留学生在双文化圈的交往中所得到的社会支持，就是来自东道国人们的本土文化对他们的支持，从某种意义上说，我们看待一个留学生对异域文化的适应是否良好，就看他能否在当地顺利地建立并形成自己良好的双文化圈；多元文化圈主要是指某一国家或地区的留学生与其他国家或地区的留学生之间交往而形成的文化圈。同在东道国留学、生活的异国留学生之间虽然没有像他们本国留学生之间具有那种相当亲密的同胞感，但是多少都有一点"同是天涯沦落人"的共通感,以及"独在异乡为异客"的共同处境,这为他们之间的交往提供了良好的纽带。在多元文化圈中,留学生这一共同的身份,或者说留学生群体,就是维系他们之间团结的纽带。每个留学生在学习、生活、娱乐等各个方面遇到的各种困难和问题,或多或少会成为留学生群体共同需要应对和解决的问题。而留学生群体很可能会在各种困难和问题出现的时候,给留学生个体提供有效的帮助、支持和动力。因此多元文化圈的形成,对留学生的跨文化适应也起着重要的作用。

具体来讲,来华非洲留学生的交往行为呈现以下三个方面的特征:

1.单文化圈内与同胞交往密切

社会学家迪尔凯姆在研究社会团结时,将人们之间基于相似性而形成的团结称为机械团结,而机械团结是人们之间最为原始和初级的团结方式。迪尔凯姆认为,人们之间由于彼此的相似(包括价值观、情感和信仰等)而吸引在一起的这种机械团结,不仅对群体的凝聚起着非常重要的作用,而且能为个人的发展提供各种支持。个人在这种相似性团结的群体里,既能感受到同胞之间温情脉脉的关怀和帮助,又能获得努力拼搏奋斗的勇气和力量。来华非洲留学生初到中国之时,一种天然而又最容易建立起来的关系就是他们与同胞之间的交往。这一点在我们的观察和访谈中都得到了进一步的证实。但值得注意的是,一方面,我们应当看到这种基于相似性的团结会给非洲留学生的跨文化适应提供各种心理、情感和信仰认同等方面的帮助;另一方面,我们也应该意识到,一旦这种单一文化圈的交往过于紧密而频繁,就会影响到非洲留学生与他国学生、当地人之间的交往,甚至使留学生产生对他人的排斥或敌视,这就需要我们加以警惕和防备了。

2.双文化圈内与中国人交往的意愿强烈,但稳定而良好的关系很难维系

来华非洲留学生普遍有着希望与中国人交朋友的强烈意愿。对于客居他国的留学生来说,一方面,他们要尽快地学习当地的语言,提高他们的沟通和交流能力,另一方面也是更为重要的一方面,他们要尽可能地适应当地的文化和风土人情。如果做不到这两点,留学生来华的学习、生活只能说是一种流于表面的形式,而没有学习、生活的实质内容。固然,一些来华非洲留学生的目的仅仅是为了拿一张文凭或证书,而并没有对学业或学习中华文化等抱有多大的追求和想法。但是大部分的非洲留学生,或者是为了学习汉语以便回家找到用得着汉语的工作,或者仅仅是为了学习中国语言或文化,或者是为了学习专业上的知识等,总之,他们都会希望能尽快地学习汉语,尽早地适应中国文化。而真正能达到这

个意图的方便法门，便是直接与中国人进行交往，或者与中国人交朋友，缔结友谊。就此而言，非洲留学生有着与中国人交往的强烈意愿。

主动地去交往中国人的方式有很多，比如在篮球场上、乒乓球台，还可以在一些茶座等休闲娱乐的场所。有一些非洲留学生更为直接，他们主动出钱，寻求合适的中国学生，以家教、补课、学习等方式来教他们学习汉语，了解中国文化。

3. 多元文化圈内与非洲其他国家留学生交往较多，但与非洲以外的他国留学生交往较少

大学里有着许多来自非洲国家的留学生，同时也有一些来自欧美和亚洲的留学生。我们所说的非洲留学生的同胞，指的是来自非洲内同一个国家的留学生，而并不笼统地代指整个非洲的留学生。因为非洲本身是一个有着众多国家和民族的地区，生活在这一地区的人种也并不是单一的，他们的语言、方言更是多种多样，形成的宗教、信仰和文化也是千姿百态，所以我们很难说，同样来自非洲的留学生，他们之间就必然有着一种亲昵的"同胞感"。正是基于此，我们把来华非洲留学生同来自非洲的、自己本国之外的留学生之间的交往，也归之于多元文化圈内的交往，并简单地称为非洲他国留学生。来华非洲留学生有着与非洲他国留学生交往的喜好。特别是有些国家邻近的，或者有着相似文化、信仰传统的非洲留学生之间往往走得更近。至于那些同为黑色皮肤的人，则等于有了一种天然的符号，使得他们更容易地彼此接触。在各种场合我们也经常能发现，黑人总是跟黑人在一起，无论是在课堂上学习，还是在校园内穿行。

我们还看到，非洲留学生与欧美、亚洲的留学生之间的交往是比较少的，这一方面是由于客观上欧美、亚洲的留学生本来就是少数，从而限制了他们彼此之间的交往；另一方面也是由于主观条件上各地区不同的种族和文化而产生的距离或隔阂。

（二）来华非洲留学生的文化价值特征

文化是人们在认识和改造世界的实践中不断孕育和创造的，它无所不包地体现在人们生活的方方面面。通常来讲，一定的文化既包括人们共同的信仰、价值观和思维方式，又涉及人们一般的道德观念以及日常生活中的风俗习惯。对来华非洲留学生而言，他们有着独特的文化价值特征。

1. 价值观

一方面，等级观念仍然部分地存在，但也有着较强的平等观念。学者霍夫斯

塔德把价值观差异分为权力距离、不确定性避免、个人主义与集体主义以及男性度与女性度这四个维度。其中，权力距离用来衡量处在不同文化中的人们盼望或接受不平等权力的分配程度，体现不同文化环境下社会各阶层间的不平等状况。凭借对一个社会内部权力大小不等的成员的价值观的分析，就可知道该社会文化的权力距离的大小。以权力距离这一概念来判断和区分，中国文化和非洲文化同属于权力距离较大的文化。中国人深受儒家文化的影响，而儒家文化就是一整套伦理或者说是人伦规范，因此中国人的等级观念是比较重的，一个中国人如果心里没有一点等级观念，就会被认为是"没大没小"。而对于非洲国家来说，由于他们至今仍然有着相当浓厚的家族和部落文化，这也使得他们对族长和酋长有着相当大的敬重，并且这样的等级观念在他们看来，是自然且有必要的。不过，由于非洲大陆经历了长时间的殖民统治，受过欧美文化的教化和熏陶，因此自由和平等的观念在非洲也得到了广泛的传播。来华非洲留学生作为他们本国享受到出国留学接受高等教育的佼佼者，民主、自由和平等的观念更为强烈。

另一方面，热爱祖国、宗教信仰虔诚，集体荣誉感比较强烈。非洲文化和中国文化都有着较强烈的集体主义观念。大部分非洲人比较重视集体荣誉，甚至把为集体荣誉而奉献牺牲的行为视为一种光荣。我们在调研中发现，有不少非洲留学生都是打算完成学习任务毕业之后回国，为自己的国家建设做出应有的贡献。至于非洲人的宗教信仰，他们会在生活中的许多方面带入自己的宗教观念和价值判断来进行选择或行为。

2. 表达方式

现在的非洲留学生由于受到过西方文化的影响，在表达方式上习惯于使用清晰、明确、直接的语言表达出肯定或否定之意，这明显不同于中国人那种含蓄、迂回和笼统式的表达。例如，中国人在一起聚餐吃饭，被问到想吃什么菜时，中国人一般不会直接说想吃什么，往往是先说"随便""你先来"等之类的话，然后才可能透露出自己想吃什么，当然也可能一直不会说出来；但是当同样的问题摆在非洲人面前的时候，他们的表达方式就比较简捷，要想什么或不要什么，都会直接说出来。

3. 宗教信仰

非洲留学生的宗教信仰在整体上呈现出多元化的结构。中国大学里的非洲留学生来自非洲多个不同的国家和地区，他们当中既有信仰基督教的，也有信仰伊斯兰教的，还有一些信奉原始宗教的和无宗教信仰的。大学内及其周边的社区都没有他们某一种宗教的聚会场所,也没有哪一种宗教能在他们之间进行强有力的整合,使其成为主导的教派。大部分的非洲留学生都有着自己虔诚的宗教信仰,他们在学习、生活的同时也是践行着宗教使命、追求着终极关怀的信徒。虽然非洲留学生的宗教信仰是多元的,但是他们相互之间都能保持应有的尊重,既承认彼此之间的差异,又不会因为这些差异而给双方的交往带来纷争和困难。因此在某种程度上,我们可以说,在多元的宗教信仰条件下,非洲留学生与不同宗教信仰的留学生之间的交往是比较理性的,而不是完全诉诸宗教情感上的好恶。

4. 群体亚文化

在大学内,学校对留学生的制度安排、管理和奖惩等工作是倾向于集中化和一体化的。在寝室的安排上,留学生大都被要求住在一起,他们的班级、课程,还有小的社团等组织也都基本上全由留学生组成。长时间在一起学习、生活和娱乐,使得他们这个留学生群体形成了自己的群体亚文化,即留学生亚文化。在留学生亚文化中,尽管留学生们自身可能来自不同的国家和地区,但他们都来到了中国进行着自己的异域之旅,在跨文化的环境中适应着中国的风土人情,他们在这里有着许多共同的问题、处境、情感和话语,这不仅使得他们之间交往的需要得到增加,而且还不断地丰富和创造了使他们彼此容易理解的留学生亚文化。这一群体亚文化的建立,无疑会给他们带去不少的归属感和安全感。

二、来华非洲留学生的社会文化适应

社会适应是在现代社会里人们经常讨论和使用的概念,究其根源,无非就是人们社会生活的日益现代化造就的。现代化的发展,使得人们不得不改变自身以适应快速变化的社会。所谓现代化的社会,就是一个社会生产力高速增长,科学技术迅猛发展,交通方式日益便捷,社会分化和流动不断加快的社会。这样的社会打破了人们在传统社会中那种相对稳定的交往模式,更改变了过去适应这一交往模式的相对稳定的社会生活环境。因此,无论是个人还是社会,都有一个适应变化了的环境和条件的问题。对个人来说,为了维持自己的生存和发展,必须努力调整自己以应对变化。而对社会来说,为了维持社会的存在和继续,它必须不断地将社会日益分化的各个部门及分散的个人整合起来,而不至于让自身分崩离析。所以在现代社会里,人们的适应问题既是个人的,也是社会的。一个良好的社会适应过程,同时也是一个社会发挥自身良好的社会整合功能的过程。

跨文化适应同样也是一个社会适应的问题。对来华非洲留学生而言,虽然他们不是中国公民，也并没有完全加入中国的社会生活中，而只是在中国的学校里生活和学习，但是他们同样面临着社会适应的问题，而且是跨文化的适应。可以说，如果来华非洲留学生的跨文化适应不能达到良好的状态，那么在来华非洲留学生自身的各种正常需要得不到满足的同时，可能会给校园以及当地社区的和谐与安全带来危害。因此，我们必须要对来华非洲留学生的跨文化适应状况有一个清楚的了解。

对来华非洲留学生跨文化适应状况的考察，我们将采用社会学家沃德对跨文化适应的分类方法，即将跨文化适应分为社会文化适应和心理适应。我们首先要讨论的就是来华非洲留学生的社会文化适应，主要包括日常生活适应和学习适应。

（一）来华非洲留学生的日常生活适应

日常生活适应是来华非洲留学生社会文化适应的基础，也是非洲留学生顺利完成学习任务的保障。如果一个非洲留学生来华学习，却总是过不了生活关，很难想象他能学习且学习得很好。研究发现，来华非洲留学生在日常生活适应上总是面临着各式各样的问题，涉及他们生活的方方面面。当非洲留学生回忆起他们初到中国来的情景时，总是能讲得头头是道。从中我们可以看出，最初的各种困难、新鲜和惊奇给非洲留学生留下的印象是非常深刻的。

学校目前对学生寝室的管理相对宽松，对于非洲留学生来说更是比较自由的。公寓楼的每一楼层都有一个活动室，不同于中国学生的是，留学生们对每层的活动室都利用得很充分。在中国学生的活动室，我们最多可以看到有个别学生到活动室里做自习和看书，大多数情况下活动室里是没什么人的，偶尔会有一些学生组织会在里面开会。而非洲留学生的活动室里却另有一番景象：活动室不仅从外到内被装扮得五彩缤纷，而且即便是没有人的时候也会一直散发着浓浓的香水味道。留学生们会经常在这里举行集体活动、娱乐和交流。可以说，将非洲留学生进行隔离式集中居住管理，一方面可能会让他们感受到被区别对待，减少他们同中国学生交往的更多机会，但另一方面也使得他们留学生之间的交往变得更加紧密，留学生群体的亚文化不断形成，也能够给他们的跨文化适应之旅带去不少温暖。

（二）来华非洲留学生的学习适应

留学生首要的身份是学生，因此完成学习任务是他们留学生涯的重头戏。而作为跨文化学习的留学生，他们来到中国也一定会面临着学习适应的问题。学习适应不仅是留学生要对高等教育学习方式和课程适应,更为重要的是,他们要学会适应中国的教学模式以及在深层上影响这一教学模式的中国文化和中国语言。

杨军红博士的代表作《来华留学生跨文化适应问题研究》通过对来华各国留学生的对比研究发现,非洲留学生较之于欧美、亚洲的留学生,在学习适应方面表现得最好。的确,非洲留学生的语言学习能力很强,而且思维敏锐,能够很快适应学习上的各种问题。但是非洲留学生仍然存在着一些学习适应上的问题,而且有些问题是其他留学生没有而为他们所独有的。我们将分别从语言沟通和教学模式两个方面进行阐述。

1. 语言沟通上的问题

语言沟通上的问题无疑是制约留学生学习适应的一个非常重要的因素。非洲留学生来到中国,不仅要学习汉语,而且还需要适应中国人用英文授课的表达方式和语言习惯。汉语本身就是一门比较复杂的语言,尤其汉字的学习更是一门不容易的课程。非洲留学生如不能很好地适应和解决这些困难和障碍,就根本不能正常而顺利地完成自己的学习任务。非洲是一个民族和国家众多,且大都受过欧美文化影响的地区,他们不少国家都把英语或法语作为自己的官方语言。加之非洲地区的方言众多,一个受过良好教育的非洲人一般至少会两三种以上的语言。因此,非洲留学生都有着语言天赋,他们的语言能力是比较强的。不过,他们在学习上仍然会碰到语言沟通理解上的问题。首先就是非洲留学生学习汉语困难。虽然他们有着很好的语言天赋和语言能力,但是他们所学的语言完全不同于汉语。中国文明是世界上唯一历史悠久、绵延不绝且没有中断的文明,汉语承载和传递着深厚的东方文明和文化。真正掌握汉语不是一蹴而就的事。这就使得非洲留学生真正掌握汉语的精髓是非常困难的,而且在理解和沟通上,汉语也会经常给他们带去各式各样的误会或错误。其次就是中国教师的英语水平。虽然中国大学对留学生开授的课程是国际化的全英文授课,但大部分的任课教师还是中国人。中国教师英语授课的水平及其英语发音和表达标准与否,都将对来华非洲留学生的理解产生影响。我们在研究中发现,很多非洲留学生都会提到有些中国教师的英语水平并不能让他们满意。

2. 教学模式的问题

毫无疑问,中国有着自己独特的教育体制和教育方式。传统的应试教育体制在现今的中国社会是遭到广泛批评的。传统应试体制下的教育被称为填鸭式教育,被批评为以采用"死知识"灌输的方式扼杀学生的学习主动性和好奇心,阉割了学生的创新意识和创新能力。我们在研究中发现,来华非洲留学生虽然享受的是对国际学生的留学生教育,采用的是国际化办学的方式,但是在实际的教学过程中,无论是对学生认识方式的培养,还是诸如学习风格和课程的设计,以及考试评估的方式和标准,都还或多或少地体现着"东方式"的教育理念和教学模式。而"东方式"的教育是明显不同于西方的。西方人在课堂中鼓励大家讨论和自由发言,强调在学习中培养学生的独立自主意识和创新能力。西方文明的先哲苏格拉底就以"我只知道自己一无所知"来标示自己,他通常以对话的方式,让自己的学生或他人从与他的对话中自己去寻求问题的答案,而不是以一种什么答案都知道的姿态向学生教导和灌输知识。苏格拉底是最伟大的导师,但他并不认为他能教给别人知识,而是只把自己称为"助产士"。他认为,知识是由每个人自己主动去获取才能得到的,而教师所起到的仅仅是一种类似于助产婆帮助孕妇"接生"所起到的作用。接受现代文明教育的非洲留学生,大都是受着西方文明影响的,他们习惯于自由宽松的学习气氛,在课堂上可以自由讨论与发言,有疑问或不懂的可以在课堂上即时向教师提问。但由于授课教师大都是中国人,他们很难彻底地摆脱掉中国人的思维和习惯,而完全以西方教学模式来授课。

(三)来华非洲留学生的心理适应

在某种程度上,心理层面反映出的是某种文化等社会因素对一个人长期影响而形成的更为本质和深层次的内在心智结构,它往往从人们各式各样的、较为直接和本能性的情绪反应中表现出来。在跨文化的生活中,人们不可避免地要遭受到异域文化和母国文化的碰撞,而其最直接的呈现方式,可能就表现在人们的心理和情绪反应上。我们通过研究发现,来华非洲留学生同样面临着心理适应上的诸多问题,我们主要从思乡情绪、面对歧视和偏见的态度两个方面来考察。

1. 思乡情绪

留学生初到他国,普遍都会存在着思乡的情感和恋家的情结。同所有的留学生一样,非洲留学生也会出现思乡的情绪和想法。特别是当非洲留学生在生活或学习中遇到某些问题时,就会更加思念家乡。过于思乡带来的孤独、无聊、悲观等负面情绪,会困扰非洲留学生正常的学习和生活,甚至还有同学会为此而流出伤心的泪水。

2. 他人的歧视和偏见

差异是产生歧视和偏见的根源。生活在不同文化的国家和地区的人们有着自己长期以来形成的价值观和生活方式,而且每种文化多少都会有着一定的文化霸权主义情结，这就使得来自不同文化的人们在相互接触和交往的时候，总是以自己文化的价值观念和是非标准来判断其他文化的人们。这就很难避免形成歧视和偏见。

三、构建来华非洲留学生社会支持网

（一）社会支持网规模与跨文化适应

1. 社会支持网规模与社会文化适应

社会支持网规模反映的是社会支持网络中社会成员数量的多少。就此而言，一个人的社会支持网规模越大，他所能获取的各种社会资源就越丰富。林南认为，个体拥有大规模的社会支持网有两个优势：一是较多的潜在社会支持提供者，二是每位成员提供社会支持的可能性大。

非洲留学生的社会支持网规模越大，其社会文化适应状况就越好，这主要体现在两个方面：其一是规模大可以提供的社会关系更加丰富；其二是规模大可以提供更加广泛的信息交流。

2. 社会支持网规模与心理适应

非洲留学生平时在跨文化适应过程中遇到的诸多心理上的问题，往往是由于他们在遇到各种困惑、挫折和障碍时，没有获得相应的心理上的疏导、排解和帮助。而一旦非洲留学生能够建立起自己的一定规模的社会支持网，那么这个网络就必然会为他调节自己的心理和态度提供莫大的帮助。非洲留学生社会支持网的规模越大，其心理适应状况就越好，这主要体现在两个方面：其一，社会支持网规模大可以促使非洲留学生的价值观更加包容；其二，社会支持网规模大可以促使非洲留学生的交往态度更加自信。

（二）社会支持网紧密度与跨文化适应

1. 社会支持网紧密度与社会文化适应

前面已探讨过，社会支持网的紧密度越高，越有利于网络成员之间的交流与协调，越能使彼此之间获得更多的社会支持。当然，这是针对一个相对固定的网络的内部成员而言的。但网络内部成员间彼此沟通交流得好，相互提供的支持或帮助多，并不意味着其内部成员能很好地适应外部环境或与外部人员很好地进行交往；相反，有可能正是由于网络内部成员间交往和关系的过于紧密，制约了内部成员与外部人间的联系、交往和互动。特别是当某些个人或群体以"外来人"的身份新加入相对陌生的地区或社会时，往往容易出现这种情况。由于对当地的

陌生或对其文化的不适应,这些"外来人"的交往可能仅限于自己圈内的亲属、老乡、熟人等,从而限制了其与当地人员交往,以及对当地社会文化生活的真正融入。例如,学者蔡禾在研究农民工的社会网络时,发现农民工与乡土社会网络的粘连程度比较高,这体现在他们连外出都是倾向于以集体的形式。蔡禾进一步认为,就农民工而言,集体外出将使他们更倾向于在工作、生活中依赖自己的乡土社会网络,这在某种程度上限制了他们扩展新生社会网络的机会,使自身网络的封闭性突显出来。也就是说,圈内成员间社会支持网的紧密度越高,越不利于社会文化适应。虽然非洲留学生在交往中容易形成依靠或依赖同胞等有着比较亲密关系的人员的习惯,但是这并不必须意味着会由此而影响到他们对当地的社会文化适应。我们发现,非洲留学生群体内部成员之间正是通过这种广泛而紧密的交往和联系,使自己获得更好地适应当地社会文化生活等各方面的帮助。社会支持网紧密度越高,不仅可以提供更多的交往和分享的机会,还可以在交往中通过彼此之间在经验、信息和资源上的共享,更好地适应当地文化生活。

2. 社会支持网紧密度与心理适应

对社会支持的研究最初就是借助于医学、心理学等学科而兴起的。作为社会存在的人,是一种情感性的动物。如果人们之间没有了情感性联结这一纽带,而仅仅被暴露于一个完全没有人性、只依从兽性法则的惨无人道的世界,那么个人在心理上将无法忍受这样一个世界,将不可避免地失去生存的美好希望,增加对他人和社会的仇恨。而所谓的社会支持网就是发挥这一情感纽带作用的重要载体,无疑对个体的心理层面的适应有着重要的帮助。高紧密度的社会支持网可以为非洲留学生的心理适应提供很好的帮助。这样的支持网既可以让非洲留学生的思乡情绪得到一定程度的缓解,又能使留学生之间的关系变得更加亲密,从而不断地使他们摆脱想家、孤独、焦虑、失望等负面心理情绪的影响。

(三) 社会支持网同质性与跨文化适应

1. 社会支持网同质性与社会文化适应

一些非洲留学生社会支持网的同质性强,这往往体现在他们来华后,选择的交往范围仅仅局限于自己故土有限的几个同胞,而很少或不去同其他不同肤色、国家和身份的人进行更加广泛的交流。纵然初到他国之时,来自故土社会支持网的各种资源可以为他们降低一些学习、生活上的风险和成本,使他们能够在最初以比较快的方式适应在新环境中的生活,而不至于形单影只、茫然无措,但是一旦他们过于依赖这种来自故土的社会支持网络,那么这个支持网络很可能发展、强化成束缚他们同圈外人交往的篱笆。这一封闭性的篱笆或围墙，在限制他们交往范围的同时，也很可能阻碍他们对当地社会文化的认同和融入。有研究认为，虽然封闭性结构有利于留学生对社会的适应，但同时也带来了诸如种族歧视、拒斥型认同群体、内部人控制、抑制创新等问题。

2.社会支持网同质性与心理适应

非洲留学生社会支持网的同质性强，虽然可能束缚他们同其他人的交往，影响到其对东道国社会文化的适应，却可以对非洲留学生的心理适应起到帮助。因为心理层面往往反映的是人们内心里更为持久的情感和心理模式，所以心理层面的适应不可能轻易实现，更不可能一蹴而就。深层次的心理和情感反应模式受到历史文化的影响，所以往往在同自己的老乡或同胞的交往中更容易达到更好的心理适应。这样的同质性网络可以给非洲留学生带来更多的认同、理解和关心。

总之，非洲留学生社会支持网的同质性强，既有着它在心理适应上所提供的不可替代的好处，也有可能会限制非洲留学生同其他留学生或中国人的进一步交往，从而不利于其融入当地的社会文化生活中。因此，非洲留学生在有着自己同质性强的社会支持网的基础上，应该进一步扩大自己的社交范围，增强自己的社会支持网的异质性，从而促进其对当地社会文化的适应和融入。

第四节　优化来华留学生跨文化适应的策略

人从出生起便生活在许多个人之间的联系网中，社会学上将这种复杂的联系网称为"社会支持网络"，如亲戚网络、邻居网络、校友网络、同事网络等。良好的社会支持网被认为有益于减缓生活压力，有益于身心健康和个人幸福；社会支持网的缺乏，则会导致个人的身心疾病，使个人日常生活的维持出现困难。来华留学生不远万里来到中国，与其原有的社会支持网络脱离，再加上文化情境、教育情境转变带来的压力，使得他们的跨文化适应是一次充满风险的历程。有研究者认为，社会支持的主体是各种社会形态，而各种社会形态是指国家、企业、社团和个人。依据社会支持主体的不同，把广义的社会支持分为国家支持（主体是国家）、经济领域支持（主体是企业）和狭义的社会支持（主体是社团和个人）。从来华留学生的社会支持主体角度来讲，广义的主体指的是国家和高校，狭义的主体是指学生社团和学生个人形成的联系网。具体来看，国家主要通过政策、法令等形式提供社会支持，来自高校的社会支持通过教学和管理制度予以体现。学生社团包括来华留学生社团和中国学生会或社团。学生个人形成的联系网分为三种类型，即分别与同国人、中国人、其他外国人组成的网络。据此，改善来华留学生跨文化适应状况可从以下策略入手。

（一）国家支持

1.完善来华留学生教育政策法规

第一，勤工助学政策有待出台，以促进来华留学生的学术适应和社会文化适应。来华留学生教育政策历经几十年的发展，整体上从相对封闭状态逐步走向完善开放，形成了较为系统的政策体系。随着自费生招生渠道的开放，我国来华留学生主体已经发生了改变，不再像改革开放前那样以奖学金生为主体。来华留学自费生中，韩、日、东南亚等亚洲国家的学生的学费多数依靠家庭资助，来自欧美等国的自费生则多通过勤工助学等自足的方式来缴纳学费。来自某大学的一位留管人员谈及："我们学校每到学期初和学期末缴纳学费的时候，也是学生办理退学和休学的较为集中的时候。该交学费了，他们要不因为家里出现经济问题而只好中断学业，要不就先回国打工挣好学费再回来复学。"通过发布勤工助学政策，可丰富来华留学生的经费来源渠道，从而促进其学术适应，也可为来华留学生融入中国社会提供合法渠道，促进其社会文化适应。因为与当地人的工作协作，从客观上为来华留学生提供了与中国人交往的条件和便利，增加了其学习中国社会文化知识和技能的渠道。

从现实情况来看，来华留学生非法就业现象较为普遍。尤其是欧美学生多数为自费生，非法就业比例最高；其次是非洲学生，虽大部分为奖学金生，但经济较为贫困。由于肤色和语言的特长，这两类学生较易受到影视娱乐、语言培训等市场的青睐。针对这些问题，我国仅江苏和北京教育主管部门分别制定了《江苏省高等学校外国留学生勤工助学管理暂行规定》及《北京市外国留学生勤工助学暂行管理办法》。而世界国际学生接受大国（如美、英、德等国）对国际学生的勤工助学都出台了具体的政策细则。

第二，调整来华留学生收费标准政策，拓宽奖学金设立渠道，以促进来华留学生的学术适应。据留学动机调查得知，学费与奖学金项目的动机强度虽不及喜爱汉语项目，但这两项的均值都在3～4之间，表明学费与奖学金对于来华留学生而言是较为重要的留学动机。而进一步的调查分析表明，留学动机越强，学术适应困难程度越低。因此，通过改善学费和奖学金状况将有利于促进来华留学生的学术适应。

第三，汉语培训的方式有待扩大和规范，以加强来华留学生的汉语能力，促进他们的社会文化适应和学术适应。根据留学动机调查，"我喜爱汉语"的动机强度系数位列第一，而从汉语水平来看，有效样本中汉语很不好、不好及一般的人数占总数比例的80.9%。虽然汉语水平在社会文化适应和学术适应中并不是最为显著的影响因素，但从调查结果来看，汉语水平好的学生其社会文化适应和学术适应问题要少于汉语不好的学生。因此，改善汉语培训状况，增强学生的汉语能力，有利于来华留学生的社会文化适应和学术适应。但按现行政策，只有高等学校方可接收汉语进修生和语言生，这缩小了来华留学生进行汉语训练的选择余地。在国际学生接收大国，如美国、日本等，语言培训都是在社会语言培训机构完成的。因此我国应尽快完善汉语培训政策，扩大和规范汉语培训的方式。

2. 多方位拓展和完善对外招生宣传的渠道

首先，完善直接的信息渠道。到中国学习之前，来华留学生们主要通过媒体、书籍、网络等间接的渠道来了解中国和中国的大学，通过这些渠道了解到的信息通常是经过信息加工的，带有价值判断的特征，并不能完全反映客观现实。因此，建立直接的信息渠道有助于来华留学生客观地了解中国及其大学。直接的信息渠道包括中国大学赴国外举办教育展以及校际交流的方式，但这些渠道官方色彩过于浓厚，如教育展无一例外均由国家留学基金管理委员会组织。因此，在以后的直接信息渠道建设中应加大高校的自主性，吸纳优秀社会留学中介机构参与来华留学的招收宣传工作。其次，加强孔子学院的对外宣传力度。据国家汉办的官方网站，孔子学院有五大目标定位，但从目前孔子学院的状况来看，它们仅仅是设在国外大学或中学的汉语培训机构而已。孔子学院应凭借有利的地理空间优势，在增强海外人士对中国和中国高校的了解程度方面发挥应有的功能。最后，完善教育主管部门及高校的招收宣传媒介。教育部和国家留学基金管理委员会是来华留学生教育的两大重要政府主管部门，就这两个机构的网站来看，还有待完善的空间。

(二) 高校支持

从前面的探讨可知，对高校来华留学生的管理经历了从隔离到逐步趋同的过程，已初步实现来华留学生与中国学生的趋同化管理，有助于促进来华留学生与中国学生的接触与交往，有利于来华留学生的社会文化适应，但还有待进一步深入,尤其是学籍管理、宿舍事务有待于走向完全趋同。随着我国高校硬件设施建设水平不断提高,中外学生校内混合居住的方式已成趋势。但需注意的是,趋同管理并不是完全一致或同化,而是综合考虑来华留学生和外国人角色的管理方式。从外国人的角色来看,来华留学生与中国学生的不同之处是其要经历跨文化适应。由于来华留学生在跨文化适应中存在不同程度的困难和问题,要改善跨文化适应状况,高校应在逐步趋同中采取以下应对策略。

1. 以留学生办公室为基础建立跨文化心理咨询、语言文化支持体系

在国际学生接受大国,高校普遍在国际学生中心设立跨文化心理咨询室、语言训练班,以缓解国际学生心理和社会文化适应问题。例如,在多伦多大学的国际学生中心,便设立了跨文化咨询岗位,通常由具有心理咨询或跨文化心理咨询资格的专业人员任职。另外,还针对需进行语言训练的学生及其家属免费开设语言训练班。再如,日本东京大学设立学生咨询处、烦恼咨询处、留学生咨询室、留学生中心日语教学项目、留学生中心友谊与文化交流项目,以此来促进国际学生的心理适应和社会文化适应。相较而言,我国高校几乎没有一所高校设立跨文化心理咨询岗位,因此以留学生办公室为基础设立跨文化心理咨询、语言文化支持体系是改善来华留学生心理适应、社会文化适应状况的可行之举。在跨文化心理咨询中,要特别关注五类来华留学生群体:22岁及以下的留学生;来自中亚、日本、东南亚、韩国的留学生;对中国了解程度较低的留学生;留学时间为3年或2年左右的留学生;本科生和汉语进修生。在进行语言文化支持时,应关注女性和韩国、东南亚及日本的来华留学生。

如前所言,跨文化适应是一个随着时间而变化的过程,受到来自个体和社会层面多种变量的影响和制约而呈现多样化的结果。首先,提供来华留学生的行前支持,如入学前向学生提供纸质或网络版的关于中国社会文化、大学体系及教学信息的介绍。其次,在入学初期应通过入学教育让来华留学生全面了解一些较为实际的信息,如居留许可、法律常识、住房、注册、课程选择、日常生活信息等。我国一些高校已开始实施入学教育,但结果并不理想。再次,在学期中,留学生办公室应保持与国际学生的联系,通过定期设立跨文化适应讨论小组或工作坊的形式向留学生介绍关于如何减少心理压力、增强语言文化技能的信息。最后,应在毕业留学生中展开"再进入来源国文化"的教育工作,以帮助留学生在回国后能以高效的方式适应来源国的生活。

2.以教学院系为单位建立由教师组成的学术支持体系

来华留学生的学术适应结果为中等难度,其中来自韩、日、东南亚的学生、本科生是学术适应问题较易出现的群体,中国教师是来华留学生寻求学术问题帮助的最重要来源。因此,以教学院系为单位建立来华留学生的学术支持体系是缓解学术适应问题的重要策略。学术支持体系可由以下几部分组成:第一,以年级为单位的学术支持小组;第二,以课程为单位的学术支持小组,即由教授相同课程的教师组成的学术支持小组,为学习该课程的学生提供学习方法、学习内容、考试等各个环节的学术咨询;第三,以语言为单位的学术支持小组。对于来华留学生而言,能运用汉语与中国人进行日常交流并不等于能有效地运用汉语进行专业学习,特别是学术写作。为了解决留学生专业学习中的汉语困难,我国一些高校针对非汉语专业学生设置了双语教学,并准许来华留学生采用英语撰写学位论文。但从来华留学生的专业分布看,学习汉语言专业的学生占主体。对于这些汉语言专业的留学生可通过建立语言支持小组来缓解他们的学术适应困难。例如,多伦多大学主要通过成立多伦多大学写作支持、英语和写作支持工作室以及论文救助指导为非母语学生提供专业外的学术语言支持,具体指导包括课程作业写作、如何避免剽窃、口语与写作交际技能、学位论文写作策略,指导方式有网络交流、个人咨询、举办写作工作坊等多种形式。

3.加强高校来华留学生管理人员建设,注重跨文化交际能力的训练

自首次接受来华留学生以来,来华留学生管理人员建设便是来华留学生教育工作的重要组成部分。1963年第一次全国国外留学生工作会议首次重点讨论了来华留学生管理干部的编制问题,1964年发布了《关于接受外国留学生学校单列留学生工作人员编制试行办法》。此后,来华留学生管理干部的任用、培训都是由政府教育部门直接领导。在着眼于来华留学教育的政治涉外性的前提下,强调来华留学生管理干部的以下素质:忠于祖国,立场坚定;执行政策,遵守纪律;勤奋学习,精通业务;清正廉洁,为人师表。改革开放以后,来华留学生教育规模激增,来华留学生管理干部队伍不断扩大。来华留学生管理干部的具体任用、培训等事务由政府直接管理转向宏观管理,即由高校承担任用等具体事务,政府通过建立培训制度进行队伍建设。2004年教育部建立全国来华留学生管理干部培训制度,包括综合业务培训、专项业务培训以及境外培训。上述队伍建设的对象主要指的是留学生办公室的工作人员。

近年来，高校来华留学生管理由区别管理走向逐步趋同管理，来华留学生接触的不仅仅是留学生办公室的工作人员，还包括学校行政部门和各院系的教学管理人员，这些人员都可被称为来华留学生管理人员。来华留学生管理人员是来华留学生从招生咨询、入学、毕业各个环节中接触最多的人员，也是他们形成对中国人的认识的基础。但来华留学生管理人员的素质在来华留学生的学术适应调查中并不令人满意。可见，仅通过教育部的来华留学生管理干部培训制度来提高来华留学生管理人员的素质似嫌不足，由此高校应更加重视来华留学生管理人员队伍建设，特别是图书馆管理人员、行政人员的素质建设，注重对其外语和跨文化交际能力的训练，以增强上述人员对文化差异的认识，减少双方在交际中的误解，促进来华留学生的学术适应。

（三）学生社团支持

1.建设多元文化的学生社团组织，促进来华留学生的学术适应

在北京地区，高校来华留学生的课外活动主要包括入学初留学生办公室组织的景点参观活动，以及北京市高校每年组织的来华留学生新年文艺晚会。这些有限的课外活动仅面向来华留学生，远远满足不了他们了解中国文化、中国社会的需求。此外，我国教育部、外交部和公安部联合发布的《高等学校接受国外留学生管理规定》第三十二条明确规定，"在外国留学生比较集中的城市或地区，有关部门和学校应当为外国留学生举办有益于身心健康的文体活动"，使得来华留学生参与中国学生的社团活动具有了合法性。中国学生社团组织有多种类型，如思想政治型、专业技能型、语言文学型、文化艺术型、体育竞技型、公益服务型、实践锻炼型等。根据来华留学生的特点，以下类型的社团组织较适合来华留学生参与：第一，专业技能型，如理工科专业的建模协会和编程协会等，中外学生间的专业知识交流将有利于来华留学生学术整合的实现。第二，语言文学型，如演讲协会、文化团、诗社等，该种类型的社团尤其适合学习汉语言专业及文化专业的来华留学生。第三，文化艺术型，如书法协会、摄影协会、舞蹈协会、武术协会、戏剧社等，参与这一类型的社团组织可以培养来华留学生的兴趣爱好，增强他们对中国文化的认识和热爱。第四，体育竞技型，如各种球类俱乐部、棋类协会等。总之，建设多元文化的学生社团组织，组织来华留学生进行课外专业交流、中国社会文化学习的第二课堂活动，将有利于增强来华留学生的学术整合和社会整合，促进中外学生的交流。

2.建立同乡会形式的来华留学生组织,促进来华留学生的心理适应

同乡会最初的含义是"同一所大学中来自同一地区的学生和学者为了避免受到当地居民或来自其他地区的学生的迫害,自发地按照不同的地区组成的组织"。与中世纪大学时期不同的是,按照国家或地区建立的来华留学生同乡会并不是一个避免受到当地居民或其他学生迫害的保护性组织,而是为了更好地帮助来华留学生进行心理适应的组织。来华留学生最重要的社会支持网络是家人、亲戚、朋友,其他群体在其心理适应的社会支持中并不显著。虽然现代通信技术十分便捷,来华留学生在出现心理问题时可较为快捷地向远在故乡的家人、亲戚、朋友倾诉或寻求帮助,但毕竟"远水救不了近火"。因此,最为现实可行的做法就是,成立由来自同一国家或同一地区的来华留学生组成的各种同乡会,使之成为缓解来华留学生心理适应问题的替代性社会支持网络。但要特别关注来自中亚、日本、东南亚、韩国的留学生的同乡会的建设。新西兰社会心理学家沃德及其同事多年的研究结果表明,与同在东道国本国人的交往可体验相同的文化来源,对其共同的价值观进行表述和肯定,能提升自尊和文化身份,而且更为具有建设性意义的是,与本国人接触的程度、与本国人接触状况的满意度同国际学生的心理幸福感相关。但同乡会的组织形式是一把双刃剑,若过多依赖同乡会,心理适应结果可能较好,但由于缺乏与东道国成员的接触,可能会导致来华留学生不能很好地适应社会文化。长期生活在海外中国城的华裔便是典型的例证,他们虽然获得了心理幸福感,但难以融入东道国的主流文化。由此可见,来华留学生在适当参与同乡会的同时,也要保持与中国社会、高校、中国学生社团组织的接触与交流。

参考文献

[1] 《第五届国际汉语教学讨论会论文选》编辑委员会.第五届国际汉语教学讨论会论文选[M].北京:北京大学出版社,1997.

[2] 陈绂.对国内对外汉语教学的反思——AP汉语与文化课及美国教学实况给我们的启发[J].语言文字应用,2006(S1):35—44.

[3] 程棠.对外汉语教学目的原则方法[M].北京:华语教学出版社,2000.

[4] 邓涵予.对外汉语教材中的词汇英汉互译及其教学研究[J].海外英语,2020(5):150—151.

[5] 丁洁琼.来华留学生在地方高校的跨文化适应问题研究——以绍兴文理学院为例[J].武汉船舶职业技术学院学报,2020,19(1):11—13,19.

[6] 符好丰.我国对外汉语教学学科理论发展探究[J].高等财经教育研究,2019,22(4):68—71,89.

[7] 高雅.对外汉语口语能力提升的语境教学策略探究[J].西部学刊,2019(22):101—103.

[8] 高一虹,李玉霞,边永卫.从结构观到建构观:语言与认同研究综观[J].语言教学与研究,2008(1):19—26.

[9] 葛俊丽,罗晓燕.从社会认同理论视角看二语习得[J].北京第二外国语学院学报,2008(6):32—38.

[10] 贺向民,陆应飞.来华留学教育研究(2015)[M].北京:北京语言大学出版社,2015.

[11] 茨达齐尔.教育人类学原理[M].李其龙,译.上海:上海教育出版社,2001.

[12] 柯慧俐.在对外汉语词汇教学中文化负迁移的影响作用分析[J].陕西教育(高教),2020(2):14—15.

[13] 林惠祥.文化人类学[M].上海:上海三联书店,2014.

[14] 林娴. 情景教学法在对外汉语口语教学中的具体应用[J]. 佳木斯职业学院学报, 2019（8）: 141, 144.

[15] 毛小玲, 陆永辰. 东南亚留学生来华适应性的调查研究[J]. 广西民族大学学报（自然科学版）, 2014, 20（3）: 101—103.

[16] 齐沪扬. 对外汉语教学语法[M]. 上海: 复旦大学出版社, 2005.

[17] 芮晓松, 高一虹. 二语"投资"概念述评[J]. 现代外语, 2008（1）: 90—98, 110.

[18] 孙德金. 对外汉语教学学科的几个学理问题[J]. 汉语应用语言学研究, 2013（1）: 52—61.

[19] 王电建. 影响来华外教社会文化适应性的相关因素研究[J]. 云南师范大学学报（对外汉语教学与研究版）, 2010, 8（2）: 61—67.

[20] 王建勤. 新形势下对外汉语教学学科建设的理性思考[J]. 汉语应用语言学研究, 2013（00）: 43—51.

[21] 王力. 中国语法理论[M]. 北京: 中华书局, 2015.

[22] 文甜梅. 浅论对外汉语课堂教学纠错问题[J]. 文教资料, 2020（1）: 17—19.

[23] 徐光兴. 跨文化适应的留学生活: 中国留学生的心理健康与援助[M]. 上海: 上海辞书出版社, 2000.

[24] 徐剑. 社会语言学理论与对外汉语教学实践[J]. 课程教育研究, 2017（44）: 32—33.

[25] 许菊. 文化适应模式理论述评[J]. 外语教学, 2000（3）: 9—13.

[26] 张红玲. 跨文化外语教学[M]. 上海: 上海外语教育出版社, 2007.

[27] 张敬惠. 来华留学生的跨文化心理适应问题研究[J]. 智库时代, 2020（1）: 282-283.

[28] 张西平. 汉语作为第二语言教学史研究[M]. 北京: 商务印书馆, 2019.

[29] 张西平. 西方人早期汉语学习史的研究初论[J]. 海外华文教育, 2001（4）: 12—22.

[30] 张英. 对外汉语文化教材研究——兼论对外汉语文化教学等级大纲建设[J]. 汉语学习, 2004（1）: 53—59.

[31] 赵金铭. 汉语作为第二语言教学: 理念与模式[J]. 世界汉语教学, 2008（1）: 93—107.

[32] 赵元任. 语言问题[M]. 北京: 商务印书馆, 1980.

[33] 中共中央马克思恩格斯列宁斯大林著作编译局. 马克思恩格斯全集：第 4 卷 [M]. 北京：人民出版社，1958.

[34] 钟启泉，李其龙. 教育科学新进展 [M]. 西安：陕西人民教育出版社，1993.

[35] 周橙. 社会文化理论在对外汉语口语课堂的应用研究 [J]. 文教资料，2019(29)：43—45.

[36] 周庆元，黄耀红. 语文知识教学的现状审视与观念批判 [J]. 福建论坛（社科教育版），2008（2）：56—59.